Gustave Aimard: Feiten, Fictie, Frictie

Gustave Aimard: Feiten, Fictie, Frictie

Mary Eggermont-Molenaar

GUSTAVE AIMARD: FEITEN, FICTIE, FRICTIE

© 2009 Mary Eggermont-Molenaar
© 2010 Herziene versie
Alle rechten voorbehouden.

Omslagontwerp & vormgeving: Colin McDonald

Niets uit deze uitgave mag worden verveelvoudigd en/of openbaar gemaakt door middel van druk, fotokopie, microfilm of op welke wijze ook zonder voorafgaande schriftelijke toestemming van de auteur.

Eggermont-Molenaar, Mary, 1945-
Gustave Aimard: feiten fictie frictie - eerste druk.
ISBN 978-0-9812819-0-2

In memoriam
Hans Visser
(1936-2001)

Van Mary Eggermont-Molenaar verscheen eerder

Montana 1911: A Professor and his Wife Among the Blackfeet
University of Calgary Press, 2005 | University of Nebraska Press, 2005

Missionaries among Miners, Migrants and Blackfoot: The Van Tighem Brothers' Diaries. Alberta 1875-1917
University of Calgary Press, 2007

Inhoudsopgave

Inleiding 12

Lijst Illustraties 16

h1 Aimard en zijn familie 18

h2 Acht series Aimardboeken 42

    Serie 1 43

        De Pelsjagers van de Arkansas 44

        Het Opperhoofd der Auca's 50

        De Gids der Prairiën 53

        De Roovers der Prairiën 57

        De Lynchwet 61

        De Graaf de Lhorailles 64

        Goudkoorts 68

        Curumilla 72

        Valentin Guillois 78

        De Mexicaanse Nachten I en II 80

        Vasthand 84

    Serie 2 90

        De Zwervers op de Grenzen 91

        De Vrijbuiters 93

        Edelhart 95

    Serie 3 106

        De Bijenjagers 107

        Steenhart 110

        Steenen Hart 112

    Serie 4 114

        De Zonen van de Schildpad 115

        De Araucaniër 121

- Serie 5   *134*
  - *De Metgezellen van de Maan*   *136*
  - *Passe-Partout*   *147*
  - *De Graaf de Warrens*   *149*
  - *La Cigale*   *150*
  - *Hermosa*   *152*
- Serie 6   *158*
  - *De Boekaniers*   *160*
  - *De Zeeschuimers*   *161*
  - *De Goudzoekers*   *161*
  - *De Hacienda del Rayo*   *162*
  - *Montbars de Verdelger*   *162*
- Serie 7   *164*
  - *The Missouri Outlaws*   *165*
  - *Vrijkogel, of de Wolvin der Prairiën*   *169*
  - *De Spoorzoeker*   *177*
  - *Dona Flor*   *180*
- Serie 8   *184*
  - *Grijsoog*   *185*
  - *Majoor Delgrès*   *190*
  - *Te Land en te Water I*
  - *De Kaperkapitein*   *192*
  - *Te Land en te Water II*
  - *De Bastaard Eerste Deel*   *196*
  - *De Bastaard Tweede Deel*   *200*

h3 Wat Aimard niet schreef en, over wat hij wel schreef: receptie   *206*

h4 Mon Dernier Voyage: Le Brésil Nouveau – Nagereisd   *226*

Bibliografie   *298*
- Besproken boeken Aimard   *300*
- Geraadpleegde literatuur   *304*
- Aimards biografie op Wikipedia   *312*

Index   *316*

10

Gustave Aimard
Feiten, Fictie, Frictie

Inleiding

Op uitnodiging van de *Canadian Association for Netherlandic Studies* hield biograaf Hans Visser in de negentiger jaren in een aantal Canadese steden een lezing over zijn geliefde auteur Simon Vestdijk. Op de avond van zijn vertrek, als dank voor aangenaam verpozen bij ons in Calgary, gaf Visser me zijn in eigen beheer uitgegeven *Vestdijk en het Kinderboek*.

'Bedankt,' zei ik. 'Hartelijk bedankt,' en bladerde er doorheen. Mijn oog viel op een citaat uit Vestdijks *Kind tussen Vier Vrouwen*: 'Ze leenden elkaar Indianenboeken, werden de Zwarte Adelaar en de Grauwe Beer voor elkaar.'

Een boek met de wonderlijke titel *Vrij-kogel*, van de Franse auteur Gustave Aimard (1818-1883), zo bleek uit Vissers begeleidende tekst, had Vestdijk tot genoemde spelletjes gebracht en later tot het schrijven van het gedicht De Indiaan. De meeste termen die Vestdijk in dit gedicht bezigt, zeiden me weinig of niets: bijenjagers, totems, Graaf de Lhorailles, Cooper, weer die Grauwe Beer (het opperhoofd van de Piekans) en scalpen.

Cooper, totems? Cooper was James Fenimore die over de laatste van de Mohicanen schreef, wist ik. Maar verder? Sinds ik Visser had leren kennen, had ik Vestdijk met van alles en nog wat leren associëren, maar nog niet eerder met Indianen en bijenjagers.[1]

'Piekans?' piekerde ik. 'Dat moeten de Piegans of the Peigans zijn. Blackfoot-Indianen die hier in Zuid-Alberta twee uur naar het zuiden en verderop in Montana op een reservaat wonen.[2] Met een aantal van hen ben ik bevriend. Hoe kan zo'n Franse schrijver die al zo lang dood is iets van 'Piekans' weten?'

Die avond kwamen we er niet uit. De volgende morgen ging Visser terug naar Nederland, niet nadat hij had beloofd me het boek, *Vrij-kogel*, op te sturen.

---

1. In *Essays in Duodecima* schrijft Vestdijk: 'Ik kan wel zeggen, dat tot mijn veertiende of vijftiende een roman of reisbeschrijving voor mij pas leefden door de illustraties; en dat ná die leeftijd deze bepaald onliteraire voorkeur verloren ging, is waarschijnlijk alleen daaraan toe te schrijven, dat de "betere" romans, die ik toen las, merendeels niet geïllustreerd waren.'
2. De vier Blackfoot naties zijn Blood (Kanai), Noord Peigan (Apuytosi Piikani), en Blackfoot (Siksika). Deze zijn te vinden in de provincie Alberta in Canada. De zuidelijke tak van de Peigan, in the U.S.A. gespeld als Piegan (Amaskapi Piikani, Blackfeet), woont in Montana, U.S.A. (Crowshoe and Manneschmidt (2002, 2).

Vrij-kogel, vertaling van de oorspronkelijke roman *Balle-Franche*, speelt rond 1834. In dat boek wordt Fort Mackenzie beschreven, dat, volgens Aimard,

> werd gebouwd in het jaar 1832 door majoor Miechell, hoofdagent der Amerikaansche Pelterijen-Maatschappij [...], in 1834 werd het Fort Mackenzie gecommandeerd door den majoor Melvil.

1834? Het liet me niet los. Bij mijn onbescheiden weten was er honderddertig jaar geleden nauwelijks iets over dat gebied waar dat fort stond, nu de staat Montana, bekend. Dagen later schoot me *Early Western Travels, 1748-1846* te binnen. De Duitse prins Maximiliaan Wied zum Neuwied die dit fort in 1832 bezocht beschrijft het als volgt:

> *It forms a quadrangle, the sides of which are forty-five or forty-seven paces in length, and is defended by two block-houses, with some pieces of cannon.*

Aimard had deze beschrijving letterlijk, inclusief lengte- en breedtematen, overgenomen in *Vrij-kogel*:

> De kleine sterkte is aangelegd [...] in de prairiën ten westen der Vereenigden Staten; zij vormt een volmaakt vierkant, welks zijden bijna vijf en veertig voeten zijn; een diepe gracht van acht roeden breedte, twee stevige blokhuizen en twintig stukken geschut.

Er was meer in *Vrij-kogel* dat mijn aandacht trok - bijvoorbeeld, wat Aimard schrijft over de oorsprong van de Mississippi en iets over de natuurbeschrijvingen in dat boek. Aan de ene kant lijkt Aimard erg geïnformeerd te zijn, maar aan de andere kant, om het landschap van de staat Montana nu te stofferen met lelies, panters en lianen? Het is duidelijk dat hij daar nooit was geweest.

Ik correspondeerde erover met Visser die me op zijn beurt liet weten dat Aimard nog veel meer had geschreven. Of ik daar belangstelling voor had? Ja dus. Visser stuurde me het ene na het andere boek op. Eenmaal arriveerde hier een koffer vol met een serie van negentien boeken. Maar dat leek maar zo. Het was geen serie en toch hadden die boeken zo te zien met elkaar te maken. Later in een Duits proefschrift, *Die Abenteuerromane Gustave Aimard's*, vond ik de sleutel tot werk en leven van Aimard, maar dan een sleutel die niet helemaal was omgedraaid.

Dit boek is een poging om de sleutel verder om te draaien. Wie was Aimard? Hoe kwam hij tot het schrijven van Indianenboeken? Wat voor boeken schreef hij? Hoe kwam hij aan zijn achtergrondinformatie? Hoe werden zijn boeken gewaardeerd? De poging om de sleutel om te draaien leverde heel veel feiten op, verstrengeld met fictie soms leidend tot frictie.

Aimards romans gaan over Indianen, over gebeurtenissen in Parijs die af en toe naar Amerika overwaaien, over piraterij en over de Frans-Duitse oorlog.[3] Aimards Indianenboeken gaan over intriges, veldtochten, 'ware histories,' veldslagen, reizen van hier naar daar, ontmoetingen met panters en tijgers, romances en ontvoeringen. Het vuur van de negentiende eeuw gloeit als het ware in zijn werk na. Tussen de regels door zijn er tal van historische, botanische, politieke en anthropologische wetenswaardigheden in te vinden. Dit komt omdat Aimard zijn woeste verhaallijnen geregeld onderbreekt om als auctoriale verteller, als anthropoloog, psycholoog, theoloog of politicoloog zijn lezers een lesje te lezen. Het is grappig om te zien dat Aimard in zijn rol als historicus bepaalde gegevens bevoetnoot, als anthropoloog midden in zijn verhaal gaat doceren en als romanschrijver zijn lezers steeds aan de hand neemt door middel van waarschuwingen in de trant van 'Ik ga het verhaal nu dertig kilometer naar het noorden verplaatsen en vijftig jaar in de tijd terug.' Deze harkerigheid zal ertoe bijgedragen hebben dat Aimard als romanschrijver een slechte naam kreeg.

Een aantal van bovengenoemde wetenswaardige fragmenten in zijn teksten zijn bij de bespreking van zijn boeken onder de loep genomen en vergeleken met wat contemporaine auteurs over hetzelfde onderwerp te zeggen hadden. Daarnaast is gekeken wie voor welke romanfiguren model stonden - ongeveer zoals Hans Visser naar de romanfiguren in Vestdijks werk keek. Vanwege deze aanpak is de verhaallijn hier en daar nogal onderbroken; maar de verhalen redden door ze op de voet te volgen bleek niet dienstig te zijn bij pogingen om de vele sleutels tot Aimards werk om te draaien. Wat de diverse series betreft, de meeste boeken heb ik zelf zo ingedeeld. Als het door de uitgever werd gedaan, wordt dat aangegeven.

Hieronder eerst een ingewikkeld verhaal over Aimard en zijn familie, gevolgd door bespreking van de boeken die over Amerikanen, Indianen, Brazilianen, piraten en Parijs gaan. En het eiland Amsterdam! De zeeroversverhalen worden enkel kort aangestipt vanwege de 'Hollandse' connectie. De bedoeling is dat deze of gene lezer die verhalen aan eenzelfde onderzoek gaat onderwerpen. Voor het resultaat daarvan houd ik me dan gaarne aanbevolen.

Bij de bespreking van de boeken citeer ik vooraf steeds de eerste regels van ieder boek om, los van wat wordt besproken, een indruk te

---

3. Aimards boeken over de Frans-Duitse oorlog werden nooit vertaald en vallen buiten het bestek van dit boek.

geven van Aimards uitbundige stijl met daar tussenin citaten die de bespreking illustreren.

Tegen het einde van zijn leven werd Aimard door literaire kringen van Rio de Janeiro uitgenodigd en ingehaald als de beroemde Franse schrijver. Aimard hield tijdens deze trip een dagboek bij, *Mon Dernier Voyage, Le Brésil Nouveau*. In 1999 reisden mijn zoon Michiel en ik het dagboek achterna. We bezochten de plaatsen die Aimard beschreef en ontmoetten een nazaat van één van zijn vrienden van toen. Met de beschrijving van deze tocht die, in briefvorm, tevens een vergelijking met Aimards reis is, wordt dit boek afgesloten.

Met heel veel dank aan:
Jos Eggermont voor het altijd klaar staan met raad en daad en financiën. Michiel Eggermont voor het me vergezellen naar Rio de Janeiro. Randolph Cox, redacteur van de *Dime-Novel Round-Up* voor het vinden van de naam van een auteur wiens boek ten onrechte aan Gustave Aimard wordt toegeschreven. Kees Nieuwland, redacteur *Yumtzilob, Tijdschrift voor de Americas* voor het helpen uitzoeken wie de auteur was van het boek in Nederlandse vertaling dat ten onrechte aan Aimard wordt toegeschreven. Leden van de Stichting voor Kinder- en Jeugdliteratuur; zij gaven Hans Visser de Belgische versie van *Het Steenen Hart*, welke Visser aan mij doorgaf. Maarten 't Hart voor het helpen uitzoeken wanneer Vestdijk's sonnet 'De Indiaan' het eerst werd gepubliceerd. Frits Roest, voorzitter van de Nederlandse Karl May-vereniging, voor het verschaffen van een copie van de twee delen van *De Bastaard*. Ik was er al vanuit gegaan dat ik die boeken niet zou kunnen vinden. Het maakte dat ik een en ander moest herschrijven. Heel veel dank Frits! Bernard en Foyita Sleumer voor het vertalen van een aantal Spaanse teksten. Harry van den Elzen en Marjan Eggermont voor het nauwkeurig nalezen van de copij. Henk Jan de Jonge en Cees Fasseur voor hun suggesties voor de tekst van de achterflap. Colin McDonald voor zijn enorme geduld tijdens het produceren van de lay-out van dit boek. De eerste versie werd in 2010 onder andere herzien door Eleanora Aukes, waarvoor ik haar hartelijk dank.

Zonder de nimmer aflatende interesse en energie van Hans Visser (1936-2001) om me vanuit Nederland van raad en daad en Aimard-boeken te voorzien, was dit boek nooit tot stand gekomen.   •

Lijst Illustraties

Rue Plumet, Parijs	Foto Mary E. M.
Café Au Jean Bart	Foto Mary E. M.
Conciërgerie, Parijs	Foto Mary E. M.
Rue de Faubourg St. Honoré 55, Parijs	Foto Mary E. M.
Société des Gens de Lettres de France	Foto Mary E. M.
Desprez' idee voor de haven van Rio de Janeiro	Besnier (49)*
Aquaduct in 1880	Ansicht
Aquaduct in 1999	Foto Mary E. M.
Ruo Branco	Ansicht
Afschuwelijke hagedis	Besnier (103)
Christus Redemptor op de Corcovada	Foto Mary E. M.
Zicht op zee	Ansicht
San Bento	Foto Mary E. M.
Gloria in 1880	Ansicht
Pedro I	Foto Mary E. M.
Rio d'Ouvidor	Foto Mary E. M.
Op weg naar de keizer	Besnier (145)
Pedro II. "Por occasio do primeiro cente na rio natalicio de sua magestade"	Foto Mary E. M.
Tegelmuur	Foto Mary E. M.
Waterpot	Foto Mary E. M.
Ruo d'Ouvidor 127	Foto Mary E. M.
Escritória de Advocacia Luiz Alfredo Taunay	Foto Mary E. M.

* Fernand Besnier is de illustrator van Aimards *Mon Dernier Voyage; le Brésil Nouveau*.

Beeld Pinell	Besnier (207)
Filipo Pinel Instituto	Foto Mary E. M.
Geslagen slang	Besnier (210)
Nicolau Antiono de Taunay	Foto Mary E. M.
Felix Emilio Taunay (1795-1881)	Foto Mary E. M.
Taunay waterval	Foto Mary E. M.
Nicolas Antoine Taunay (Paris 1755-1830)	Foto Mary E. M.
Miséricorde Ziekenhuis	Besnier (217)
Miséricorde Ziekenhuis	Foto Mary E. M.
Gang in Miséricorde	Foto Mary E. M.
De trap opknieën	Besnier (219)
De trap in 1999	Foto Michiel Eggermont
Igreja de Nossa Senhre da Penha	Ansicht
Largo de Manchado	Foto Michiel Eggermont
Aimard en Cinira	Besnier (225)
Aimard in tranen	Besnier (238)
Monniken op Castel	Besnier (248)
Landfill Gloria	Foto Mary E. M.
Biddende prostitée	Besnier (252)
MacDonald in de Ruo d'Ouvidor	Foto Mary E. M.
Aimard schreef aan Keizer Pedro II	Museu Impéreal of Pétropolis

h1
Aimard en zijn familie

Volgens een geboorteakte van 13 october 1818 van de prefectuur van het Seine-departement werd op die dag aangegeven: Aimard, Olivier, gisteren geboren, ouders niet bekend. Één dag later vermeldt het doopregister van de Madeleine-kerk dat Olivier Aimard, ouders onbekend, op 14 october werd gedoopt. Peter was François Luxure Luxeuil. Meter was Marie Françoise Luxure Luxeuil, dochter van François. De arts, Jacques Bigot, die bij die geboorte aanwezig was, woonde in de rue Neuve Luxembourg 15.

Sieverling, auteur van het proefschrift *Die Abenteuerromane Gustave Aimard's* schrijft dat het opsporen van gegevens over Aimards leven op grote moeilijkheden stuitte. Zelfs de gegevens over hem van redacteuren uit Aimards eigen tijd waren vaag en kort. Daarom, vervolgt Sieverling, werd het reconstrueren van Aimards leven een avontuur door de negentiende eeuwse archieven van Parijs.

Geregeld heb ik me dankbaar verlaten op de officiële documenten die Sieverling in zijn proefschrift opnam. Hieronder volgt mijn reconstructie, gebaseerd op gegevens uit genoemd proefschrift, aangevuld met wat ik zelf vond en met hetgeen Aimard over zichzelf losliet in zijn vele romans. Waar mogelijk heb ik genoemde gegevens vergeleken met die in officiële geschiedschrijving.

Het vreemde is, schrijft Sieverling, dat op 14 october 1818 in dezelfde kerk een jongetje werd gedoopt, dat ter wereld werd gebracht door Marie Françoise Euphrosine Luxure Luxeuil, echtgenote van de chirurgijn Jacques Bigot. Werden er op 13 october 1818 twee kinderen in huize Bigot geboren? Of werd daar één dag eerder een pasgeboren kind afgegeven? vraagt Sieverling zich af.

Aimard's slordige afkomst zal hem zijn hele leven bezig houden. In zijn vele romans steken de losse eindjes van zijn afkomst hier en daar de kop op. Al in het in 1861 gepubliceerde *Le Coeur Loyale (Edelhart)* mompelt één van zijn alter-ego's, Goedsmoeds, 'Ik wil mijne moeder weder zien.'

In het in 1879 gepubliceerde boek, *De Kaperkapitein* komen gebeurtenissen aan bod die op '13 october 179.' plaatsvonden. (Het puntje hier, achter de 9 is geen typefout.) Geparaphraseerd gebeurde er het volgende: Een hoogzwangere vrouw heeft het paleis van de Salaberry's verlaten en is naar het huis van een dokter gestrompeld. Neef Ralillete, die dit verhaal aan neef Perrico (de Salaberry) vertelde, had gezorgd dat de betrokken dokter na de bevalling een aanstelling kreeg als officier van gezondheid in Lima. Met andere woorden: de dokter verrichtte een hoogst vertrouwelijke bevalling maar daarna werd op zijn aanwezigheid in Madrid geen prijs meer gesteld.

De Salaberry/neef Perrico bezoekt zijn zojuist bevallen minnares in het huis van de dokter en wordt op weg terug naar zijn paleis aangehouden door agenten van de politiechef Rosvega. Pistoolschoten weerklinken; drie agenten vallen dood neer. Het verhaal eindigt:

> Op 30 october bracht dokter Paul Herbillon, die te Parijs in de rue du Luxembourg 14 woonde, een kind in het vondelingsgesticht. Het werd opgegeven als "een kind van mannelijk geslacht; naam: Karel Julius Olivier Madray, geboren in zijn woning den 13den October 179., van onbekenden vader en moeder."

De geboorteakte (Aimard verhaspelt zijn naam hier tot Madray) wordt door deze vroedman en twee getuigen getekend: de naam van één van de getuigen is Ridder de Lusure-Luxeuil. Zoals we zagen was die 'ridder' dus in werkelijkheid de schoonvader van de arts Bigot.

In een naschrift bij deze inleiding maakt Aimard duidelijk dat de echtgenote van Rosvega, de adelijke politiechef van Madrid, de moeder van dit onwettige kind is. Tot zover de inleiding.

In hoofdstuk I van *De Kaperkapitein* maakt de lezer vervolgens kennis met de situatie rond de Bocht van Cadiz. Het is 25 mei 181.: een Frans smaldeel wurmt zich de stad in en laat het anker vallen. Op het dek van een van de schepen, de *Formidable*, zitten twee matrozen, Olivier, Aimards alter-ego, en zijn maat Yvon herinneringen op te halen. Olivier betoogt dat zij indertijd in Marseille ten onrechte gevangen waren genomen:

> schoon we op de Columbische brik Bolivar dienden, jij als tweede en ik als eerste stuurman [...] Ze zeiden dat wij Franschen waren; deelden ons in en stuurden ons, met boeien aan de handen tusschen vier agenten, als misdadigers naar Toulon en brachten ons op de Formidable waar wij nu nog zijn.

Dat is alweer acht maanden geleden, zucht maat Yvon. Olivier wil wèl geloven dat men het recht had om Yvon, een Fransman, op te pakken: "maar mij," roept hij uit? "Maat, ik heb geen naam, geen familie, geen land; ik ben nergens ingeschreven, of het moest zijn in het vondelingsgesticht, waar ik een oogenblik na mijne geboorte door onbekende ouders heengebracht ben [...] Waardoor is een land een vaderland? Toch alleen door den naam en de familie. Men beweert dat ik te Parijs geboren ben. 't Is mogelijk; ergens moet een mensch geboren worden. Ik had evengoed in ieder ander land geboren kunnen worden; het toeval alleen heeft mij tot Franschman gemaakt, als mijn geboorteacte geen leugen is."

Als de matroos allang weer op vrije voeten is, gaat kapitein Olivier, zoals gezegd Aimards alter-ego in dit boek, er nog eens voor zitten om zijn bezoekers zijn levensgeschiedenis uit de doeken te doen. Die komt ons bekend voor uit de inleiding, maar geeft meer details:

> "Mijne heeren," begon Olivier opnieuw, "allerlei omstandigheden noodzaken mij, niet om te onderstellen maar als zeker aan te nemen, dat ik een Spanjaard ben en geboren ben te Madrid, in den nacht van 13 op 14 October 179*, 's avonds tusschen tien en elf uur; gij ziet, ik ben nauwkeurig en heb daarvoor redenen. Mijn vader en mijne moeder behooren beiden tot den hoogen adel, zij dragen de schoonste en oudste namen van het Spaansche koninkrijk. Beiden waren getrouwd, maar niet met elkaar; de man van mijne moeder was toen minister; mijn vader was gezant, de beide mannen waren natuurlijk onverzoenlijke vijanden."

Na deze openbaringen volgt nog eens dunnetjes het verslag van zijn geboorte en de reis naar Parijs en, concludeert kapitein Olivier:

> "Ik ben geen onecht kind, maar uit echtbreuk geboren [...]" Daarna, vervolgt de kapitein, woonde ik een jaar of twee, drie op een boerderij in de buurt van Orléans, waarna ik naar een meisjeskostschool te Parijs werd overgebracht. De school was die van juffrouw Perre,

een Vlaamse uit Duinkerken en volgens haar zeggen een afstammelinge van Jan Bart, de beroemde zeeman.

Juffrouw Perre, zo vervolgde kapitein Olivier zijn verhaal, had een dochter Hyacinthe die met Auguste Lugox, ambtenaar en een scherp, koud mens, getrouwd was. Rood haar had ie, volgens kapitein Olivier; hij zag geel als een Arabier en was kwaadaardig als een kettinghond. Dat ze hem als kind maar lieten begaan, was kapitein Olivier later duidelijk geworden. Juffrouw Perre werd door tussenkomst van de financier Hébrard, de bankier van zijn biologische vader, rijkelijk beloond voor het in huis dulden van de kleine Olivier (Madray) Aimard.

De belangrijkste gebeurtenis op zijn zesde was een hersenziekte ter gelegenheid waarvan Aimards hoofd werd kaalgeschoren waarna zijn haar donkerbruin was teruggegroeid. En hij had een tonsilectomie moeten ondergaan, waartegen hij zich met hand en tand had verzet. Op een goede dag, vertelde de kapitein verder, werd hij door de familie Lugox meegenomen vanaf welk moment hij Charles-Olivier Lugox heette.[4]

Het bleek, zo vervolgt de kapitein, dat de Lugox' zoon was gestorven en Hébrard het echtpaar had gesuggereerd Olivier, tegen betaling, als zoon aan te nemen. Op voorspraak van Hébrard, werd Lugox daarna tot consul te Boston benoemd maar echtgenote Hyacinthe bleef in Frankrijk wonen. Haar woning in de Plumetstraat verliet ze om zich uiteindelijk in de rue Neuve-de-Berry te vestigen.[5] En ook nog op een buitentje te Auteuil. Dit alles ten genoege van Hébrard want, Hyacynthe was een beeldschone vrouw.

Olivier liep Hébrard en Hyacinthe echter in de weg en werd naar een kostschool te Versailles afgevoerd. Daarvandaan vluchtte hij steeds terug naar Auteuil. Nadat hij een loden inktpot naar het hoofd van de directeur van een volgende kostschool had gegooid was de maat vol en werd Olivier als scheepsjongen ingeschreven. Pas toen, aldus de kapitein, zag ik voor het eerst mijn doopbewijs en kwam ik aan de weet dat ik geen [zoon van] Lugox was.

Haringschip *De Zeemeeuw* voer uit met Aimard aan boord die toen negen (of twaalf) jaar oud was en klein voor zijn leeftijd. Het schip

---

4. Aimard staat in heel wat encyclopedieën bekend als Olivier Gloux welke achternaam een verhaspeling van het woord Lugox zou zijn. Het is me niet gelukt te achterhalen hoe of waarom Aimard als Olivier Gloux, geboren op 13 september, bekend is komen te staan. De voornaam Olivier vinden we later terug in documentatie van het Ministerie van Marine van 1848. Op zijn trouwacte van 1854 is de voornaam in Gustave veranderd.
5. Wie schetst mijn verbazing toen ik tijdens een bezoek aan Parijs op de hoek aan de overzijde van de Rue Plumet een café zag met de naam Au Jan Bart.

stond onder gezag van kapitein Kabeljauw, 'een beest in de volle betekenis van het woord.'

Na tien maanden bood de beestachtige Kabeljauw maatje Olivier aan hem ergens aan land te zetten, maar niet in Duinkerken, want dat zou niet gezond voor hem zijn. Het werd Denemarken. Olivier werd daarna scheepsjongen en later lichtmatroos aan boord van de driemaster *Polly* uit Glasgow; hij leerde Engels, Spaans en Portugees, kwam in Oost-Indië terecht, zeilde rond Kaap de Goede Hoop en naar Nieuw Zeeland en Zuid-Amerika. Op dit punt aangekomen stopte alter-ego Kapitein Olivier met zijn verhaal.

Hoe het verder met hem ging in Zuid-Amerika is te vinden in *De Woudlooper*, een *Jongensboek*, een bewerking van Aimard's *Zeno Cabral*. *De Woudlooper* begint aldus: 'Aan boord van een walvischvaarder, en in de hoedanigheid van haropoenwerper, kwam ik in de baai van Barbara, na de Kaap Horn te hebben omgezeild.'

Aimard ging daar met wat maten aan wal om een stuk wildbraad buit te maken maar werd door Patagoniërs aangevallen en mee naar het binnenland genomen. In waarheid zijn Patagoniërs gansch gewone menschen, noteert Aimard in *De Woudlooper*. Hun grootte - die van Patagoniërs - is normaal. Reizigers zeggen dat ze gruwelijk barbaarsch en bloeddorstig zijn; in feite zijn het de groote ontberingen alleen, die maken, dat zij ruw zijn en weinig vatbaar voor edele gevoelens.

Of Aimard's metgezellen hun slavernij niet langer konden verduren en stierven of vluchtten laat hij in het midden. Ooit in de buurt van Carmen de Patagones, zag hij zelf kans om te ontkomen. Hij werd achtervolgd, stuitte op een ruiterbende en kwam met een vleeswond aan te Carmen. De gouverneur daar zorgde dat hij per brik naar Buenos Aires kon gaan alwaar hij van de Franse consul hoorde dat zijn familie het nodige had gedaan om zijn spoor te vinden en een flinke som geld had achtergelaten om hem verder te laten reizen. Aimard laat zich hier niet uit over welke familie dat was.

Volgens zijn zeggen, zo gaat *De Woudlooper* verder, werd hij in Carmen in de beste kringen ontvangen, herinnerde hij zich het oude Europa en ontdekte dat hij een avontuurlijk gemoed had. Daarop besloot hij om naar Brazilië te reizen, vergezeld door de Indiaan Gueranis. Al avonturierend kwam hij ten noorden van Salto, dat ligt aan de Uruquai, terecht waar hij Zeno Cabral ontmoette. Cabral stelde hem voor (Aimard wordt hier met Don Gustavio aangesproken) een of andere onderneming aan te gaan waarbij onbekende gebieden moesten worden doorkruist. Op dit punt aangekomen schreef Aimard: 'Hier houden mijn persoonlijke avonturen op.' Het avontuur, ontvoering, verraad, diamantmijnen, waar het boek verder over gaat speelt in 1790 en eindigt in 'ik'- en 'wij'-vormen.

Voordat we hierboven over Aimards autobiografische notities in *De Woudlooper* begonnen, was alter-ego kapitein Olivier aan het woord, die het wel over Zuid-Amerika had, maar zijn verblijf onder de Patagoniërs oversloeg. In een volgend hoofdstuk in *De Kaperkapitein* vervolgt Kapitein Olivier zijn betoog over zijn jeugd en over zijn avonturen onder de Comanches: tijdens een uitstapje aan de kust van Californië werden hij en een medeopvarende gevangen genomen door een stel Comanche-Indianen, broeders van de Blauwe Wolk, waarvan het opperhoofd zuiver Spaans sprak. Hun ruwe bejegening werd door deze Indianen achteraf verklaard uit het feit dat Spanjaarden twee dagen eerder in die buurt hadden geplunderd en gemoord. Onder de Comanches vond hij vrienden, broeders, een nieuwe liefhebbende familie en kreeg hij kreeg een naam, Springende Panter:

> in een woord alles, wat de Europeesche maatschappij mij bestendig geweigerd had. Ik was niet zonder goede gronden een wilde en bevond mij heel goed bij de verandering. Zeven jaren gingen voorbij.
>
> Daarna, tijdens een treffen tussen Kenhas, Comanches en blanken, werd Olivier/Springende Panter getroffen door een neerstortende balk en gevonden door Lugox en Leganez die hem, tegen de tijd dat hij herstelde, alle gegevens over zijn geboorte verstrekten.[6]

Of dat zo gegaan is? Het ziet er hier naar uit dat de feiten ook door een neerstortende balk werden geraakt en Springende Panter fictief lieten opkrabbelen. Lugox, aldus kapitein Olivier, kon het zich inmiddels ook niet meer permitteren terug te keren naar Frankrijk omdat hij Hébrard wel eens in de weg zou kunnen zitten. In *Zeno Cabral* schrijft Aimard dan ook dat hij nog twintig jaar in Amerika is blijven zwerven. Wat betwijfeld mag worden.

Een certificaat uit 1848 van het Franse Ministerie van Marine en Koloniën (dank aan Sieverling die dit opspoorde) vermeldt dat Olivier Aimard, marine-deserteur, geboren op 13 oktober te Parijs, ouders onbekend, zich op 20 maart 1835 vrijwillig heeft aangemeld als bemanningslid van de *Ligne*. Dus toen was hij zeventien jaar oud. Een decreet van 10 april 1848 verleent hem op 5 mei 1848 onvoorwaardelijke absolutie en ontslaat Aimard van de verplichting om nog langer te dienen. Het is waarschijnlijker dat hij tijdens die dertien 'dienstjaren' gedeserteerd of ontvoerd of wat dan ook is geweest en bij de Comanches woonde. Wat we verderop in een recensie (zonder bronnen) bevestigd zien.

Dat Aimard inderdaad bij de Marine heeft gediend blijkt, volgens Sieverling, in *De Witte Bultossen* waarin Aimard over zijn marinetijd

---

6. Kenhas zijn de Kanai of Blood, één van de drie Blackfoot-stammen in Canada.

Rue Plumet, Parijs

Café Au Jean Bart

schrijft. In de jaren 1837-1839 voer Aimard aan boord van *L'Héroïne* in Australische wateren om de Franse visvloot te beschermen. Daarna moet Aimard ergens in Patagonië zijn gedeserteerd om daar vervolgens gevangen te zijn genomen. Zoals we zagen is dat verhaal in *De Woudlooper* (*Zeno Cabral*) te vinden en ook in het reisverslag *Le Brésil Nouveau*. Hierin - Aimard trad ook nog al eens als alwetende verteller uit zijn reisverslag - filosofeert hij uitgebreid over de praktijk van het 'dopen' (kielhalen) aan boord van het marineschip *L'Héroïne*.

Het wordt tijd in te gaan op Aimards biologische familie. Daar is iets over te vinden vanwege Aimards overlijdensacte gedateerd 1883. Achter Naam van de Moeder staat ingevuld: 'Aimard.' Achter Naam van de Vader: 'Sébastiani.' Volgens Sieverling was dat Horace-François-Bastien Sébastiani de la Porta, een veelvuldig gedecoreerd officier die door Koning Louis Philippe aanvankelijk tot Minister van Marine, in 1830 tot Minister van Buitenlandse Zaken en in 1840 tot Maarschalk werd benoemd. Hierbij laat Sieverling het.

Vader Sébastiani
Deel 38 van de *Biographie Universelle* wijdt de nodige bladzijden aan Horace François Sébastiani de la Porta. Hij werd in 1775 geboren, in Porta op het eiland Corsica en zijn familie was waarschijnlijk geliëerd aan die van Napoleon. Sébastiani stond in een goed blaadje bij Napoleon, die hem dan ook met verschillende militaire en later in Turkije en Syrië met diplomatieke missies belastte. Diplomaat Sébastiani huwde hertogin De Coigny; in 1806 werd hun dochter Alatrice-Rosalba Fanny geboren. Het zou hun enige kind zijn. Kort na Fanny's geboorte stierf de gravin, welk nieuws op 9 juni 1807 in Parijs bekend raakte. In *Itinéraire de Paris à Jérusalem* wijdt Chateaubriand de volgende regels aan Fanny's moeder:

> Haar buitengewone goedheid ging samen met een aandoenlijke en triest aandoende gratie die een voorgevoel van wat komen ging leek in te houden. Ik ben zelf deelgenoot geweest van de vreugde die in rouw omsloeg. Toen ik Constantinopel verliet was Mevrouw Sébastiani een en al gezondheid, had plannen en was jeugdig. Ik had ons land nog niet teruggezien, zodat zij van mijn erkentelijkheid nooit heeft geweten ... Troja infelice sepultum Detined extremo terra aliena solo (Catullus, LXVIII, 99-100).

Vader Sébastiani stuurde baby Fanny naar Parijs om door haar grootmoeder van moederskant, de hertogin de Coigny, te worden opgevoed. Aimard schrijft dat zijn beide ouders waren gehuwd toen hij werd geboren, al was het dan niet met elkaar. Dat betekent dat zijn vader vóór 1818, voordat hij zelf werd geboren, moet zijn hertrouwd (dat was met Mevr. Grammont die in 1842 stierf). Volgens de *Nouvelle Biographie Générale* leidde Sébastiani in de periode 1816-1819 een teruggetrokken bestaan op half soldij, 'ver van de alledaagse beslommeringen van de staat.' Na deze periode trok Sébastiani naar Corsica, waar hij als afgevaardigde werd gekozen en hij president van het kiescollege werd. Van 1830 tot 1833 was hij Minister van Buitenlandse Zaken, daarna ambassadeur te Napels vervolgens te Londen. In 1840 werd hij tot maarschalk benoemd. De *Nouvelle Biographie Générale* vervolgt:

> een luguber familiedrama, de Praslin-affaire, dompelde Sébastiani's laatste jaren in diepe rouw. Tot aan zijn dood in 1851, trok Sébastiani zich weer terug, maar nu in slechte gezondheid en hield hij zich alleen nog maar met de opvoeding van zijn kleinkinderen bezig.[7]

Met bovengenoemd luguber drama ofwel de Praslin-affaire wordt gedoeld op de moord op Sébastiani's dochter, Alatrice-Rosalba Sébastiani, Fanny genoemd door haar echtgenoot Charles-Laure-Hugues-Théobald Praslin, Hertog van Choiseul.

Halfzuster Fanny de Paslin

Behalve een eiland en een bonbon was de Praslin de naam van de zeer gerenommeerde, hertogelijke familie waarin Fanny trouwde.[8] Dat nam niet weg dat ze op haar eenenveertigste jaar s' nachts met een doorgesneden keel en een in elkaar geslagen schedel badend in haar bloed op de grond werd aangetroffen. Echtgenoot de Praslin was een voor de hand liggende verdachte vanwege een affaire met de gouvernante. Althans, dat werd toendertijd beweerd.

De Praslin zat, vlak nadat Fanny dood was aangetroffen, onder het bloed en zijn lichaam vertoonde beten en krabben. Het pistool, waarmee Fanny's schedel was ingeslagen en dat onder haar lichaam werd gevonden, was zijn pistool en in de open haard vond men zijn bloederige, halfverbrande kamerjas. Kort na zijn arrestatie zag de Praslin kans om rattenkruid in te nemen. Na vijf dagen zwaar ziek geweest te zijn stierf hij.

---

7. Na zijn dood werd Sébastiani's naam met die van nog 557 generaals gegraveerd op de Arc de Triomphe en werd zijn lichaam is te ruste gelegd in de Dôme des Invalides.
8. Benoîte Groult schrijft over het eiland Praslin in *Zout op mijn Huid*. Het is een van de Seychelle-eilanden, genoemd naar een van de voorvaderlijke ministers van de familie. En dan zijn er nog pralines. In de tijd van Lodewijk XIII gaf hertog de Plessis-Praslin een chocoladefabrikant toestemming een bepaald soort bonbons Pralines te noemen. Het zijn chocolaatjes met geroosterde amandelen, caramel, suiker, arabische gom, vanille, die je verhit bij een temperatuur van 150 graden en die anderhalf jaar lang op kamertemperatuur bewaard kunnen worden.

Behalve een eiland, een bonbon en een familienaam werd Praslin nu ook nog een werkwoord, *prasliner ton mari*, je partner in elkaar beuken. Dit aldus auteur Loomis die zijn *A Crime of Passion* aan de Praslin-zaak wijdde. De zaak hield de gemoederen van heel Frankrijk en ver daar buiten bezig. Er werd gezegd dat dit schandaal vanwege de hoge positie van de Praslin, hij was *Pair de France*, zou hebben bijgedragen tot de val van Koning Louis-Philippe in 1848.

Bory, in zijn biografie van Eugène Sue, auteur van *De Wandelende Jood*, schrijft over de schandalen die Parijs in 1847 teisterden:

> **In augustus vermoordde de hertog van Choiseul-Praslin, *pair de France*, die onder de invloed van het kindermeisje van zijn kinderen stond, zijn vrouw op geweldadige wijze en vergiftigde hij zich zelf met arsenicum om niet geguillotineerd te worden.**

Louis Blanc in *Pages d'Histoire de la Révolution de Février 1848* meldde over deze zaak dat: Iedere episode in de geschiedenis kan met een bijvoeglijk naamwoord worden aangegeven. Het tijdperk waar wij in leven kan als corrupt worden gekarakteriseerd. Blanc somt een aantal voze zaken op waarvoor de regering van Louis Philippe geen oog had en vervolgt dat er onlangs:

> nog een enorme menigte [stond] verzameld voor een prachtig paleis aan de rue du Faubourg-du Roule. Uit het gemoed van de menigte kon men het volgende horen ontsnappen: "Orde? Daarvoor moet je in huize Sébastiani zijn. In dit huis werd een misdrijf bedreven dat de nacht in haar schaduwen niet heeft kunnen verbergen: een Pair de France heeft zijn vrouw, dochter van een Franse maarschalk, vermoord."

Dat de Praslin de gelegenheid werd gegeven vergif in te nemen, dàt had de zaak pas tot schandaal gemaakt. Dat was zo gegaan: op een gegeven moment mocht hij gaan plassen en had zijn bewaker zich even kuis afgewend *et voila*. Iedere andere verdachte zou dat evengoed niet gelukt zijn, zeiden 'ze.' Voor de berechting van de Praslin moesten bovendien ook eerst alle *Pairs* bij elkaar geroepen worden omdat zij het privilège genoten door hun mede-*pairs* berecht te worden. Een en ander had tot gevolg dat dit adelijke college in 1848 werd ontbonden.

Loomis' *A Crime of Passion* is, anders dan de titel doet vermoeden, een documentaire gebaseerd op gegevens uit het *Archive Nationale* te Parijs en op de dagboekaantekeningen van Victor Hugo in *Choses Vues*. Loomis beschrijft hoe nauw de betrekkingen van de Praslins en de Sébastianis met Koning Louis Philippe en diens entourage waren. Als kinderen hadden ze samen gespeeld, men was dik bevriend met Adelaïde, de zuster van de koning, en het waren Talleyrand

Rue de Faubourg Saint-Honoré 55, Parijs

Rue de Faubourg Saint-Honoré 55, Parijs

en Sébastiani aan wie Louis Philippe op 31 juli 1830 liet weten dat hij Talleyrands verzoek, om het koningschap op zich te nemen, accepteerde.

Gouvernante Henriette Deluzzy/Desportes

Uit *A Crime of Passion* blijkt ook dat het schandaal met de gouvernante niet zo maar een schandaal was. Fanny had in vijftien jaar negen kinderen gebaard en kon die last niet aan. Aan humeur en aantrekkelijkheid had ze verloren wat ze aan gewicht had gewonnen. Ze was enorm geworden, noteerde Victor Hugo. Ze woog 230 pond, aldus Loomis. Ze had ook de liefde en genegenheid van echtgenoot en kinderen verloren en was een lastpost geworden. Uiteindelijk stemde ze er mee in dat de gouvernante, in samenspraak met haar echtgenoot, de zeggenschap kreeg over haar kinderen.

De hele tragedie snelt zich naar haar voortijdig eind als Fanny het in haar hoofd zet dat ze een scheiding wil. Bij wijze van voorspel verspreidt haar biechtvader vervolgens geruchten over de Praslin en Henriette, de gouvernante. De priester was vóór de scheiding want de daarvoor vereiste goedkeuring leverde in die tijd de kerkelijke schatkist het nodige op. De zwartrok trok dus willig met wijdopen oren en ogen rond. Geruchten over een affaire zouden Fanny eveneens helpen om de voogdij over haar kinderen te krijgen.

Loomis citeert veelvuldig uit Fanny's brieven en dagboek. Hele nachten zat ze brieven te schrijven aan haar echtgenoot die aan het eind van een corridor (gang klinkt te gewoon) in zijn eigen kamer lag te slapen. Soms vond Theo de Praslin niet eens de tijd om al die brieven te lezen en dan was de boot helemaal aan. Dat laat de film, *All This, and Heaven Too* zien, door de ogen van Henriette, de gouvernante. Eén zo'n passage: 'Ja, ik geef toe dat ik bij tijd en wijle krankzinnig ben geweest, op het waanzinnige af. Maar dat is jouw schuld, Théobald.'

Loomis gaat door over Horace Sébastiani die na de dood de zorg voor de jongere kinderen op zich nam en in 1851 stierf. Ook, na de moord op zijn dochter en de zelfmoord van zijn schoonzoon werd Henriette drie maanden lang vastgehouden en verhoord over haar verhouding met de hertog? Volgens Henriette had ze meer kans gehad de maitresse te worden van Sébastiani, die haar altijd met ongewenste attenties lastig viel, dan van de Praslin.

Loomis suggereert ook dat de Praslin's woedeaanval niet alleen te verklaren geweest zou zijn over treiterij van zijn vrouw met betrekking tot het afgeven van een aanbevelingsbrief voor Henriette, waardoor Henriette hem al even drakerige brieven gaan schrijven. Uit zinsneden van één van Henriettes brieven valt af te leiden dat de oude Sébastiani niet te vertrouwen geweest zou zijn met zijn kleindochters en dan is er nòg een hint in een van haar brieven: de hertogin zou haar zoontje hebben verleid.

Loomis somt aan het einde van deze historische roman een aantal auteurs op die zich met deze zaak hebben bezig gehouden. Hij telt er vijfentwintig waarvan Victor Hugo met *Choses Vues* de bekendste is. In diens dagboekaantekeningen vanaf 18 augustus 1847 staat dat hij zojuist heeft gehoord dat hertogin de Praslin vermoord is. In de dagen die volgen blikt Hugo terug op zijn ontmoetingen met de Praslin, maakt hij verslag van de voorbereidingen van het onderzoek van het Hof van *de Pairs* waar hij zelf lid van was. Hij noteert de plotselinge ziekte van Praslin die zichzelf vergiftigd bleek te hebben en gaat diep in op de motieven die de gouvernante gehad zou kunnen hebben. Motieven voor wat? De gouvernante blijft hem bladzijdenlang bezig houden. Loomis denkt ook dat Henry James' *The Turn of the Screw* zich min of meer op de Praslinzaak baseerde.

Over het tijdstip van de moord schrijft Loomis, dat de Praslin met echtgenote Fanny en kinderen enige tijd op hun buiten hadden doorgebracht.[9] Eenmaal in Parijs ging Fanny alleen naar huis. Onderweg kocht ze een paar boeken en wat lekkers waarna zij zich in bed nestelde. Op weg naar huis ging hertog met een paar van zijn dochters bij Henriette langs. Hij beloofde haar bij die gelegenheid nog eens echtgenote Fanny om een aanbevelingsbrief te vragen; vroeg haar die brief de volgende dag om twee uur op te komen halen en liet bloemen en een fruitmand met een grote meloen bij haar achter. Die nacht om half vier, Fanny voelde er niets voor om een handtekening te zetten, viel de bijl voor de hertogin, letterlijk en figuurlijk dus.

Drie weken later, op 9 september liep Victor Hugo nog eens langs het huis van de gouvernante, en ja hoor, de fruitmand stond daar nog op tafel. 'Dat is van buiten af te zien,' noteerde hij.

Henriette werd ervan beschuldigd de hertog tegen zijn vrouw opgezet te hebben om hem voor zichzelf te hebben; omdat het niet kon worden bewezen werd ze na drie maanden hechtenis vrijgelaten. Hoewel in een zelfmoordstemming wilde ze eerst nog even bidden. Henriette liep de eerste de beste kerk binnen.

'Het was de *Oratoire*,' schreef ze later aan Victor Cousin, een van haar ondervragers, 'waar Frédéric Monod net een preek hield over geduld en je aan God onderwerpen.' Dat het de bekende Monod was wist Henriette toen nog niet. Na de preek sprak ze hem wanhopig aan. Henriette werd in het gezin Monod opgenomen, maar kon zich op straat niet goedschiks vertonen. Het volk morde over klassejustitie en haatte haar.

---

9. Dat 'buiten' heet tegenwoordig Vaux-le-Vicomte; het ligt iets boven Fontainebleau.

Monod en zijn Amerikaanse vriend Henry Martyn Field hielpen Henriette vervolgens aan een baan als lerares in New York. Als ze daar op de *Haines School for Girls* voor het eerst les geeft, zo begint de op de Praslin-drama gebaseerde film, *All this, and Heaven Too*, zie je dat haar leerlingen, meisjes met achternamen als Schuyler, Brevoort en De Peyster onderling fluisteren en haar pesten.[10] Het is duidelijk dat ze over haar achtergrond uit de kranten of via hun ouders hebben gehoord. Ze vragen Henriette hoe je *Conciërgerie* spelt en hoe de Praslin. Henriette besluit dan om haar leerlingen haar verhaal te vertellen. Na vele *flashbacks* in de film staan Henriette en haar Amerikaanse echtgenoot Henry Field samen stil, samen zwijgend naar buiten te kijken precies zoals Henriette ooit in Frankrijk met de hertog stil naar buiten, naar neervallende sneeuwvlokken, stond te kijken.

Loomis en Rachel Field gaan nog even door over Henriette. In Amerika werd ze bekend omdat ze er zoiets als een literaire salon op hield, die onder andere ook door Harriet Beecher Stowe werd bezocht. Ze gaf lezingen over de verrukkingen van het Franse gezinsleven, publiceerde in het blad *The Evangelist* waar haar tien jaar jongere echtgenoot Field eigenaar van was.

Na haar dood, zes maart 1875, aan maagkanker op haar 62e jaar, publiceerde haar echtgenoot Henry M. Field in *Home Sketches in France and Other Papers* de krantenknipsels en de reacties die haar vroege dood teweegbracht hadden gebracht, en brieven die ze hem schreef toen ze in 1867 de wereldtentoonstelling in Parijs bezocht. In het voorwoord schrijft Field dat hij Henriette onmiddellijk na haar aankomst in Amerika ontmoette.[11] *Home Sketches* begint met een citaat van Henriette: 'When I am gone, let me rest in peace. Do not publish any thing to attract the attention of the world.'

Henriette's brieven uit Parijs gaan niet zozeer over de wereldtentoonstelling alswel over asiels waar vondelingen terecht kunnen, crèches waar arme vrouwen hun kinderen kunnen brengen als ze moeten werken, krankzinneninstituten, behuizing voor ouderen en over hoe prettig het is om met wat vrienden oud te worden in plaats van alleen en armetierig weg te teren. Ze beschijft het vreemde verschijnsel dat men in Parijs enerzijds zeer geleerd is, maar dat er voor de armen geen schooltjes zijn en het volk zich op de wereldtentoonstelling

---

10. *All This, and Heaven Too* is een bitterzoetzuur filmdrama uit 1940 gebaseerd op de gelijknamige roman uit 1938 van Rachel Field welke berust op familieoverlevering. De inhoud is het verhaal dat Henriette, gespeeld door Bette Davis, haar leerlingen vertelde. Hertog Théobald de Praslin wordt gespeeld door Charles Boyer.
11. Het exemplaar, *Home Sketches*, in mijn bezit, is gesigneerd door Henry M. Field en door hem aan *President Brown, from his friend* geschonken en gedateerd: *May 15, 1875*.

Conciërgerie, Parijs

vergaapte aan een *American schoolhouse*. En ze schrijft over het plezier van Franse geleerden in academische discussies, over katholicisme en protestantisme, over het nut van onafhankelijkheid van vrouwen en van verpleegstersopleidingen. Ze schrijft als een feministe *avant la lettre*.

Tot zover over wat er allemaal plaats vond in Aimard's biologische familie van vaders zijde. Was dat zijn familie? Is dat een feit? Een verhaal met Praslin - strekking is terug te vinden in het vervolg op *De Kaperkapitein*, in *Een Bastaard I & II*. Het loont de moeite om bovenstaand verhaal over de Praslin-moord te vergelijken met de inhoud van de *De Bastaard II*.

Moeder Aimard/Faudoas
Zoals we zagen staat op Aimards overlijdensacte achter naam van de moeder ingevuld: Aimard. Tegen de tijd dat dit boek eindelijk was afgeschreven, in 2009, kwam me op het laatste moment een artikel in de *New York Times* van 9 juli 1883 onder ogen. Onder de kop GUSTAVE AIMARD en de subkop: *HIS PARENTAGE, HIS CHARACTER, AND HIS SAD END*, staat dat volgens de Londense *Truth* 'alweer een literator in een

krankzinnigengesticht is gestorven.' En, dat Aimard de niet-erkende zoon van de hertogin de Rovigo en generaal Sébastiani was.

Zowel volgens de *Biographie Universelle* alswel de *Nouvelle Biographie Générale* was Anne Jean Marie René de Savary, hertog de Rovigo (1774-1833) getrouwd met Mme. de Faudoas. Napoleon beloonde de Savary in 1808 vanwege zijn verdiensten met een hertogdom, Rovigo. De Rovigo werkte bij de politie, net als de bedrogen echtgenoot van Aimards biologische moeder in zijn romans. In 1810 volgde hij Fouché op als Minister van Politie, welke post hij ook nog even had tijdens de honderd dagen tussen Napoleons verblijf op Elba en St. Helena in 1815.

De naam van Savary de Rovigo's echtgenote was echter niet Aimard; haar volle naam was Marie Charlotte Félicité de Faudoas-Barbazan. Ze werd in 1785 geboren op het eiland St. Dominique, een van de Caraïbische eilanden, trouwde in 1802 met Savary [in 1808 werd hij hertog] en in 1841 stierf ze.[12]

Aimard die in *Grijsoog* uitwijdt over de geschiedenis van St. Dominique en andere Caraïbische eilanden, zal zijn inspiratie hebben geput uit alweer geschiedenis van zijn biologische familie. Anders dan hij in *Grijsoog* schrijft, was hijzelf niet in de buurt, in Frankrijk, tijdens haar sterven, maar door Amerika aan het zwerven. In *Grijsoog* spreekt hij zijn stervende moeder stevig toe – het is meer een toespraak die hij gehouden had willen hebben.

In *Le Siecle* van 10 augustus 1841 staat in een bericht over haar overlijden dat de hertogin de Rovigo van een aanzienlijke familie in de Languedoc stamde en van grote rijkdom tot grote armoede verviel. Napoleon, zo gaat het bericht verder, hield ervan om het nieuwe Frankrijk te verbinden met de oude glorie, en had er zelf voor gezorgd dat ze met zijn *aide de champ* de Savary in contact kwam [en trouwde]. Ze werd hofdame [in boeken over Napoleons tweede echtgenote, Marie-Louise wordt haar naam meer dan eens genoemd], rijk, machtig, genoot aanzien en betoonde zich even generous als haar echtgenoot in hun goede tijden. De kering van hun lot verdroeg zij net zo standvastig als haar echtgenoot.[13]

Maar waar nu de naam Aimard vandaan komt? Volgens bovengenoemd *NYT*-artikel zorgde de moeder van de hertogin ervoor dat 'de Aimards' zoveel mogelijk kregen. Was het een naam – ergens – uit haar familie opgevist? Zoals we nog zullen zien, gaat het *NYT*-artikel er-

---

12. www.ghcaraibe.org/bul/ghc084/p1703.html (Bekeken in januari 2009)
13. www.vivies.com/index.php?title=Faudoas (Bekeken in januari 2009) Over de grenzen van de generositeit van de hertogin de Rovigo gaat de website niet in.

van uit dat er ook nog een onwettige dochter was die later non in een klooster werd. Of dat ook een dochter van Sébastiani was?

Inmiddels zitten we rond 1848. De halfzus is vermoord, de gouvernante is naar Amerika vertrokken, en Aimard, uit dienst ontslagen, nam dienst bij de *Garde Mobil*.

Zoals gezegd wordt in *Een Bastaard I & II* de hele Praslin-affaire versluierd weergegeven. Dat boek werd pas in 1879 geschreven, in ieder geval, uitgegeven. In zijn boeken tot aan 1879 aan toe, lichtte hij af en toe een tipje van de familiesluier op. Bijvoorbeeld in *Mexicaanse Nachten I en II*, gepubliceerd in 1864. In deze twee romans flirt zijn alter-ego met de identiteit van 'g.' (graaf). Uit verschillende op het eerste gezicht niet ter zake doende uitweidingen in één hoofdstuk in De *Metgezellen van de Maan*, uitgegeven in 1867, geeft Aimard blijk van de Praslin-geschiedenis op de hoogte te zijn. Als hij uitweidt over 'de graaf de Warrens,' de hoofdpersoon in dit boek, merkt hij op dat er twee zaken voor het *Cour des Pairs* zouden komen. Een opmerking die verder helemaal geen rol speelt in het verhaal. Ten tijde van de moord op Fanny speelde er inderdaad nog een zaak voor dit hof van gelijkgezinde *Pairs*.

Één van de zaken in *De Metgezellen van de Maan* ging over voorvallen die de aandacht op graaf De Warrens vestigden. De graaf zocht één van de beschuldigden op in de gevangenis en twee uur later werd deze gevangene door de bewaarder koud, roerloos en dood op zijn bed gevonden. Net als graaf de Praslin was deze gevangene gestorven aan een snelwerkend vergif. In het boek komt ook dit gegeven over als een niet ter zake doende uitweiding zonder functie. Aimard beweert regelmatig in zijn boeken dat hij door zijn biologische familie werd betaald zolang hij zijn bestaan verzweeg. Dit soort autobiografische uitweidingen lijken pogingen om hoe dan ook toch van zijn existentie blijk te geven.

Waar waren we? In 1852 had de *Garde Mobil* en met haar de Franse Koning Louis-Philippe het onderspit gedolven. Aimard, en met hem ongeveer honderdvijftig andere oud-Gardisten, waren vervolgens, in San Francisco, in dienst getreden bij Graaf de Raousset-Boulbon (in die tijd was het niet veilig om je naam als Bourbon te spellen). Deze graaf wilde in Mexico een mijn gaan ontginnen. Aimard, lid van het legertje mijnwerkers dat met de graaf naar Mexico was getrokken, was vervolgens getuige van de tegenwerking die de graaf daarbij ondervond van de Mexicaanse regering en kwam terecht bij de poging van graaf om het Mexicaanse stadje Sonora te veroveren.

Aimards verslag in *Curumilla* over de verovering van Sonora door een legertje Franse mijnwerkers komt wonderwel overeen met wat de historicus Wyllis in 1932 schreef in *The French in Sonora*. Wyllis baseerde zich grotendeels op de papieren, die de Raousset-Boulbon aan de broer van een medestrijder A. de Lachapelle, journalist te San Francisco, naliet. Vergeleken bij de officiële geschiedschrijving is Aimards verslag in *Curumilla* wat persoonlijker:

> Toen eerst begon het werkelijke gevecht. Bij den ingang der straat tot waar zij waren doorgedrongen, stonden de Franschen opeens tegenover vier met schroot geladen stukken, die de straat over de gansche lengte bestreken, en uit alle vensters en van de daken rechts en links, kwamen de kogels, als een hagelbui op hen neer. Ergens in het heetst van de strijd staat een van de Franse aanvallers op een kameraad te wachten.
> "Wat drommel de Laville [...] wat voert gij daar uit?"
> "Gij ziet het vriendlief [...] ik wacht op u."

Deze simpele conversatie werd door Aimard van een voetnoot voorzien: 1) historisch. Was hij in de gedaante van alter-ego Goedmoeds, in werkelijkheid binnen gehoorsafstand toen de Laville werd toegeroepen? Na de inname van de stad, gaat het verhaal bij Aimard en bij Wyllis verder, kreeg de graaf een verschrikkelijke aanval van diarrhee. Omdat de adelijke aanvoerder was uitgeschakeld, nam het legertje mijnwerkers de benen waarop de Mexicanen nog diezelfde avond hun stad konden hernemen. Goedsmoeds/Aimard trok na het debâcle in 1852 naar de Apacheria waarna hij de dualiteit van schrijver en alter-ego in een naschrift liet versmelten.

Op 17 augustus 1854 trouwde Aimard, volgens zijn huwelijksacte *hommes de lettres* in Parijs, met Adèle Lucie Damoreau, *artiste lyrique*. Volgens Sieverling was dit huwelijk een van zijn minder geslaagde avonturen. Hij toont dit aan met een tekst waarin Aimard zijn eerste en laatste bezoek ten huize van zijn schoonmoeder beschrijft. Die gedenkwaardige dag werd er urenlang bij de piano gekweeld, een kwelling waarvoor Aimards jarenlange verblijf in wouden, pampa's en steppen hem niet had gehard, zodat hij een paar onheuse opmerkingen maakte. Aimards echtgenote wordt, aldus Sieverling, in géén van zijn werken genoemd.

Dat is niet zo. Aimard schrijft weliswaar nergens over 'mijn vrouw,' maar maakt wel regelmatig opmerkingen over de zangeres Cinti-Damoreau, bijvoorbeeld in *De Metgezellen van de Maan I*:

> Een dame die nog jong scheen en wier betooverend glimlachje genoeg bewees, dat zij een zeker gevoel van eigenwaarde bezat, hetwelk aan alle kunstenaars van groot talent eigen is [...] Deze dame was mevrouw Cinti-Damoreau, de beroemde zangeres. Weinig tijd

te voren had zij den moed gehad, die bij eene door het publiek geliefkoosde zangeres eene zeldzaamheid is, van op het toppunt van haren roem het tooneel te verlaten.

Vanwege haar huwelijk met Aimard? Een bladzijde verder gaat Aimard verder met zijn loftuitingen: Cinti-Damoreau en haar collega zingen een duo uit de Ambassadrice. 'Het is noodeloos, melding te maken van de geestvervoering waarmede beiden begroet werden. Iedereen weet dat het onmogelijk was, een betere stem te hebben dan deze beide nachtegalen, onmogelijk, met meer goeden smaak en met meer methode te zingen.'

In *De Araucaniër* wordt opgemerkt: 'Te Parijs hoorde ik die romance zingen door mevrouw Damoreau met haar nachtegaalgeluid.'

De vergelijking van de wereld van zijn echtgenote met de natuur in *Mexicaanse Nachten I* rechtvaardigt Sieverlings opinie over Aimards negatieve kijk op het wereldje van zijn zoetgekeelde echtgenote enigszins:

"Ja," hernam de avonturier [Olivier] met een onderdrukten zucht, - "t is nog al mooi voor een landschap dat door menschenhanden bedorven is; ik heb het u al dikwijls gezegd: alleen in de hooge savannen van de groote Mexicaansche woestijn aanschouwt men de natuur, zóó als ze door God is geschapen; dit is in vergelijking daarmede maar een opera-decoratie, een poppen-natuur, die niets natuurlijks bezit en geen beteekenis heeft."

Na zijn huwelijk is Aimard gaan schrijven, een bezigheid waarbij hij vóór alles serieus genomen wenste te worden. Sieverling toont dit aan met Aimards woedende reactie op een satirisch gedicht in het tijdschrift *Le Hanneton* op 15 augustus 1867. De spotprent die dit schrijven vergezelt toont Aimard gezeten op een paard met een uitvergroot hoofd, een onbenullige blik in de ogen, een geweer over de schouder en met een pen uit zijn ransel stekend. Alsof onthoofden, het gebruik van een guillotine van een veel hogere beschaving getuigt, eindigt dit gedicht met: 'We onthoofden niet meer, voortaan scalperen we!'

Aimard werd lid van de in 1838 opgerichte *Société des Gens des Lettres*, waarvan Balzac ooit voorzitter was en Victor Hugo vanaf 1870. Dat lidmaatschap moet veel voor de oud-avonturier betekent hebben, denkt Sieverling. Dat blijkt. In *Le Brésil Nouveau* zegt Aimard *Balzac chez Lui*, geschreven door Gozlan, altijd bij zich te hebben. Balzac was een van de presidenten van de *Société*. Maar dat hijzelf en zelfs één van zijn alter-ego's *Balzac chez Lui* altijd bij zich hadden, was niet alleen om die reden, zoals we nog zullen zien.

In 1870 brak de Frans-Duitse oorlog uit. Sieverling citeert uit *Vaperau's Dictionnaire Universel des Contemporains* van 1880 een lemma over Aimard: een Franse romanschrijver die tegen het einde van 1818 te Parijs werd geboren. Het eerste gedeelte kennen we en dan gaat deze *Dictionnaire* verder:

> Na nog een serie verre reizen deed Aimard in romanvorm verslag van zijn reizen, omzwervingen en studies en in dit genre verkreeg hij grote bekendheid. Aan het begin van de Frans-Duitse oorlog van 1870 bracht hij een legertje persmensen op de been dat na een bezetting terugtrok naar Parijs en op schitterende wijze deelnam aan de Bourget-affaire van 30 october 1870.

Dat legertje was het *Corps des Franc-Tireurs de la Presse*. Volgens Howard in *The Franco-Prussian War. The German Invasion of France, 1870-1871* was deze eenheid een van de meest lawaaiige en actieve van het zootje ongeregeld dat in die tijd op de been werd gebracht. Over de Bourget-affaire schrijft Howard dat de *francs-tireurs* onder commando van Generaal Carey de Bellemare versterkingen bij elkaar hadden geroepen en het dorp Bourget bezetten. 'Bellemare reed Parijs in om de verrukte bevolking en een in verlegenheid gebracht Trochu over deze schitterende overwinning in te lichten - de eerste sinds het begin van het beleg.'

En dan? Blijkens een uittreksel in het geboorteregister heeft Aimard in 1874 op zijn verjaardag een uittreksel uit het geboorteregister opgevraagd. Vader en moeder niet aangegeven, staat er. Aimard ondertekende zijn verzoek als 'aanvrager' met O. Gustave Aimard. Zes jaar later ging Aimard op reis. Dat moet ergens 1879/1880 zijn geweest. In het Braziliaanse *Jornal do Comércio* schrijft A. d'E. Taunay in zeven artikelen, in de jaren 1944 en 1945 over het bezoek dat Aimard twee jaar voor zijn overlijden aan Rio de Janeiro bracht. Dat klopt. In *Le Brésil Nouveau* dat posthuum werd gepubliceerd, doet Aimard uitgebreid verslag van dit bezoek.

In dit reisjournaal begint hij met een terugblik op zijn leven, lezen we nogmaals over het gaan varen op zijn negende en het voor het eerst, in 1847, terugkomen in Parijs. We weten dat hij eerder terugkwam vanwege zijn indiensttreding bij de Franse marine. Waarom hij die episode in zijn leven overslaat? Had hij achteraf problemen met zijn toenmalige ongedisciplineerde gedrag? Over de meest recente periode van zijn leven schrijft hij: 'Ik werd moeilijk om mee om te gaan, wilde niemand meer zien, werd zenuwachtig van het minste geluidje, verdroeg mijn beste vrienden niet meer, vreesde gek te worden.' Verder droomde hij ervan: 'heel Amerika, van het noorden tot het zuiden terug te zien en mijn odyssee te beëindigen door me te vestigen in de buurt van de zoon die ik had bij een Comanche-indiaanse, die bij de grens met Canada woont - en niet meer naar Frankrijk terug te keren.'

Société des Gens de Lettres de France, Parijs

Of dat zo was? Volgens Aimards zeggen had hij een zoon bij een Comanche-vrouw. Het zou kunnen. In *De Kaperkapitein* zegt hij van zijn dertiende tot zijn twintigste jaar bij de Comanches gewoond te hebben, daar als familie te zijn behandeld. Gezien de *kinship*-verhoudingen bij Indianen is dat niet verbazingwekkend. Was hij ook familie geworden? In *Mexicaanse Nachten* rept hij wel over een jongetje, Dominicus, dat hij in Mexico vond en onder zijn hoede had genomen, dat wil zeggen, in een Comanche-stam had laten opnemen.

Hoe dan ook, in plaats van naar de Comanches te gaan, bracht hij een paar maanden door in Rio de Janeiro waar hij het uitermate naar zijn zin had. Daarna moet hij teruggegaan zijn naar Parijs, waar hij de laatste jaren met de dochter van zijn echtgenote woonde. Deze dochter stierf in 1882. Aimard stierf één jaar later.

Geestesziek?
Volgens het overlijdensbericht in de *Figaro* van 22 juni 1883 had hij aan exceem, *érysepèles*, geleden, welke aandoening grote delen van zijn lichaam had bedekt, vooral de voorkant en zijn handen. In het Saint Louis-ziekenhuis was hij wat opgeknapt, maar vanwege een mentale

stoornis bleek het nodig om hem naar het Sainte-Anna-hospitaal te Parijs over te brengen waar zijn conditie werd gediagnosticeed als: *la folie des grandeurs*.[14]

Bovengenoemd *NYT*-artikel van 9 juli 1883 schrijft ook over Aimards ziekbed dat hij aan erysypeles had geleden en dat hij in de war was geraakt nadat hij daarvan was genezen. Hoe in de war? Aimard zou maar door gegaan zijn over zijn hoge afkomst, schreef brieven naar zijn 'neef' (keizer Napoleon) en zijn neefjes, de Choiseuls. En hij zou bezig zijn geweest met een brief voor een advocaat die een claim zou moeten leggen op het eiland Corsica en het Byzantijnse keizerrijk. Dit keizerrijk claimde hij vanwege de Sébastianies en de Comnène van wie Mevr. Junot ook afstamde.[15]

Als kind had Aimard gehoord dat Sébastiani, toen deze ambassadeur in Constantinopel was, instructies had gekregen om uit te vinden of het mogelijk zou zijn met, of zo nodig zonder Rusland, het *Lower Empire* opnieuw te vestigen. Als het weer in ere hersteld zou kunnen worden, zou hij [Sébastiani]daarvan de keizer geworden zijn. Dit idee, zo gaat het artikel verder, werd opnieuw tot leven gebracht in 1855. Keizerin Eugenie wilde (zo schreef Bismarck vertrouwelijk naar zijn regering in dat jaar) dat keizer Napoleon naar het oosten zou gaan, maar inplaats van door te gaan naar Sebastopol, stoppen in Constantinopel, dat innemen en de restaurantie van het Byzantijnse keizerrijk onder de scepter van een Franse keizer voorstellen als basis van vrede.[16] Als dat idee was uitgevoerd (en Bismarck dacht dat men het echt meende) dan zou Prins Napoleon misschien tot keizer van Byzantium zijn verklaard.

Als dit plan van keizerin Eugenie inderdaad bij Bismarck gelanceerd is geweest, was het dan Aimard wiens hersens in de war waren geraakt? Of vertelde hij het alleen maar na?

---

14. Hoe ironisch is het dat in Vaux le Vicomte, het schitterende kasteel van hertog de Praslin een film werd opgenomen met dezelfde naam, *La Folie des Grandeurs*: http://www.vaux-le-vicomte.com/en/film.php?film=17 (Bekeken in januari 2007).
15. Madame Junots moeder Panoria, stamde af van De Comnènes, de laatste Griekse dynastie van het Trebizond-keizerrijk. Laure Junot, hertogin d'Abrantès (1784-1838) (née Laurre Martin de Permond) was net als Aimards biologische moeder gehuwd met een van Napoleons mannen - anderes dan zijn moeder's echtgenoot de Rovigo, bleef Junot Napoleon niet trouw tot op het laatst, maar raakte hij geestesziek. Later werd Laure Junot de minnares van Balzac (*Biographie Universelle, Nouvelle Biographie Générale, Encyclopaedia Brittannica*). Het kan zijn dat Aimard behalve verhalen over zijn vader, Sébastiani, ook Junots 18-delige *Memoirs* heeft gelezen.
16. Maria Eugenia Ignacia Augustina Palafox de Guzmán Portocarrero y Kirkpatrick, 9de gravin de Teba (Granada, 5 mei 1826 - Madrid, 11 juli 1920) was een Spaanse gravin die door haar huwelijk met Napoleon III de laatste keizerin der Fransen werd (Ibid).

Na zijn dood zijn uitgevers, de heer Faure van de *Société des Gens de Lettres* en ongeveer vijftien vrienden liepen achter zijn baar. Tien jaar na zijn dood liet zijn vrouw hem opgraven en bijzetten in haar familiegraf. Op de vage foto van dat graf te zien kwam hij naast of boven Laure Lucie Dejazet te liggen, de stiefdochter die hem in 1882 voorging. •

**Acht series
Aimardboeken**

Serie 1
Zuid-Amerika

De Pelsjagers van de Arkansas 44
Het Opperhoofd der Auca's 50
De Gids der Prairiën 53
De Roovers der Prairiën 57
De Lynchwet 61
De Graaf de Lhorailles 64
Goudkoorts 68
Curumilla 72
Valentin Guillois 78
De Mexicaanse Nachten I en II 80
Vasthand 84

De Pelsjagers van de Arkansas.

De reiziger, die voor de eerste maal den voet zet op den bodem van zuidelijk Noord-Amerika, ondervindt zijns ondanks een onbeschrijfelijk gevoel van weemoed.

En inderdaad, de geschiedenis der nieuwe wereld is slechts een betreurenswaardige martelaarskroniek, waarin dweeperij en begeerigheid hand aan hand gaan.

Aimard vervolgt met zijn overzicht van de treurige stand van de Noord-Amerikaanse zaken:

Gouddorst gaf aanleiding tot het ontdekken der nieuwe wereld, het goud eens gevonden zijnde, was Amerika voor zijne veroveraars niet meer dan eene stapelplaats waar deze begeerige gelukzoekers met den dolk in de eene en het crucifix in de andere hand, een rijken oogst kwamen bijzamelen.

Wie zijn goud binnen had, vertrok weer en daarom konden reizigers door Mexico hier en daar de puinhopen aantreffen die de Spanjaarden de afgelopen driehonderd jaar hadden achtergelaten terwijl:

de gedenktekenen opgericht door de Azteken en de Incas, die nog in al hun majestueuzen eenvoud het hoofd omhoog heffen als onvergankelijke getuigenissen van hunne tegenwoordigheid in die landstreek en van hun streven naar beschaving.

Over de Spaanse politiek meldt Aimard:

Het Spaansch-Amerikaansche ras heeft zich voorgeplant in de domeinen, die het van zijne voorvaderen heeft ontvangen, zonder er ooit de grenzen van uit te breiden; zijn heldenmoed is met Karel den Vijfde ten grave gedaald en het heeft van het moederland niets bewaard dan de gastvrije zeden, die godsdienstige onverdraagzaamheid, de monniken, de guittareror (straatzangers) en de gewapende bedelaars.

Vervolgens laat Aimard zich uit over de kolonisatie van Amerika die gepaard gaat met de onderdrukking en de uitbuiting van de oorspronkelijke, Indiaanse, en de geïmporteerde, Afrikaanse, bevolking:

In de Vereenigde Staten [...] ontmoet men overal de blijken van die hartelooze onrechtvaardigheid, die twee menschenrassen heeft geplunderd en van alles beroofd ten voordeele van een derde, dat zich het recht van leven en dood over hen aanmatigt, en ze niet anders dan als slachtvee beschouwt. Deze twee rassen, de belangstelling van alle weldenkenden zoo overwaardig, zijn het zwarte en het roode ras [...] Squatters, mensen zonder recht en wet drijven de Indianen uit hun laatste schuilhoeken. Daarachteraan komen vijf soldaten, een tamboer en een trompetter of een officier met vaandel en sterren. Ze bouwen een fort, plaatsen er het vaandel op en maken bekend tot de grenzen van het Staten-Verbond zich tot daar uitstrekken. Er komen hutten die steden worden: zoo gaat dat in dat land toe; men ziet het is een zeer eenvoudige wijze van handelen.

Aimard was niet de eerste die zich opwond over *squatters*. De Franse edelman Moreau de Saint-Méry, die, net als veel van zijn adelijke vriendjes, de revolutie in Amerika observeerde, geeft in *Américan Journey* (1793-1798) een ironische illustratie van Aimards bevindingen:

Als we het zouden wagen Philadelphia te verlaten en te kijken naar degenen die op het platteland verweg wonen, dan kunnen we zeggen dat die daar noch recht noch openbare veiligheid hebben. Als iemand land koopt, dan kan het gebeuren dat iemand op dat stuk woont. En als je probeert die persoon je land te laten verlaten, dan kun je door een pistoolschot daarvan worden weerhouden en er zal niemand geïnteresseerd zijn je te wreken.

Indianen waren dus niet de enigen die zich landjepik moesten laten welgevallen. Evengoed vond Aimard het Amerikaanse continent niet te versmaden. De schoonste mooiste stad van Europa was volgens hem klein, morsig en popperig vergeleken bij de woestijnen van Amerika: 'Het is alleen hier dat de mensch ruim ademt, dat hij leeft, dat hij denkt.'

Na al deze overwegingen komen we bij het eigenlijke verhaal terecht: opwinding in het Mexicaanse stadje Hermosillo op 17 januari 1817:

Hermosillo, vroeger Pitic, door de expeditie van den graaf de Raouset Boulbon beroemd geworden, is de stapelplaats van den Mexicaanschen handel op de Stille Zuidzee, en telt meer dan 9000 inwoners.

Een vermetele knaap van ongeveer zestien jaar, zo gaat het verhaal verder, vliegt te paard door het dorp en wordt door dorpelingen achternagezeten. De jongen wordt van moord beschuldigd. Hij redt het tot aan zijn vaders huis waar even later de *letras*, de rechter, arriveert. De knaap wordt schuldig bevonden en zijn vader moet het vonnis, verbanning, voltrekken. Zoonlief wordt door een bediende ver weg de wildernis ingebracht en achtergelaten. Zijn moeder en haar bediende Eusebio trekken echter achter hem aan en gaan niet meer terug naar huis. De knaap wordt als het ware een, door zijn moeder niet verlaten, onverlaat.

Hierna maakt het verhaal een tijdsprong van twintig jaar. De vermetele knaap is nu gerijpt en tot inzicht gekomen en gaat onder de naam Edelhart door het leven. Op één van zijn tochten, rond 1837, komt Edelhart in gezelschap van Goedsmoeds, een jager uit Canada die hij ooit van de martelpaal redde, een reisgezelschap tegen. In de loop van het verhaal leert de lezer jager Goedsmoeds kennen als Aimards alter-ego.

Het reisgezelschap bestaat uit gidsen, een generaal, diens beeldschone nicht en een ongeveer vijftigjarige Fransman, Jerome Boniface Durieux die een plant die Linnaeus ooit heeft beschreven, de Chirotemon Pentadactylon, wil terugvinden. Dat zou hem beroemd kunnen maken. Durieux stikt bijna in het uniform van officier van gezondheid in Mexicaanse dienst.

Durieux staat waarschijnlijk model voor Dr. Thomas Coulter, M.D. (1793-1841) die in de *Botanical Exploration of the Trans-Mississippi West, 1790-1850* wordt beschreven als een Ier die een paar jaar in Parijs studeerde en rond 1824-1827 als medisch assistent bij de *Real des Montè Mining Company* de flora van Mexico in kaart bracht. In die periode verzamelde Coulter planten, was hij belast met het beheer van de mijnen van het bedrijf, de *Veta Grande* en botaniseerde hij in Californië.[17]

Terug naar Aimard: Durieux, de generaal en zijn reisgezelschap dwalen onderweg een stukje van hun kamp vandaan. Hun gids slaakt onderweg een kreet welke hij laat volgen door een college kolonisatiepolitiek:

"Wat is er?"

"Bijen."

"Hoe komt dat?"

"O, dat is heel eenvoudig, de bijen zijn de voorloopers der blanken; naarmate de blanken dieper Amerika indringen, gaan de bijen hun voor, om hun den weg te banen, en de plekken aan te wijzen, die ter ontginning geschikt zijn. Hare verschijning in een onbewoonde landstreek is altijd de voorbode van een kolonie pioniers of squatters."

De generaal vraagt de gids of hij daar wel zeker van is.

"O, heel zeker, uwe Excellentie! Wat ik u daar zeg is aan al de Indianen bekend; zij vergissen er zich nooit in; naarmate de bijen voortrukken, gaan zij achteruit."

---

17. Aimard voert hem tien jaar later op in *De Pelsjagers*.

Dit verhaal over bijen is ook te vinden in Washington Irvings *American Journals, 1832*. Hij beschrijft hierin de tactiek van bijen-, liever gezegd de tactiek van honingjagers. Deze volgen de bijen, kijken waar ze in een boom verdwijnen, hakken die plek dan open om zich vervolgens meester van de honing te maken. Tussen Irvings slordige regels door, het is denk ik beter deze niet te vertalen, zien we wat het gevolg is:

> *Seated with Dr Holt - man brings Kettle of honey & sets before us - from a tree just taken - the 15th tree [...] Pourales arrives at the camp and Billet each with a turkey strung each side of his saddle. The Indian camp had moved across the river - found another camp.*

Edelhart en de Comanches zijn ook op pad. Onderweg slaan ze een kamp op. Aimard:

> **Niets is zonderlinger en schilderachtiger dan het gezicht van een Indiaansch kamp. Als de Roodhuiden op een jacht- of krijgsonderneming uit zijn, richten zij op de plaats, waar zij halt houden, tenten op van bisonvellen, die over kruiselings in den grond gestoken palen zijn uitgespannen. Deze tenten, waarvan de vloer met aardkluiten overdekt is, hebben alleen van boven eene opening, om den rook door te laten, en zonder welke zij onbewoonbaar zouden zijn.**

Edelharts moeder valt vervolgens in handen van Arendskop, de Comanche-hoofdman. Deze had zóveel appeltjes met Edelhart had te schillen dat zijn stamleden, bij gebrek aan Edelhart, overwogen om diens oude moeder te martelen. Aimard maakt duidelijk dat het hier ging om een atypisch geval, en dat het geenszins de gewoonte was van Indianen om vrouwen te martelen. Het verhaal gaat door.

De stamhoofden gaan rond het vuur zitten. De pijpdrager treedt in de kring met een aangestoken *calumet*, buigt zich onder het prevelen van een gebed naar alle vier de hemelstreken en offreert de calumet aan het oudste opperhoofd:

> maar zóó dat hij het roer in de hand hield. Nadat alle hoofden een voor een hadden gerookt, stootte de pijpdrager het as uit de pijpekop en sprak de hoop uit dat de hoofden een wijs besluit zouden nemen.

Arendskop wordt hierop geïntroduceerd door het oudste aanwezige hoofd en krijgt uitgebreid gelegenheid om zijn voornemen de oude vrouw te laten martelen toe te lichten. Uiteindelijk spreekt de oude grijsaard weer:

> Komt [...] maakt de noodige toebereidselen! geeft aan die terdoodbrenging het aanzien van een zoenoffer en niet van eene wraak; ieder moet overtuigd worden, dat de Comanches niet voor hun genoegen de vrouwen martelen, maar dat zij de schuldigen weten te straffen; ik heb gezegd.

In de scène die volgt beginnen de vrouwen uit het kamp met groot genoegen aan de toebereidselen voor de marteling, maar evengoed:

> ging de Arendskop toch voort met zijne gevangene zoo zacht mogelijk te behandelen, en zich met eene kieschheid jegens haar te gedragen, die men geenszins verwachten zou van menschen, welke, volgens onze meening, zonder eenige geldige reden onder den naam van Wilden bekend staan.

Aimard trekt zich vervolgens even terug uit het verhaal om de zaak als alwetende verteller toe te lichten:[18]

> In het algemeen toch verdient de wijze waarop de Indianen met hunne gevangenen omgaan, eer geprezen dan gelaakt te worden, daar zij wel, verre van hen zonder oorzaak te martelen en te kwellen, gelijk velen het elkander hebben nagezegd hun veeleer de grootst mogelijke beleefdheid bewijzen, en in zeker opzicht medelijken hebben met hun ongeluk.

Het kenmerkt Aimard dat hij als alwetende verteller regelmatig Westerse of blanke vooroordelen aan de kaak stelt om vervolgens als romanschrijver het verhaal in racistische en deningrerende terminologie te continueren.[19]

Als de vergadering tot martelen heeft besloten en er een voorbereidende scalpdans begint, is het afgelopen met het mededogen. Dat wil zeggen, legt Aimard uit, normaal worden er dan scalpeermessen naar het slachtoffer geworpen, zodanig, dat deze slechts licht kwetsuren veroorzaken en worden er splinters onder de nagels en brandende zwavelstokken tusschen de vingers en een honingmasker op het gelaat aangebracht.

Deze laatse drie behandelingen worden de onschuldige moeder bespaard, maar wel wordt de brandstapel voor haar aangestoken. Tegen

---

18. Een alwetende verteller wordt, aldus Anbeek (1978) ook wel een 'auctoriale' verteller genoemd, iemand die de lezers stuurt, manipuleert en een scheiding aanbrengt tussen de edele en onedele passage. Het is iemand die zelf geen rol speelt in het verhaal. Bij Aimard is er niet zo'n duidelijke scheiding tussen de personages in het verhaal en hemzelf omdat hij in zijn romans geregeld onder een alter-ego optreedt.
19. Omgekeerd doet hij het ook. In *Les Vaudoux*, een roman die in 1867 verscheen en hier verder buiten beschouwing zal blijven, schetst hij een pijnlijk negatief beeld over 'negers' om vervolgens zo iemand als een voorbeeld van trouw, moed, vriendelijkheid etc. etc. af te schilderen.

dat haar voeten flink geblakerd zijn, verschijnt haar zoon Edelhart alsnog ten tonele, en blijft zijn moeder gespaard.

Tegen het einde van *De Pelsjagers* hebben de Comanches een groep van twintig bandieten in handen gekregen die roof, moord en diefstal van paarden en vrouwen op hun geweten hebben. Men zit in een kring bijeen en de *calumet* doet weer de ronde. Er wordt een vonnis geveld: de bandieten worden uitgenodigd elkaar met een dolk te doorsteken. De een na de ander sterft met een bleek loodkleurig gelaat, ogen die in hun kassen rollen, daarbij waggelend als dronken mensen totdat ze dood op de grond tuimelen. Historicus Aimard voorziet deze scène van een voetnoot: '1) Dit geheele tooneel is geschiedkundig; de schrijver heeft een dergelijke strafoefening in Apacheria bijgewoond.'

In het naschrift van *De Pelsjagers van de Arkansas* zegt Aimard dat dit het verhaal is van mensen die hij ooit, op weg naar Hermosillo, ontmoette: een bijna honderdjarige grijsaard (de bediende), een deftige oude dame van ongeveer tachtig (Edelharts moeder), een krachtige man van vijftig (Edelhart), een vrouw van veertig (Edelharts gade?) en de Comanche, Arendskop, op wie alle kinderen dol waren. Aimard eindigt:

> Acht dagen later verliet ik, diep getroffen, het huis, waarin ik met zoo gulle vriendelijkheid ontvangen was; maar in plaats van naar Hermosillo te gaan en mij aldaar in te laten schepen naar Guamas, gelijk eerst mijn voornemen was geweest maakte ik met den Arendskop een uitstapje naar Apacheria, een uitstapje, gedurende hetwelk het toeval mij getuige deed zijn van een aantal buitengewone voorvallen, die ik u misschien later zal mededeelen, als het blijken zal, dat dit verhaal u niet al te zeer heeft verveeld.

Aimard moet die reis in 1852 gemaakt hebben na de verovering – en herinname – van Hermosilla waarover meer in *Curumilla* waarop hieronder teruggekomen zal worden. Eerst echter verder met het tweede boek uit de eerste serie.

Het Opperhoofd der Auca's

Gedurende mijn laatste verblijf in Amerika bracht het toeval mij in kennis met een der ontembare jagers of woudloopers, wier eigenaardig karakter onsterfelijk is geworden, sedert Cooper zijn dichterlijke persoonsbeschrijving gaf van Lederkous.

Volgens dit verhaal, waarin Aimard nogal speelt met de jaartallen, was hij eind juli 1855 in Galveston en moest hij ergens bij Castroville een brief afgeven. Onderweg kwam hij een Franse edelman tegen die hem zijn levensgeschiedenis verhaalt. Aimard vertelt het na.

Deze heer, Maxime Eduard Louis de Prébois-Crancé, vijfentwintig jaar oud, lag op 31 december 1834 lui achterover, toen zijn zoogbroeder, Valentin Guillois, hem een brief kwam brengen. Lezing ervan deed de Prébois-Crancé besluiten zich het leven te benemen. Zoogbroeder Valentin bewoog hem evenwel de oorzaak van zijn ongeluk, een verloren liefde, te gaan opzoeken. Het ging om een Chileense schone die hij in Parijs had ontmoet maar die was terug gegaan naar haar vaderland.

Op deze manier introduceert Aimard de fictieve graaf de Prébois-Crancé die voor de feitelijke figuur graaf de Raousset-Boulbon staat en de hoofdheld van deze hele serie is. De naam de Prébois-Crancé ontleende Aimard waarschijnlijk aan Dubois de Crancé welke wordt genoemd in *Mémoires de J. Fouché*, waarin Fouché, Napoleons politiechef, schrijft dat de hoofden van Dubois-Crancé, Legendere, Tallien en anderen, waaronder hij ook zichzelf moest rekenen, met hoofd/rompscheiding werden bedreigd.

Volgens Wyllys in *The French in Sonora, 1852-1854*, was graaf de Raousset-Boulbon de oudste zoon van een oude wat aan lager wal geraakte Franse familie van waarschijnlijk Italiaanse afkomst. De oorspronkelijke naam zou Radulfi zijn en Bourbon zou vanwege de revolutie in 1793 veranderd zijn in Boulbon. Deze naam was titulair omdat Gaston de natuurlijke zoon van een prins van Bourbon 'zou zijn.'

De Raousset-Boulbon stond in zijn jeugd al niet bekend als een gemakkelijk heerschap. In 1845 diende hij in het leger onder Hertog d'Aumale in Frans-Algerije waarna hij een boerengemeenschap in Afrika wilde beginnen. Volgens Clemens Lamping, een Duitser die ook onder deze zelfde hertog diende en daarvan een verslag, *The French in Algiers*, naliet, was dat plan gedoemd te mislukken. Behalve over de ziektes van genoemde hertog rond 1841 schrijft Lamping over gruwelijke martelingen en mensonterende slavenpraktijken in Algiers en peinst hij over wat daar wel zou moeten gebeuren:

De Franse regering zou een aantal echte boerenfamilies uit Noord-Frankrijk, liever nog, uit Duitsland moeten sturen. De Fransen uit het zuiden zijn totaal ongeschikt voor kolonisatie. Het enige dat die met enige opbrengst zouden kunnen verbouwen zijn druiven en dat is strikt verboden omdat het moederland hierdoor geschaad zou worden.

Zoals Lamping juist inschatte, bleek de zuidelijke graaf de Raousset-Boulbon geen goede boer te zijn. In 1848 keerde de Raousset-Boulbon dan ook terug naar Frankrijk, publiceerde een paar romannetjes en schreef in het revolutionaire blad *Liberté* dat in zijn geboortestad Avignon werd uitgegeven.

Veel uitvoeriger over de herkomst van deze graaf schrijft Soulié in *The Wolf Cub*, een verslag dat deze ex-oudgardist in 1856 over diens deelname aan de verovering van Hermosilla naliet. Volgens Soulié werd de Raousset-Boulbon in het huis van zijn grootmoeder van moederskant, markiezin de Sariac, geboren en stierf zijn moeder een paar dagen na zijn geboorte. Markiezin de Sariac voedde hem op. Na een woelige jeugd gaf grootmoeder de Sariac het op en stuurde zijn vader hem naar een Jezuïeteninternaat. Tegen zijn achttiende liep de Raousset-Boulbon daar weg en na wat Parijse avonturen dook hij rond 1850 op in San Francisco. Met hem arriveerden daar vele Fransen die revolutionair Frankrijk eveneens voor gezien hielden.

Tot zover over de graaf, terug naar *Het Opperhoofd der Auca's* waarin hoofdstuk IV begint met een beschrijving van het ontstaan van de staat Chili. Vijftig jaar voordat Europa Amerika ontdekte viel de Indiaanse vorst Sinchiroca Chili binnen. Hij veroverde de Mapocho-vallei, die toen *promocaces* heette, ofwel 'Dans- en lustoord.' De Peruanen, aldus Aimard, hebben daar door de tegenstand van het leger der Promociane nooit vaste voet kunnen krijgen.

Aimard vervolgt over de hoofdstad Santiago die door de Spaanse veroveraar Valdivia werd gesticht op de linkeroever van de rivier Mapocho en koerst af op een dag in het jaar 1835 waar 's middags om vijf uur van alle balkons nog de *Sambacuejas* ofwel de Creolenliederen ruisen. Maar om tien uur die avond marcheerden een aantal ter dood-veroordeelden onder militaire geleide door de stad Santiago. Pancho Bustamente, de minister van oorlog, had het weer eens nodig gevonden een voorbeeld te stellen aan de naar oproer geneigde bevolking. Echter, Don Tadeo de Leon, een van de veroordeelden overleefde de terechtstelling. Hierachter zat 'de Linda', Leons ex-echtgenote en moeder van hun dochter. De Linda was nu het liefje van Bustamente. De Linda, bevoetnoot Aimard, is een onvertaalbare term voor 'buitengewoon schone vrouw.'

De Linda, voorheen donna Maria, wil haar dochter, die de Leon tien jaar eerder ontvoerde, terug. Dat lukt niet en net als de Linda Leon alsnog wil vermoorden, wordt hij gered door leden van De Sombere Harten, een politieke beweging die zich tegen de regering kant.

Behalve van familie- en vriendenvetes worden Aimards lezers getuige van de nodige veldslagen met de Indiaanse bevolking, Araucanen ofwel Moluchos, die de paden van bovengenoemde vrienden en vijanden regelmatig kruisten. De pogingen van de Araucanen om hun zelfstandigheid te bewaren vormen de historische achtergrond van deze roman.

Vervolgens, in een rol als politicoloog, schetst Aimard het Chili in 1835. Bustamente wilde een statenbond vestigen, maar De Sombere Harten, ofwel de Republikeinen, wilden een democratischer regering en beter onderwijs. Maar, daar had je ook nog Antinahuel, de Toqui (baas) van de belangrijkste Utal-Mapus van het Araucaanse bondgenootschap. Zowel Bustamente als De Sombere Harten deden hun best Antinahuel naar hun kamp over te halen.

Aimard citeert de overeenkomst tussen Bustamente en Antinahuel: in ruil voor grondgebied zou Antinahuel hem helpen zijn verloren macht te heroveren. De overeenkomst wordt getekend met: Don Pancho Bustamente, Divisie-generaal, ex-minister van Oorlog der Chileensche Republiek. Uiteindelijk vindt er een grote slag plaats: Bustamente en Antinahuel strijden tegen de Republikeinen en Bustamente laat hierbij het leven.

Aimard heeft dit hoofdstuk uit zijn duim gezogen. Je denk iets over Chili te leren, maar dat is niet het geval. Bustamente bestond wel, maar leefde veel later, Antinahuel heeft ook bestaan, maar veel eerder en politiek gezien zat het ook allemaal anders. F®ictie hier!

Terug naar de roman. Tijdens zijn zoektocht door roerig Chili, waar Curumilla, een Indiaans opperhoofd, zich heeft gevoegd bij het gezelschap van Prebois-de Crancé en diens zoogbroeder Valentin, valt de Prébois-Crancé ergens in een Indianenoord in slaap. Aimard neemt die gelegenheid te baat om zijn lezers uitvoerig te informeren over het Araucaanse gedeelte van Chili: onder andere zijn daar drieëntwintig werkende vulkanen en het gebied is in vieren verdeeld.

Daarna gaat Aimard even omstandig in op de vraag of de Indianen Amerika ooit via de Beringstraat bereikten. Een ongerijmde stelling volgens hem en men kan ook niet zeggen dat Amerika nieuw is en Europa oud, want:

> **De ontzaglijke bouwvallen van Palenque, een stad, kort geleden in Yucattan ontdekt, wijzen niet alleen op een geschiedenis die even ver als die van Egypte teruggaat, maar tevens op een graad van**

beschaving, die de voorgeslachten der Oude Wereld nooit bezeten hebben. Het zoogenaamde roode of koperkleurige menschenras, hoe men het ontstaan ervan ook verklare, schijnt even oorspronkelijk en aan Amerika eigen te zijn als de blanke, gele en zwarte rassen aan de oude Wereld. Te dier zake herinneren wij ons een schrander gezegde, eens door een opperhoofd der Comanchen aan een zendeling toegevoegd, die hem trachtte te bewijzen dat er in Amerika geen oorspronkelijk menschenras bestaan kon, omdat volgens een der oudste Bijbelboeken Noach slechts drie zonen had, van welke de een Europa, de andere Azië, en de derde Afrika had bevolkt, en dat de inwoners der Nieuwe Wereld noodwendig van een dezer drie afkomstig moesten zijn. "Broeder," zei de Indiaan, "ik denk dat zij, die de overlevering van Noach bewaard hebben, hem slechts drie zonen hebben gegeven omdat in dien tijd ons land nog onbekend was; ware dit niet het geval geweest, dan zouden zij den vierden niet vergeten hebben.

Aimard stelt vervolgens voor een oordeel over de waarde van deze bewering aan ernstige onderzoekers over te laten. Hij heeft gelijk; het is een politiek beladen geloofspunt dat zich niet gemakkelijk voor onderzoek leent, niet in zijn tijd en nog altijd niet.

Aan het eind van *Het Opperhoofd der Auca's* trouwt de Prébois-Crancé met de dochter *dona* Rosaria. Dat was het meisje dat hij eerder in Parijs had ontmoet, sindsdien zo vurig had aanbeden, en dat hij nu terug had gevonden te midden van familietwisten en Chileens politieke onrust. De Prébois-Crancé's metgezellen trekken dan verder: fictie slaat nu om in feiten.

De Gids der Prairiën

In Mexico bestaat de bevolking slechts uit twee klassen; de grooten of de adelstand, en het gemeen, of de lagere klassen, met een woord, uit rijken en armen; er is geen middelstand om deze beide uitersten te verbinden of in evenwicht te houden; hieruit laat de hoofdoorzaak der tweehonderd negen en dertig omwentelingen, die sedert de onafhankelijkverklaring, in het begin der tegenwoordige eeuw, dit land teisterden, zich gemakkelijk verklaren;

De zin is nog lang niet afgelopen, maar het wordt duidelijk. We zitten in Mexico waar het landschap ernstig wordt verstoord door Apaches en jaguars. Als de stofstorm is gaan liggen, ontwaren we Valentin; hij is nu een 'gids der prairiën.' Sinds het huwelijk van de Prébois- de Crancé en Rosaria trekt hij al tien jaar rond in gezelschap van Curumilla. Het moet dus ongeveer 1847 zijn. Behalve door Apaches en jaguars wordt de natuur ook enigszins ontregeld door de aanwezigheid van *rangers*. Aimard licht toe:

> Bij ieder der tweehonderd negenendertig omwentelingen, die Mexico sedert de hoogdravende onafhankelijkheids-verklaring van tijd tot tijd hebben geteisterd, was het steeds de zorg van den nieuwen president, zoodra hij de macht in handen had, om de vrijwilligers te ontslaan.

Uitvaagsel, schuim van de maatschappij, dat is wat er terechtkomt van deze lieden die zich vervolgens als rangers verhuren om:

> tegen een sober salaris jacht te maken op de Indios-bravos of vrije Indianen, namelijk de Apachen en Comanchen die nu en dan de Mexicaansche grenzen verontrusten. Boven en behalve hunne soldij, geeft het vaderlijk gouvernement der Vereenigde Staten in Texas, en van het vrije bondgenootschap in Mexico, hun een zekere som of premie voor elken Indiaanschen haarschedel dien zij aanbrengen.

Dat van die premies is waar. Wyllys in *The French in Sonora* noteerde hierover dat:

> De grensstaten schenen hun best gedaan te hebben om zichzelf te verdedigen. Er werden premies gezet op Indiaanse scalpen door Sonora en Chihuahua.

Volgens Haley in A*paches* hadden de Apaches sinds 1820 al ongeveer 5000 kolonisten vermoord, waardoor er ook nog eens ongeveer 4000 uit de regio vluchtten. De staat Sonora besloot toen premies te zetten op Apache-haarschedels/scalpen/hoofdhuiden. In 1837 volgde buurstaat Chihuahua dit fraaie voorbeeld. Honderd *pesos* voor de schedel van een krijger, vijftig *pesos* voor een vrouwenschedel en vijfentwintig voor die van een kind. Haley over dit onderwerp: voor de scalpjagers was voornamelijk het geld van belang. Dus jaagden ze ook op schedels van brave Indianen, dronkaards in de goot en hoeren uit achterbuurtjes.

Volgens Griffen in A*paches at War and Peace* vaardigde Chihuahua in 1848 nog een wet uit, de Vijfde Wet. Deze legitimeerde de aankoop van Achache-gevangenen en hun scalpen en stelde een overheidsorgaan in dat oorlogvoeren tegen de Apachen uitbesteedde. Deze wet bepaalde ook dat lichamen van dode krijgers tweehonder *pesos* waard waren. De prijzen voor de verschillende categoriën haarschedels en Apache-gevangenen waren hetzelfde. Al met al gaf de staat Chihuahua in 1849 zo'n 17.896 *pesos* uit aan deze handel.[20]

Het premies zetten op haarschedels wat indertijd in Mexico gebeurde, droeg echter niet bij tot het doel van de maatregel, Apaches uitroeien, en leidde al helemaal niet tot vredesverdragen met hen.[21] De uitvoering van deze wet werd een last voor de schatkist en een bron van onrust voor niet-Indianen omdat bijna iedereen zwart haar had.

Herman Lehman die rond 1870 als veertienjarige door Apaches werd ontvoerd en Apache, en weer later Comanche werd, beschrijft in *My Life Among Indians, 1870-1879* hoe zijn groep, in een poging om de *rangers* te ontlopen, op een familie met drie kinderen stuitte.

Het kostte maar een paar seconden om de man, de vrouw en de baby te scalperen. De twee andere kinderen, een meisje van acht en een jongetje van zes jaar, namen we met ons mee.

Uit geen van de Indiaanse scalpeerpartijen die Lehman memoreert blijkt dat het werd gedaan om geld. Het was van Indiaanse zijde een poging om de blanke bevolkingsaanwas wat in te perken: het scalpeerbeleid bleek echter voor beide zijden een ondeugdelijke poging.

Terug naar *De Gids der Prairiën*. Op bladzijde 72 komt er een *gambusino*, waarvan iedereen dacht dat hij dood was, terug naar Pasa des Norte. *Fray* (ofwel Pater) Ambrosio zit in een kroeg en neemt de *gambusino* loerend op. Iedereen kent dit rijke heerschap van wie men weet dat hij een rijke goudader had ontdekt. Waarop de *fray* hoopt, gebeurt. Er ontstaat een steekpartij ten gevolge waarvan de *gambusino* flauw, zeg maar stervende, ter aarde zijgt. De eerwaarde Fray Ambrosio wijst iedereen de deur en verneemt tijdens het verlenen van de laatste troost de locatie van de rijke goudader. Deze wetenschap voert hem

---

20. In Canada, dit terzijde, rees er enige tijd geleden (2000) paniek. In een declamatie van 1756 werd geld geboden voor MicMac-scalpen welke regeling nog steeds van kracht schijnt te zijn. Tot nu toe hebben de MicMac's deze regeling het hoofd geboden. Het feit dat de regeling nog steeds bestaat schijnt in te houden dat men compensatie kan eisen, zodat over het bestaan van de regeling wat ongemakkelijk wordt gezwegen.
21. Als Amerikaanse of Nederlandse legereenheden in het kader van democratisering mensen vanuit de lucht aanvallen, is er veel kans dat dit vanuit een Apache-helicopter gebeurt, met of zonder Hell-fire raketten. Een artikel over deze helicopters in de *Elsevier* van 5 november 1994 begint aldus: 'In de verzengende hitte van de woestijn van Arizona staat hij te trillen als een reusachtig insekt dat zich dadelijk op kan richten om zich op zijn prooi te storten [...] Als de Indiaan die vroeger in Arizona leefde en aan wie hij zijn naam ontleent, kan hij laag boven de grond komen aansluipen, zich even verheffen om dodelijk toe te slaan [...] Honderden Iraakse tanks veranderden [in operatie Desert Storm] door toedoen van de genadeloze Indiaan in verwrongen hopen staal.'

vervolgens rechtstreeks in de armen van de bandiet, Rode Cedar, die de opbrengst met hem wil delen, maar nu mag hij (moet hij), een *fray*, of hij wil of niet, ook nog helpen de mooie Clara te schaken.

Inmiddels zijn Curumilla en Valentin in een Comanche-stam opgenomen en zitten ze met hun rode broeders achter Rode Cedar aan. Even verderop in het verhaal komen Aimards lezers nog een *fray* tegen. Ondanks zijn nog maar zesentwintig jaren is *fray* Seraphin er eentje van de oude stempel. Niets dan lovende woorden over hem:

> In onderscheiding van de domme, heerschzuchtige en praalzieke priesterschaar, die sedert de verovering van Amerika en later, naar de Nieuwe Wereld vertrok, en aldaar, vaak door de woeste soldaten ondersteund, met het zwaard in de eene en het Evangelie in de andere hand, de Indianen tot Christenen poogde te maken, maar terwijl zij voor een kruis of een heiligenbeeld knielden, tegelijk met het nieuwe geloof al de grollen en legenden der heidensche godenleer bleven aankleven, en dus van het eene bijgeloof in het andere werden geworpen; of, wat nog erger was, wanneer zij het nieuwe geloof weigerden aan te nemen, meêdoogenloos werden vermoord.

Aimard is nog lang niet uitgeraasd over bekeren en koloniseren. Een pagina verder heeft hij het over de onderlinge onverdraagzaamheid van de zendelingen en Amerikanen:

> Wij moeten hier in 't voorbijgaan aanmerken dat er misschien geen onverdraagzamer volk op de wereld bestaat dan de Noord-Amerikanen. Niet alleen de katholieken, maar ook de protestanten zijn met dit euvel besmet, en zoeken elkander op allerleid wijze te vervolgen; de katholieken volgens de bekende uitsluitende beginsels der pauselijk heerschzucht, uit blinden ijver voor hunne zoogenaamde alleenzaligmakende kerk; de protestanten uit zekeren kleingeestigen naijver en bekrompen sektenhaat, die bij het minste verschil in de leer eene nieuwe afdeeling wil vormen.

Onderweg wordt er iemand naar de gevangenis te Santa Fé overgebracht, hetgeen Aimard de ontboezeming ontlokt:

> Aan de overzijde des oceaans is het zoogenaamd penitentiaire stelsel, wij willen niet zeggen in zijne kindsheid, want dan zouden wij liegen, het is er geheel onbekend.
>
> Met uitzondering der Vereenigde Staten, waar mildere beginselen heerschen, zijn de gevangenissen in Amerika nog heden ten dage wat zij waren ten tijde der Spaansche heerschappij, dat wil zeggen, verpeste holen, waar de ongelukkige die er in wordt opgesloten duizend folteringen te verduren heeft.

Aimard vergelijkt Frankrijk met Amerika. In Frankrijk is men 'onschuldig tenzij,' terwijl in Amerika men is 'opgepakt dus [kan men rekenen op] een onmenselijke behandeling.' In Mexico echter zit men op een handvol stro, in een hol zonder lucht dat gedeeld moet worden met slangen en andere dieren: 'de gevangenen worden vaak na verloop van vier en twintig uren, in deze afschuwelijk kerkers dood en half verslonden gevonden.'

De Roovers der Prairiën

Twee maaanden zijn er verloopen. Wij bevinden ons in de woestijn. Voor onze oogen ontrolt zich de oneindigheid. Welke pen is zoo welsprekend dat zij zich wagen zou aan de beschrijving van dien onmetelijken oceaan van groen?

Aimards zoemt in op afbrokkelende rotsen, zachtvlietende stromen, flora en fauna: hert en das, pluimgedierte als de *tanagre*, de *curasso*, de *loros*, de hars, de *toucan*, de duif en de *tragons* en elegante rozerode flamingo's. Dit tafereel wordt ruw verstoord door de verschijning van Rode Cedar die, op het punt van uitputting te sterven, een *cache* vind, een bergplaats voor jagers. Soms kwam zo'n jager nooit meer terug naar zijn *cache* en was de inhoud, pistolen, tabak en eten, voor de gelukkige vinder. Soms kwam de jager wel terug, hopend dat er niemand aan zijn spullen had gezeten.

Valentin en Curumilla's reisgezelschap komen een onbekende te hulp die door Apachen achterna wordt gezeten. De geredde blijkt don Luis Arroyal te zijn, deelgenoot van het bankiershuis Simpson, Pedro Munez, Carvalho en Comp. Nadat bankier Arroyal zich door dwaze verteringen berucht had gemaakt, maakte hij met een kotter jacht op 'slavenhaalders.' Bij de Amerikanen stond Arroyal bekend als Zoon des Bloeds. En, Arroyal zat al twintig jaar achter Rode Cedar aan. Goed genoeg dus; Don Luis Arroyal mocht zich bij Valentin en Curumilla aansluiten.

Terwijl dit gezelschap te paard achter Rode Cedar aanstuift, neemt Aimard even de tijd om zijn lezers over de Mexicanen in Texas voor te lichten wat hij doet door het inlassen van een verhaal over de *hacienda* van don Pacheco die ooit in de as was gelegd bij welke gelegenheid zijn twee dochtertjes werden gekidnapt. De vader gaat een hele lange zoektocht tegemoet.

Terug naar het reisgezelschap. Valentin en de zijnen komen een Comanche-dorp tegen:

> De Comanchen hebben twee soorten van dorpen, namelijk zomer- en winterdorpen. De winterdorpen worden met zorg en met zekere regelmatigheid aangelegd; de huizen hebben gewoonlijk twee verdiepingen, zijn welingericht en licht, ja zelfs elegant gebouwd.
>
> Maar de Comanchen zijn, als roofvogels, op hunne beurt gedurig blootgesteld aan dezelfde invallen waarmede zij anderen onophoudelijk bedreigen; zij bouwen derhalve hunne dorpen, als de arenden hun nest, op de steilste rotsen en stellen al het mogelijke in het werk om ze onwinbaar of ontoegankelijk te maken.
>
> Het zonderlingste dorp van die soort dat wij gezien hebben was gevormd door twee hooge pyramiden, in de gedaante van téocali's, aan weerszijden van een diepe kloof en op aanzienlijke hoogte saamverbonden door een hangende brug.
>
> De hier bedoelde pyramiden zijn ongeveer 425 voeten lang by 148 voet breed; naarmate men hooger komt vermindert de breedte; de geheele hoogte bedraagt omtrent 86 voet. Deze twee pyramiden hebben ieder acht verdiepingen boven elkander en bevatten ongeveer vijfhonderd inwoners, die binnen deze buitengewone vesting in staat zijn zich tegen een onbepaald aantal vijanden te verdedigen.
>
> In de winterdorpen der Comanchen is de deur niet, zoo als bij de Europeanen, gelijkvloers geplaatst; de Comanche, wanneer hij zijn huis wil binnengaan, gebruikt daartoe een ladder, deze zet hij tegen het huis, beklimt het dak en daalt vandaar langs een trap af naar het inwendige der benedenverdieping; als de ladder eenmaal is ingehaald, kan men onmogelijk in zijn huis binnendringen.
>
> Het dorp Aronco ligt op de kruin van een steilen berg, op een vooruitspringende rotspunt, boven een afgrond van eenige honderd voeten diepte.
>
> De bewoners kunnen er niet anders inkomen dan door verscheidene ladders boven elkander te plaatsen, even als dit, ik weet niet meer in welk dorp in Zwitserland gedaan wordt. Zoodra het oorlog is, verdwijnen de ladders en dan gaan zelfs de inwoners niet anders dan met behulp van insnijdingen in de rots op en af, om in of uit de pueblo (dorp) te komen [...]
>
> De zomerdorpen gelijken elkander. Het tegenwoordige was, even als de reeds vroeger door ons beschreven dorpen der Apachen, omringd door paalwerk en een breede gracht; maar deze vestingwerken, daar nooit de hand aan gehouden werd, waren in een slechten staat, de gracht was op verscheidene plaatsen geheel gevuld, en de palissaden, door de Indiaansche vrouwen uit den grond gerukt om

den pot op te koken, hadden op vele punten groote openingen door welke de bestormers gereedelijk konden binnenkomen.

Het gezelschap reist door en stuit op een treffen van Comanches en Apaches. Na rijp beraad besluiten de Comanches de strijdbijl te begraven waarna het Genootschap der Oude Honden danst in hemden van langhoornleder, uniformen die ze bij de grensvestingen van de Amerikanen hadden gekocht. Daarnaast droegen ze mutsen van ravenveren met een dichte bos uilenveren, het onderscheidingsteken van het genootschap. Of ze waren naakt met een met heldendaden beschilderd bovenlijf. Dat was nog niet alles: in de linkerhand hielden ze een wapen, geweer of 'knods,' en in de rechterhand de *chichikoué*, een soort harmonica of rinkelstok behangen met witte en blauwe glazen kralen, hoeven en scalpen.

Aimard wijdt uit over Indiaanse genootschappen:

> **De Indianen, die men gewoonlijk voor zoo onbeschaafd houdt, bezitten een aantal vereenigingen, welke grootelijks met die der vrijmetselaren overeenkomen.**
>
> Deze vereenigingen of genootschappen onderscheiden zich door hunne liederen, dansen en zekere herkenningsteekenen. Eer men van zulk eene vereening lid wordt, moet men verscheidene proeven doorstaan, en vele graden van oefening doorloopen.
>
> De Comanchen tellen elf dergelijke vereenigingen voor mannen en drie voor vrouwen.
>
> De zoogenaamde Scalp- of hoofdharen-dans wordt onder deze genootschappen niet begrepen en is van meer algemeen gebruik.
>
> Wij zullen hier slechts spreken van den Wachk-ke-echké, dat is het genootschap der Oude Honden, eene vereeniging aan welke geene andere dan de meest vermaarde krijgslieden der natie mogen deelnemen en welke dan alleen plaats heeft als er een oorlog op handen is, ten einde de bescherming van Natoshs in te roepen.[22]

---

22. Deze genootschappen bestaan tot in onze dagen, zij het met een wat geritualiseerd karakter. Hieronder een fragment uit mijn interview in 1997 met Irvine Scalplock, curator van het museum van Siksika Nation in Alberta, Canada:

    We hebben hier nog wel een paar genootschappen: de Horns, de All Brave Dogs, de Prairie Chickens en nog een paar vrouwengenootschappen zoals de Buffalo Women. Dat zijn een paar van de spirituele genootschappen op dit reservaat. De mannengenootschappen waren ooit krijgersgenootschappen. Zij bewaakten het kamp en zorgden voor alles. Later toen we geen oorlog tussen de stammen onderling hadden kregen ze een andere functie: ze zorgden voor spiritueel welzijn.

    Bij de Blackfoot-stammen – de Blood en de Peigan, in Zuid-Alberta – woon ik af en toe ceremonies bij. Peigan Nation houdt geregeld een Sun Dance. Hun Brave Dog Society geeft jaarlijks workshops voor de plaatselijke politie. De Blood hielden in

Na de ceremoniëele dans, daar waren we gebleven, heeft blanke broeder Valentin het Comanche opperhoofd Pethonista een belangrijke mededeling te doen. Hierop wordt Valentin uitgenodigd om zich met de andere opperhoofden naar de tempel te begeven, waar het heilig vuur van Montecuhzoma (volgens Aimard moet je het zo spellen) brandt:

> Wij zullen nopens dit zoogenaamde vuur van Montecuhzoma eenige ophelderingen geven, die door den lezer niet zonder belangstelling zullen vernomen worden. Dit zonderlinge gebruik is van eeuw tot eeuw voortgeplant en heeft vooral onder de Comanchen tot op den huidigen dag stand gehouden.
>
> Tijdens de verovering van Mexico, zo verhalen zij (de Comanchen), eenige dagen voor den dood van Montecuhzoma terwijl hij het ongelukkig lot dat hem dreigde vooruit voelde naderen, ontstak hij een vuur, en beval zijne rijksgrooten dat zij het zouden onderhouden, zonder het immer te laten uitgaan, tot op den dag zijner wederkomst om zijn volk van het juk der Spanjaarden te verlossen [...] Dit vuur werd bewaard in een onderaardsch gewelf en in een koperen bekken, op een klein altaar geplaatst, waar het voortdurend onder een dikke laag asch smeult. Montecuhzoma had tegelijkertijd voorspeld dat hij zou terugkomen met zijn vader, de Zon; daarom beklimmen nog vele Indianen met het eerste aanbreken van den dageraad de daken hunner huizen of hutten, in de hoop van hun geliefden vorst tegelijk met de zon te zien opkomen.

Aan dit relaas voegt Aimard nog toe dat de uitgelezen krijgslieden die bij dit heilige vuur de wacht hielden vaak door gas verstikt raakten of uitgeput door te lang vasten. Hun lijken werden dan naar een zekere grot gebracht waar zij 'door eene monsterachtige slang werden

---

1998 vier Sun Dances. Één ervan, in Sioux-stijl, heb ik al een paar maal bijgewoond. De deelname eraan zie ik ieder jaar groter worden.

Over de Sioux-stijl *Sundance*, vier dagen dansen, drie kwartier op, drie kwartier af, zonder eten of drinken -waarbij bij de mannen een huidplooi boven allebei de tepels met een gepunt houtje wordt doorstoken, bij de vrouwen, die zich daar van te voren voor hebben opgegeven, dat wel, de huidplooi van bovenarm, pols en bovenkant van de hand, zei een Indiaanse: 'Vroeger deed men mee aan de *Sundance* omdat men de *Great Spirit* iets groots vroeg, bijvoorbeeld om iemands echtgenote of kind beter te maken. En daar stelde men dan veel tegenover. Nu hoef je dat niet meer te vragen. Je kunt naar het ziekenhuis gaan en je laten behandelen.'

Bij Aimards voorbeeld gaat het om iets dergelijks. 'Bescherming tijdens de oorlog,' is ook een kwestie van leven of dood. Maar nu is er een optie: ziekenhuis of *Sundance*. Of een tamme *Sundance*, dat is ook een optie, eentje zonder doorsteking van de huid waar dan ook. Westerse wetenschap, politiek en religies drijven evenzovele wiggen in de Indiaanse gemeenschappen maar evengoed bloeien de traditionele verbanden, *societies*, op.

verslonden [...] De beleving van dit laatste geloofspunt begint,' aldus Aimard, 'in onbruik te raken, zodat deze slang nu op andere wijze haar voedsel moet vinden.'

Aimards critici verweten hem later dat hij zichzelf nog al eens herhaalde. Bij leven gaf Aimard dat grif toe:

> De Comanchen, zooals wij mede reeds meermalen gezegd hebben, zijn in een opzicht wijzer dan de andere Roodhuiden, daar zij ondanks den gestadigen aandrang der Noord-Amerikanen en Spanjaarden, zich van whiskey en brandewijn onthouden en alle soorten van sterken drank schuwen als de pest.
>
> Deze voorbeeldige onthouding is tevens eene staatkundige deugd en een der hoofdoorzaken van hunne meerderheid en zedelijk overwicht boven de andere Indianen.

De Lynchwet

Het was omtrent drie ure in den namiddag. Een eenzame ruiter, in Mexicaansche kleeding, reed in snellen galop langs den oever eener rivier zonder naam, die zich in de Rio Gila uitstort en wier grillige kronkelingen hem noodzaakten om tallooze omwegen te maken.

Er zit al vaart in de eerste alinea van de eerste bladzijde: Rode Cedar blijkt ooit de dochter van Miquel de Zarate, een reiscompaan van Valentin en Curumilla, vermoord te hebben. Witte Gazelle was ooit door don Luis Arroyal, de Zoon des Bloeds, die nu ook roverhoofdman Sandoval blijkt te zijn, ontvoerd omdat oudbankier Arroyal dacht dat ze de dochter was van Rode Cedar. Achteraf bleek ze zijn eigen nichtje te zijn. Arroyal wordt vermoord en de Apachen gaan nu op hùn beurt achter Rode Cedar aan. Als de Apache, Zwarte Kat, een Comanche-vestiging nadert, wordt zijn komst evenwel zo goed als genegeerd:

> Verscheidene opperhoofden zaten stilzwijgend rondom een vuur nedergehurkt, dat voor eene groote calli brandde, die de Zwarte Kat terstond als de medicijnhuit herkende [...] Hij stoorde zich in 't geheel niet aan de koele ontvangst die men hem deed, maar steeg af, wierp zijn paard de teugels op den hals, trad regelrecht naar het vuur en hurkte neer rechts tegenover den Eenhoorn en tusschen twee andere Sachems, die terstond een weinig opschoven om hem

een plaats in te ruimen. Toen haalde hij zijn calumet uit zijn gordel, vulde haar met tabak, stak haar aan en begon te rooken, na vooraf de aanwezigen met een hoofdknik te hebben gegroet. Deze beantwoordden hem met hetzelfde gebaar, maar zonder de stilte in 't minst te verbreken.

Zwarte Kat wordt vervolgens over de stand van zaken ingelicht.

"Een eerwaardig hoofd staat op het punt hen te verlaten. De Panther heeft vele winters geteld; zijn matte arm kan den bison niet meer treffen, noch den vluggen eland; zijn oog is verduisterd [...] De Panther is voor zijne broeders niet langer van nut, integendeel wordt hij hun tot last; hij moet dus sterven," zei de Zwarte Kat met hooge wijsheid. "Zoo heeft de oude Sachem er ook over gedacht; hij heeft dit heden, terwijl wij hier om het vuur gezeten zijn, aan den raad te kennen gegeven; en aan mij, zijn zoon, is de taak opgedragen hem de poorten voor een ander leven te openen."

Daarna komt de Springende Panther terug in de kring en kondigt zijn vertrek aan: niet na zijn stamleden voor blanken en vuurwater gewaarschuwd te hebben en de hoop te hebben uitgesproken dat men zich hem zal blijven herinneren. Tot slot wil Springende Panther dat men nog eens samen met hem eet en het lied van de groote medicijn zingt. Hij rookt daarna een laatste *calumet*, legt deze neer, heft zijn ogen ten hemel en roept zijn zoon op:

"Aan u is de plicht mij naar den Meester des levens te zenden."
De Eenhoorn maakte de bijl, die aan zijn gordel hing los, zwaaide haar boven zijn hoofd en hieuw, zonder aarzeling met een enkelen slag en sneller dan een gedachte den grijsaard het hoofd in tweeën terwijl deze hem met een glimlach op het gelaat aanzag en oogenblikkelijk zonder een woord te uiten neerzonk.

William Poafpybitty, lid van de Comanche-stam te Oklahoma, aan wie ik vroeg of zulke praktijken hem bekend voorkwamen, liet me weten niet met een dergelijke klievende vorm van euthanasie bekend te zijn.

Aimards Comanches dansten vervolgens tot aan zonsopgang en bereidden zich daarna voor op de begrafenis. Het lijk van de Springende Panther werd gewassen, beschilderd en met zijn oorlogswapens in een graf gelegd. Zijn laatste paard en zijn honden werden aan de rand van de kuil geslacht en bij hem gelegd. Tot slot werd er een hut van boomschors boven het graf gebouwd om zijn stoffelijk overschot voor de wilde dieren te beschermen.

Zowel de Apaches als de Comanches hadden de gewoonte om het paard van de dode te doden en mee te begraven. Haley bevestigt dit in

Apaches: A History and Culture Portrait. Met betrekking tot, hoe zullen we het noemen, seniorenbeleid, kenden volgens Haley de Apaches ook wel het 'weggooi'-principe. Wie te oud werd en niet meer te transporteren was werd in een hut met wat eten achtergelaten. Dat de belofte om terug te komen niet gehouden zou worden was de achtergelatene bekend. Voor belangrijke stamhoofden was er wel zoiets als een publieke begrafenis.

Ook de zesentwintig jarige *Fray* Seraphin is op pad. Midden in de wildernis ontmoet hij een oude Franse vrouw, de moeder van Valentin Guillois. Liefde voor haar zoon en de wens hem nog eens te zien hadden haar aan het zwerven doen slaan. De pater brengt moeder en zoon met elkaar in contact en zorgt dat Moeder Guillois zolang in het winterdorp der Comanches kan blijven, want er is werk aan de winkel. Rode Cedar moet nog worden gevonden. Moeder Guillois had het in dat winterdorp niet echt naar haar zin, want, legt Aimard uit:

> Het leven onder Indianen is zeer treurig en eentonig, vooral gedurende den winter, in het diepste der bosschen, in een slecht gebouwde hut, aan alle zijden open voor den wind, wanneer de boomen van hun bladeren beroofd, met rijp en ijzel bedekt en de dorpen half onder de sneeuw begraven zijn, de hemel een ijzergrauwe kleur heeft en loodzwaar nederhangt, en gedurende de lange winternachten de stormwinden huilen en de regen soms dagen achtereen bij stroomen nedervalt. Mme. Guillois verviel langzamerhand in een sombere zwaarmoedigheid, waaraan niemand haar ontrukken kon. Een vrouw van dien leeftijd breekt niet ongestraft met al haar oude gewoonten. Hoe eenvoudig en sober ook de levenswijze van sommige menschen in Europa wezen mag, toch genieten zij betrekkelijk veel grooter gemakken dan die men in een Indiaansch dorp kan verwachten, waar zelfs de meest noodzakelijk voorwerpen ontbreken en het leven zich tot zijn eenvoudigste vormen beperkt. Zo zal de vrouw, die gewoon was des avonds te arbeiden in een gemakkelijken armstoel, in het hoekje van den haard, in een goed gesloten kamer en bij het licht van een lamp, zich wat zij ook doet in geen geval kunnen thuis voelen in een armzalige hut, waar zij op den vastgeklopten kleibodem moet zitten, neergehurkt bij een vuur waarvan de rook haar oogen verblindt, in een vertrek zonder venster, alleen verlicht door het onzekere schijnsel eener walmende houtfakkel.

Curumilla, Valentin en Generaal Ibanez, nog steeds op zoek naar Rode Cedar, trekken inmiddels dwars door de Sierra de los Comanches. Valentin ontwaart een grote zwarte massa die onbezorgd heen een weer schommelt: een beer in het bos. Alleen al om zijn pels, zegt Valentin, zou hij hem willen doden.

"Neen!" riep de Eenhoorn, die tot dusverre gezwegen had: "de beren zijn te goede neefjes van mijn familie."

"Dat is iets anders," riep de jager, terwijl hij met moeite een lach smoorde.

De Indianen in de prairie, wij meenen dit reeds gezegd te hebben, zijn zeer bijgeloovig. Onder andere nemen zij algemeen aan, dat zij uit zekere dieren afkomstig zijn, voor welke zij bij gevolg grooten eerbied koesteren; dit belet hen wel is waar niet om ze nu en dan, in geval van hongersnood, te dooden, maar tot eer van de Roodhuiden moeten wij zeggen dat zij op dit punt zeer bijzonder te werk gaan en hun vermeende voorzaten nooit zullen neerschieten, zonder hun vooral duizendmaal verschooning gevraagd en met zoovele woorden gezegd te hebben, dat alleen gebrek aan voedsel hen noodzaakte om van dit uiterste middel tot levensonderhoud gebruik te maken.

De Graaf de Lhorailles

I. Feria de Plata.

Reeds sedert de eerste dagen der ontdekking van Amerika, werden zijn afgelegene kusten het toevluchtsoord en de verzamelplaats voor avonturiers van allerlei soort, wier ontembare geest, wars van de boeien der oude Europesche beschaving, elders een goed heenkomen zocht. Eenigen van hen vroegen der Nieuwe Wereld vrijheid van geweten, en het regt om God te dienen naar eigen keus en overtuiging; anderen verwisselden den degen met den moordenaarsdolk, om gansche volken te verdelgen ter wille van hun goed.

Na een uitgebreide inleiding over boekaniers en Mexico brengt Aimard, die dit boek in 1860 schreef, ons op de hoogte van de ontdekking van goudmijnen in de buurt van Guaymas te Mexico.

Dan vindt er weer een ontmoeting plaats tussen Goedsmoeds, Aimards alter-ego, en een Franse graaf, niemand anders dan de Prébois-Crancé, die eerder in Chili zijn verloren gewaande liefde trouwde. Na een paar jaar ongestoord huwelijksgenot was ze gestorven. De Prébois-Crancé is nu op zoek naar zijn vriend Valentin Guillois. Voetnoten in dit boek verwijzen naar *De Pelsjagers van de Arkansas* en

Het Opperhoofd der Aucas; de serie wordt voortgezet! Goedsmoeds, Curumilla en de Prébois-Crancé trekken verder en komen in San-José aan:

> **Deze armzalige pueblo of buurtschap bestaat slechts uit een plein van geringe grootte, regthoekig gekruist door twee straten, met bouwvallig steenen huizen, deels bewoond door Hiaquis-Indianen, die jaarlijks in grooten getale naar Guaymas gaan arbeiden, als havenwerkers, timmerlieden, commisionairs enz.**

De Hiaquis-Indianen timmerlieden? Volgens Aimard waren er vele, soms hele uitgestrekte Jezuïtenposten waar de Indianen naar toestroomden om zich onder hun vaderlijke wetten te stellen. De opheffing van deze posten, per pauselijk decreet van 1767, om mensen van het Jezuïtenjuk te bevrijden, zou de ogen van de Yaquis-Indianen-proselieten met tranen gevuld hebben en ze zouden hun 'vaders' gesmeekt hebben te blijven.

Jezuïten en hun activiteiten komen er bij Aimard goed vanaf, wat opvallend is, want over het algemeen laat hij zich laatdunkend uit over het priesterbestand in Mexico.

Hu-de Hart in *Missionaries, Miners & Indians* ziet het anders. De Indianen werkten onbetaald op de missies. Het was moeilijk om arbeidskrachten voor de mijnen te vinden en daarom moesten vanaf 1767 alle Jezuïten het Amerikaanse continent verlaten. De 'bevrijden' konden nu voor een hongerloon voor wereldlijke heren gaan werken. Maar de scholing die ze ooit hadden genoten, was natuurlijk niet weg. Het is opvallend dat steeds als de Yaquis ter sprake komen bij Aimard, ze ook een of ander beroep uitoefenen.

Inmiddels, Goedsmoeds en de Prébois-Crancé zitten in een kroeg te Guaymas, wordt er buiten geschoten.

> **Alvorens onze lezers de oorzaak op te helderen van het geweldige rumoer dat den rustigen gang der zaken in de pulqueria zoo plotseling kwam storen, zijn wij verpligt eenige stappen terug te treden. Stap één is in tijd, we gaan drie jaar terug. Stap twee is van plaats. Terug naar een koffijhuis te Parijs. Acht gasten luisteren naar het verhaal van de graaf de Lhorailles.[23] Hij is geruïneerd, hij kan niet bij het leger terecht vanwege de treurige zaak met burggraaf de Morseus die hij verplicht was te doden:"**

---

23. De Indiaan:
    Graaf de Lhorailles! Grauwe Beer! Uw stem
    Beefde, toen ge mij 't echte straatgevecht
    Ontried, en daarna nog verwijten maakte.
    Simon Vestdijk (1933), vers drie.

"Nu nog een glas champagne voor 't laatst en daarmede adieu aan u allen."

Van de kroeg 1847 in Guyamas naar een koffiehuis in 1844 te Parijs. De graaf de Lhorailles wil daar net vertrekken maar dan komt baron de Spurzheim binnen. Hij steekt een lang betoog af over zijn roofzuchtige voorouders, over het fortuin dat hij in Amerika heeft weten te vergaren en over de manier om de weg te vinden in de verwarde doolhof van het leven. De baron richt zich vervolgens nog uitsluitend tot de Lhorailles. Hij heeft het over goud, hoe daaraan te komen, waarom je eraan zou moeten komen en over een maatschappij van stoute gezellen zonder eer of trouw, zonder genade en zonder zwakheid, die een regering hadden gevestigd op geen andere beginsel dan het recht van de sterkste.

Die stoute gezellen, onderling zaam verbonden door een drakonische wet, of schriftelijke overeenkomst, gaven zich den naam van Broeders van de Kust.

De Spurzheim vervolgt met een lang verhaal, er komt bijna geen eind aan, over de boekaniers, de vrijbuiters van lang vervlogen tijden. Volgens hem waren die Broeders eertijds niet verdelgd, maar slechts van gedaante verwisseld:

De Broeders der Kust waren thans de Dauph'yeers [...] Zij zijn het die de Vereenigde Staten aan Engeland, Peru, Chili en Mexico aan Spanje hebben ontrukt. Hunne magt is onbegrensd, des te geduchter naarmate zij meer in het duister werkt.

De baron troont zijn nieuwe vriend Gaëton de Lhorailles mee naar buiten, duwt hem een postkoets in, geeft hem een medaillon en een portefeuille met voorschriften.

Deze romanfiguur, Gaëton de Lhorailles, staat voor Charles de Pindray, volgens Wyllys (1932) een Franse zwerver die in 1850 naar San Francisco trok, daar jager werd en van de Mexicaanse vice-consul, Maximilian Schleiden, hoorde dat men in Mexico geïnteresseerd zou zijn in het bevolken van kolonies. De Pindray nam die taak op zich en vestigde zich in 1852 met een stelletje loslopers in een verlaten missiepost, Cocóspera.

Vooraleerst boerde, zaaide en maaide de verzameling ongeregelde lieden daar met de bedoeling later mijnen te localiseren en exploireren. Maar het boeren viel hen niet mee en de toezeggingen van de Mexicaanse overheid inzake voedselrantsoen en de mijnvergunningen bleven uit. Daarbij kwam nog dat geen krop sla haar blaadjes kon uitvouwen of ze werden alweer tot moes verstampt onder Apache-paardenhoeven.

Aimard over de Lhorailles: Pindray dus, fictie ruimt hier het veld voor feiten:

Van de twee honderd vijf en veertig man, die de kompagnie bij hare intrede in de woestijn sterk was, leefden er nog nauwelijks honderd dertig, zoo het leven mogt heeten dat deze verbleekte en vermagerde spoken bezielde.

Dat was niet alles, de Llorailles wordt, in Aimards gelijknamige roman, overvallen door de *calentura*. Voor wie niet weet wat dat is, legt hij uit:

Deze tusschenpoozende waanzin spiegelt den lijder gedurende den korteren of langeren aanval, visioenen voor van de lekkerste en keurigste spijzen, de helderste waterbronnen, de uitmuntendste wijnen, die hem, zoo hij zich verbeeldt, volop verzadigen maar tevens ontzenuwen, want na den afloop der zinsverbijstering gevoelt hij zich zwakker en verslagener dan ooit, door de herinnering van al wat hij in den droom gezien en genoten had.

Na akelige lach- en schateraanvallen schiet de Lhoralles zich vervolgens voor de kop en stort met een verbrijzelde hersenpan neer.

Wyllys oppert een paar theoriën over het ontijdig heengaan van de Pindray: deze zou op last van de Mexicaanse authoriteiten door zijn eigen mensen zijn vermoord. Of zelfmoord hebben gepleegd. In een voetnoot haalt Wyllys de mening aan van Charles de Lambertie die in 1856 in Parijs een boek over de zaak publiceerde: de Pindray zou zichzelf in een aanval van *calentura* tijdens een tocht door de woestijn voor de kop geschoten hebben. Fictie en feit gaan hier hand in hand.

Één van de manschappen van de Lhorailles/de Pindray, later worden die manschappen door de Prébois-Crancé/de Raousset-Boulbon overgenomen, is Soulié, auteur van *The Wolf Cub*. De Soulié beschrijft in dit boek hoe de markies de Pindray, telg uit een van de oudste families van Poitou, levend als een beest, uiteindelijk naar Amerika vertrok om een politieonderzoek te ontlopen. Uiteindelijk vond hij daar emplooi als jager. Door de week jaagde hij in de bergen om tegen het weekend met doodgeschoten herten naar San Francisco te trekken. In die tijd, in 1845, heette die stad nog Yerba Bueno.

Californië hoorde toen nog bij Mexico en werd door het verdrag van Cotuenga in 1848 pas een Amerikaanse staat, bij welke gelegenheid Yerba Bueno werd omgedoopt tot San Francisco. Soulié nam aan dat die naam kwam van de verlaten Franciscaanse missiepost die zich daar toen bevond.

Over het ontijdig einde van de Pindray schrijft Soulié dat deze bezoek kreeg van Cochise, het bekende Apache-opperhoofd. Hij kwam enige eisen stellen die erop neerkwamen dat de Apachen geen blanke inmenging in hun gebied wilden. De markies de Pindray ging na dat hoge bezoek bij zijn buren langs: Nederlanders, Peter Kitchen en zijn mooie dochter Elsa. Keuken? Ik heb *The Wolf Club* alleen in de Engelse vertaling. Zou die man Pieter Keuken geheten hebben? Wat deed hij daar? Soulié over hem, in vertaling van Farrell Symons:

> *Kitchen was a Dutchman about fifty years old, short, thick-set, with a calm but extremely energetic bearing. He had been established at Poteria for twenty years. His son had been killed by the Apaches and he had sworn to avange him by taking three hundred scalps. At this time he already counted two hundred.*
>
> *With him lived his daughter, Elsa a girl about eighteen years of age. An expert housekeeper, she excelled especially in pastry making.*

Ging de Pindray daar uithuilen of zat hij achter Elsa of een van haar pasteitjes aan? Die avond reed de Pindray terug naar Cocospéra om de volgende morgen met een kogel door zijn hoofd te worden aangetroffen. Soulié gist: het was misschien iemand van zijn eigen ontevreden manschappen of een jaloerse cowboyvriend van Elsa Kitchen.

Goudkoorts [24]

Een troepje goed uitgeruste ruiters vertrok in galop den 5en Juli 184. tegen ongeveer zes uur 's avonds van Guadalajara, de hoofdstad van den staat Yalisco, en zich rechts afwendende, kwam het op den weg, die dwars door de pueblo (dorpje) Zapopam - vermaard door een wonderdoend Mariabeeld,- en die van daar langs de steile tippen der Cordilleras naar het bekoorlijke stadje Tepic voert. [25]

Het troepje ruiters wordt nagekeken door een hoofdschuddende wacht: tegen zes uur nog op pad gaan staat gelijk aan struikrovers inviteren.

De goeduitgeruste ruiters, Kolonel Sebastian Guerrero, zijn schone dochter Angela en vier Indiaanse *peones* brengen Angela naar huis en de kolonel moet daarna verder want hij is door Generaal Santa-Anna ontboden. Tegen dat de avond echt valt stoppen ze. De herbergier, die

---

24. Dit boek is een niet-gedateerde Frany-uitgave. Tussen 1930 en 1938 publiceerde de HEMA onder de naam Frany een reeks Karl May-boeken (Oosterbaan 1999, 137). Of deze Frany-Aimard uit diezelfde periode stamt?
25. In de Frany-uitgave is over de punt achter 184. met de hand een 4 ingevuld: 1844?

niet echt blij is met de klandizie, wordt ruw tot een gastvrijere houding gedwongen. De volgende morgen worden de ruiters overvallen door el Buitre en el Garrucholo. Goedsmoeds en de Prébois-Crancé, die daar in de buurt op zoek zijn naar Valentin, worden gewaar dat er iets mis is en redden Guerrero en Angela uit de klauwen van beide heren struikrover.

Het verhaal verplaatst zich vervolgens naar San Francisco waar toen nog Plathoofd-Indianen ronddoolden tussen razenden, schooiers, soldaten, priesters, diplomaten en geneesheren.[26] En iedereen daar was voorzien van een dolk of een revolver en slechts één gedachte: goud vinden.

San Francisco, mijmert Aimard, zal wel een entrepôt worden van de handel van de Stille Zuidzee. Hij mijmert verder over de ontdekking van de goudvelden in Californië waar op een plek waar eerst donkere en geheimzinnige bossen zo oud als de wereld stonden een stad onstond:

Een oud officier van de Zweedsche garde van Karel den Tienden, had op het grondgebied van San-Francisco een onbeduidende kolonie gevestigd, en dreef zoo goed en kwaad het ging, handel in timmerhout, dat hij tot planken zaagde met behulp van enkele watermolens.

Die Zweedse oud-officier was de Sutter wiens handel en wandel uitgebreid door een Franse diplomat, Duflot de Mofras, wordt beschreven, waarnaar Aimard dan ook verwijst.[27]

Inmiddels hebben de Prébois-Crancé en Goedsmoeds Valentin teruggevonden. De tijd verstrijkt en de beurs begint wat krap te raken. Gelukkig komen ze iemand tegen die hen op het idee brengt een kudde stieren van Los Angeles naar San Francisco te drijven en daar een hoop geld mee te verdienen. Aldus gebeurt, maar tegen dat ze aankomen is de prijs gezakt en kost het de graaf veel moeite om van het vee af te komen.[28]

Bij terugkomst hoort de Prébois-Crancé (in werkelijkheid dus de Raousset- Boulbon) dat rivaal de Lhorailles (in werkelijkheid de Pindray) een nederzetting in Mexico is begonnen. Hij dus ook naar Mexico om daar, zoals hij dacht, direct de leiding van een maatschappij

---

26. Plathoofden heten Flatheads in Amerika
27. Duflot de Mofras was de Franse gezant te Mexico en auteur van *Exploration du Territoire de L'Orégon, des Californies et de la mer Vermeille, executée les années 1840, 1841 et 1842*.
28. Precies hetzelfde avontuur, compleet met gegevens over hoeveel de transactie precies zou opleveren: 25 dollar per stierenkop, wordt door Soulié beschreven.

voor mijnontginning op zich te nemen. De graaf kreeg die vergunning onder:

> conditie sine qua non (uitdrukkelijke voorwaarde) dat de mijnwerkers op militaire wijs geformeerd en georganiseerd zouden worden, dat zij op de Indianen zouden lostrekken, hen overal bevechten, waar zij hen konden bereiken en hadden na de onafhankelijkheidsverklaring, waar zij zich gevestigd hadden, zooals wij reeds gebezigd hebben, het plan om er voorgoed te blijven.

Één van de bepalingen luidde dat het korps der aanstaande mijnwerkers niet groter mocht zijn dan driehonderd man. Aimard legt uit dat generaal Arista, toen president van de republiek, blijkbaar bang was dat zijn land wéér door de Fransen binnengevallen zou worden. Aandeelhouders van de maatschappij waren onder andere de Franse consul te Guyamas en de Gouverneur van Sonora, Generaal Guerrero. Die had toch een dochter?

Oui! dat was Angela, die in ditzelfde boek een paar jaar eerder uit handen van el Buitre werd gered door de Prébois-Crancé/de Raousset-Boulbon.

Als we dit gedeelte van Aimards roman vergelijken met Soulié's ooggetuigeverslag over de avonturen in 1852, daarin is ook sprake van een vrouw. Volgens Soulié ontmoette de Raousset-Boulbon de schone maagd, Maria Antonia, in een miserabel dorpje midden op de Bloody Grounds in het Apache-gebied. Ze was de nicht van de Markies en Markiezin de Monteverde en de dochter van de administrateur van Altar.

Aimard vervolgt: op 7 april, 1852, tekende de Prébois-Crancé een contract met de Jecker, Torre and Co., dat de *Compania Restauradora de la Mina de la Arizona* in het leven riep. De bedoeling was dat de in 1736 ontdekte zilvermijnen van de Plancha's de Plata door de Prébois-Crancé en zijn makkers ontgonnen zouden worden. President Arista, Aguilar, de gouverneur van Sonora en anderen waren aandeelhouder.

Volgens Wyllys mocht, het contract ten spijt, maar een beperkt aantal mensen aan de Raoussets-Boulbons campagne deelnemen. Zo gauw echter de Raousset-Boulbon en zijn companen voet aan wal zetten, werden alle administratieve stellingen ook tegen hem in het geweer gebracht. Net als zijn fictieve landgenoot de Lhoraille werd ook hij lange tijden tot nietsdoen gedoemd. Aan wal komen met zoveel lieden zou bovendien ook nog tegen de wet zijn. Bij Aimard hoort de Prébois-Crancé van donna Angela en bij Soulié hoort de Raousset-Boulbon van Maria Antonia, dat er een concurrerende maatschappij is opgericht door de Engelse bankier Forbes en consul Baron. Maria Antonia raakt door haar omgang met de Raousset-Boulbon in ongenade bij haar familie; hetzelfde overkwam Aimards donna Angela vanwege haar omgang met de Prébois-Crancé.

De Raousset-Boulbons manschappen werden door het uitblijven van vergunningen tot nietsdoen gedwongen. Men hing rond, woonde hanengevechten bij en marcheerde wat heen en weer. In *De Goudkoorts* is het Valentin die de Prébois-Crancé opwekt een revolutie te beginnen door te wijzen op het lot van de kolonie van de Lhorailles. Door de administratieve guerillavoering van de Mexicaanse regering is die kolonie al veel langer tot lanterfanten gedoemd. Zelfmoord, ook een optie, lijkt Valentin niets maar:

> er is een soort van zelfmoord waarmede ik altijd gedweept heb, omdat die grootsch en edel is. Het is die van den man die ontevreden met zich zelven als hij niets meer kan of wil uitvoeren in een leven dat hij minacht, dit opoffert ten behoeven van zijn naasten, met geen ander doel dan om voor hen nuttig te zijn, en die valt na zijn taak te hebben vervuld.

Dol als Aimard was op revoluties, kon hij het niet nalaten over die in Mexico uit te weiden. Daar gaan we weer: Kolonel Sébastian kwam uit een rijk geslacht dat Aztekenbloed door d'aderen had stromen. De familie hoopte daarom dat Mexico ooit zelfstandig zou worden, vandaar dat zij de opstandige priester Hidalgo steunde:

> de nederige pastoor van het onbeduidende dorpje Dolores, (toen die) opeens den vaan van den opstand ontplooide tegen de verdrukkers van zijn vaderland [...] Hoe vreemd en zonderling was toch die Mexicaansche revolutie, waarvan de ontwerpers en de helden, priesters waren. Het is wel het eenige land van de gansche wereld, waar de geestelijkheid zich openlijk gesteld heeft aan de spits der vooruitgang, en daardoor getoond heeft met hoeveel sympathie zij bezield was voor de vrijheid der volkeren.

In *Warrior Priest and Tyrant Kings* geeft auteur Paul Rink een roerend verslag over de jonge priester, Hidalgo, die verboden boeken over de Verlichting had gelezen. Hidalgo raakte van mening dat zijn taak zich niet zou moeten beperken tot het spirituele welzijn van zijn kudde en deed zijn best om de Indianen met zijde, met honing, en wijngaardij tot zelfstandig ondernemen te brengen. De gevestigde orde dwarsboomde hem daarin zoveel zij kon.

Uiteindelijk vond Hidalgo zichzelf aan het hoofd van een woedende menigte van zestigduizend mensen die alles wat er op haar weg kwam doodde en vernielde. Deze opstand van 1810 werd gevolgd door de slag van *Calderon Bridge* in 1811. Dat werd toen geen succes en Hidalgo, ontkennende dat hij een agent van Napoleon was, kwam voor het vuurpeleton terecht waarna zijn hoofd te Guanajuato ter afschrikking aan een ijzeren haak werd bevestigd.[29]

Terug naar *De Goudkoorts*. Goed nieuws. De Prébois-Crancé krijgt uiteindelijk toestemming om af te marcheren naar de mijnen van la Plancha de Plata. Maar als de Prébois-Crancé de marsvergunning dichtvouwt ziet hij dat er iets in het Frans opgeschreven staat:

> Maak spoed, misschien is er reeds een tegenbevel gegeven; uw vijanden zijn erg in de weer.

Curumilla

De Jezuïten hadden zich als zendelingen in Mexico gevestigd, en dáár op vele plaatsen zendingsposten opgericht. Zij waren er in geslaagd, - dank zij het geduld waardoor zij zich steeds onderscheidden, en eveneens door hunne onbegrensde liefdadigheid, en eene volharding, die tegen alles bestand was, - Indianen tot zich te lokken, die zich nu in groepjes rondom die stations ophielden en aan wie zij onderricht gaven in de voornaamste leervakken van den christelijken godsdienst, terwijl zij hen ook doopten, onderwijs gaven en leerden hoe zij het land moesten bebouwen.

Aimard vertelt nog eens hoe de waardige paters 'zoo zij niet als slachtoffers van de jaloezie der Spaansche Onder-Koningen, schandelijk beroofd en uit Mexico verdreven werden,' de woeste *Indios Bravos* wel hadden weten te bekeren. Hij betreurt het teloorgaan van de missies, waar in het huis Gods thans de wilde dieren overnachten. Het is nu een maand na de gebeurtenissen die in *De Goudkoorts* werden verhaald en het verhaal speelt zich af op een missie zestig mijl bij Petic vandaan.

De wilde beesten hadden het veld moeten ruimen voor Angela en haar vader. Generaal Sébastian, loopt woedend het pand uit omdat de Prébois-Crancé en de zijnen over papieren zouden beschikken waaruit blijkt dat hij, de generaal, Sonora aan Amerika te koop zou hebben

---

29. Om dit ware verhaal over Mexico even af te maken, ik ga steeds meer op Aimard lijken; de onlusten namen toe. Tot aan 1815 nam Padre Morelos de leiding van Hidalgo over. Nadat hij werd opgepakt werd hij 'defrocked.' Om de olie te verwijderen waarmee hij was gewijd, werden zijn handen afgeschraapt. Nu was hij geen priester meer; in december 1815 kwam ook hij voor het vuurpeleton. zijn opvolger werd Iturbide, een militair die in 1822 gekroond werd als Koning Agostín I. Tien maanden later was hij al op de vlucht en werd Mexico een zelfstandige republiek.

aangeboden. Even later komt de generaal bij de Prébois-Crancé langs met weer nieuwe voorwaarden om een mijn te ontginnen. Het kampement komt op de generaal over als een militaire vestiging. 'Dat is voor onze eigen veiligheid, wat als de Apaches langskomen?' stelt de Prébois-Crancé hem gerust.

De nieuwe voorwaarden van de generaal komen erop neer dat de Fransen de Mexicaanse nationaliteit moet aannemen en dat de mijnen uitsluitend onder bevel van generaal Guerrero mogen worden ontgonnen. Mocht men de Franse nationaliteit willen behouden, dan moest men ervoor zorgen 'zekerheidskaarten' te hebben, maar dan mochten ze geen mijnen ontginnen. Tot slot moest de sterkte van het korps tot vijftig man worden teruggebracht en onder bevel van een Mexicaanse officier komen.

Wyllys en Soulié schrijven met betrekking tot bovengenoemde gang van zaken eveneens dat er een afgevaardigde naar de Raousset-Boulbon werd gestuurd en dat zijn opties waren:

1 Mexicaans worden, dan konden ze zonder meer hun plannen uitvoeren.
2 Zekerheidskaarten (legitimatiebewijzen) (*cartas de seguridad*) aanvragen, als ze die hadden, mochten ze verder wachten op de ontwikkelingen.
3 Ontslag van iedereen, op vijftig man na, die dan ongewapend onder bescherming van de Mexicaanse militaire overheid zouden komen.

Geen van de drie opties was voor de Fransen te verteren, noch bij Wyllys, Soulié of Aimard. Na bladzijdenlang gemor schetst Aimard in *Curumilla* bij monde van de Prébois-Crancé de toestand aldus:

> Mexico is, na de onafhankelijkheidverklaring langzamerhand vervallen tot eene soort van halve barbaarschheid, het zou grootsch zijn dit volk te herschapen, of dit ten minste te beproeven [...] Wij zijn thans hier in Sonora vereenigd tot een korps van twee honderd Franschen [...] Laten wij ons meester maken van een groote stad, die ons dan zal zijn als hoofdzetel, van waar al onze operatiën moeten uitgaan.

De bedoeling van dergelijke verovering zou niet alleen zijn om een uitweg aan Franse landverhuizers te bezorgen, maar ook, volgens Aimard, Napoleonist als hij was, om een volk tot zelfbewustzijn te brengen en een dijk op te werpen tegen de aanwassende Amerikaanse stroom.

Volgens Wyllys en Soulié beschuldigde de Raousset-Boulbon de regering ervan onder invloed te staan van de concurrerende onderneming van Forbes en Baron en ging hij vervolgens met zijn mannen op stap. Onderweg stalen ze voorraad van de concurerende onderneming en in Magdalena bleven ze vijf dagen hangen, vanwege donna Angela volgens Aimard; vanwege een liefdesaffaire met Maria Antonia, de dochter van een prefect, aldus Wyllys in een voetnoot. Voor de Franse auteur Soulié is een liefdesaffaire niet iets om in een voetnoot af te doen. Diens lezers worden dan ook nauwkeurig op de hoogte gehouden van het wanneer en het waar van de ontmoetingen met Maria Antonia. En van de hanengevechten in Magdalena.

De Prébois-Crancé/de Raousset-Boulbon leidt zijn mannen even later naar Hermosillo dat door diens troepen in minder dan drie uur werd ingenomen. Waarom? Aimards overpeinzingen zagen we al. Wyllys suggereert dat de omstandigheden van de Pindrays dood de Raousset-Boulbon misschien mede tot zijn acties hebben aangezet. Het is leuk om de verslagen van Aimard en Soulié, beiden waren op het strijdtoneel te Hermosillo aanwezig, met elkaar te vergelijken:

Aimard:

Wij hebben reeds gesproken over de brug, die uitsluitend toegang gaf tot de stad; die brug was gebarricadeerd, en aan het bruggenhoofd stond een huis, dat opgepropt was met soldaten, van de kelders tot aan de asotea (dak). Valentin was de stad omgetrokken, en had met behulp van een vergeten ladder den muur beklommen [...]

Soulié:

Het huis bij de brug hield het een beetje langer. Op het laatst vonden de Fransen een ladder en maakten de verdedigers tot hun gevangenen. Onder hen bevond zich Officier Boronda die Gaston twee jaar later onder pregnante omstandigheden weer zou ontmoeten.

Volgens Wyllys kwam de inname van Hermosillo aan de Franse kant op achttien doden en twee en dertig gewonden te staan. Volgens Soulié was de stand: 150 Mexicanen en zeventig Fransen waaronder de officieren Fayolle en Garnier. Aimard rapporteert:

De stad bevatte geen grootere bezetting dan twaalfhonderd of hoogstens vijftien honderd man [...] De strijd had één uur geduurd [...] het leger had 22 man verloren [...] Het Mexicaansche leger had Hermosillo ontruimt in de grootste wanorde, met achterlating van driehonderd dooden en gewonden.

Onder de vechtenden in *Curumilla* bevond zich kapitein O. de Laville. Aimard over hem in een voetnoot:

Men houde het ons ten goede zoo wij eenigszins uitweiden over het karakter van den jeugdigen aanvoerder van Guetzalli, die men waarschijnlijk reeds heeft herkend en wien wij thans, tot ons groot genoegen, na bekomene vergunning, bij zijn waren naam mogen noemen. Na het ongelukkig uiteinde van den Markies de Pindray, benoemde de kolonie Cocospera eenparig tot diens opvolger de heer O. de La Chapelle, een jong man, wiens uitstekende hoedanigheden ten gevolge hadden, dat alle stemmen zich op hem vereenigden. De heer O. de La Chapelle is jong gestorven. Die vroegtijdige dood maakte een diepen indruk op al zijne vrienden, onder wier aantal zich ook de schrijver van dit werk rekent, - schoon hij hem slechts weinig heeft gekend, - en die zich ook gelukkig acht hiervan getuigenis te geven, door het heldhaftig aandeel te vermelden dat hij had in de roemrijke expeditie, die het hoofdonderwerp van dit werk uitmaakt.

Wyllys en Soulié beperken zich er toe op te merken dat de Raousset-Boulbon en Olivier de La Chapelle, de Pindray's opvolger, elkaar op weg naar Magdalena ontmoetten, dat de meeste Cocospéranen de avonturen na de dood van de Pindray voor gezien hielden, maar dat de La Chapelle met nog een paar manschappen met de Raousset-Boulbon waren meegetrokken.

De ongelukkige afloop: Hermosillo was nog niet ingenomen of de Prébois- Crancé/de Raousset-Boulbon werd hevig ziek. Volgens Aimard werd de Prébois-Crancé vergiftigd. Wyllys twijfelt en schrijft dat de Raousset-Boulbon misschien werd vergiftigd. Het was de koffie, zei Soulié; en, de besluiten die hij nam toen hij eenmaal ziek was deden de meeste Fransen op de vlucht slaan. Dat soort vergif werkt op de hersenen in, vandaar. Was dat lafheid? In ieder geval begrepen de manschappen niets van de idiote bevelen die de Raousset-Boulbon vanaf zijn draagbaar gaf.

Van Goedsmoeds horen we voor het laatst als hij druk is met de veilige aftocht van de mooie Angela. De meeste Franse veroveraars in spé werden gevangen genomen en naar Guaymas afgevoerd. Valentin, de Prébois-Crancé en Curumilla wisten naar San Francisco te ontkomen. Goedsmoeds zou naar de Apacheria vertrokken zijn. Zoals we hierboven zagen doet Aimard in *De Pelsjagers van de Arkansas* verslag van de ontmoetingen die hij daar had en de verhalen die hij daar hoorde.

De tweede veroveringspoging van de Prébois-Crancé, die in 1854, loopt zowel fictief als feitelijk slecht voor hem af. In de steek gelaten door iedereen, op wier hulp hij tegen beter weten in rekende, delft de Prébois-Crancé/de Raousset-Boulbon het onderspit. Hij wordt in hechtenis genomen, aan pogingen van Maria Antonia, volgens Soulié was ze inmiddels zijn echtgenote, om te ontsnappen wilde hij niet meedoen. De eer ging voor alles!

Aimard, Wyllys en Soulié schrijven eensgezind dat de jonge kapitein, Francisco Borunda ooit krijgsgevangene bij de inname van Hermosillo, door de Raousset-Boulbon werd gekozen om als zijn verdediger op te treden. Na diens verdediging maakte de Raousset-Boulbon een mooi gebaar:

Aimard:

Uwe verdedinging is geweest, zoo als die behoorde te wezen. Zulke woorden betaalt ment niet! Daarop trok hij zijn adellijke wapenring, dien hij sinds zijn vertrek uit Frankrijk altijd gedragen had, van den vinger, stak dien aan de hand van den kapitein en vervolgde toen: Neem deze ring en bewaar dien tot een aandenken van mij.[1]

1) Het doet ons genoegen te kunnen vermelden dat kapitein Borunda, ondanks alle aanbiedingen die hem later gedaan werden, nooit van dien ring afstand heeft willen doen.

Soulié over de woorden van de graaf:

Hartelijk dank; U heeft me verdedigd zoals ik verdedigd had behoren te worden. Ik ben te arm om u te betalen wat u toekomt. Accepteer dit en houd het als aandenken aan mij.

Hij nam zijn wapenring af en deed die om de vinger van de kapitein.

Alle drie schrijvers waren het er over eens dat de Raousset-Boulbon de dood onder ogen wilde zien. Wyllys en Soulié citeren hem: 'Wat, knielen met een lap voor mijn ogen. Ik wil de gouverneur spreken.'

De Raousset-Boulbon werd op het strand geëxcecuteerd. Daarover is men het eens. En daarna? Aimard, maar die was daar zelf niet meer bij, laat Angela in zijn boek na de executie plotseling dood voor de voeten van haar vader neervallen. Volgens Soulié trad Maria Antonia hierna voorgoed in het klooster. Voor de historicus Wyllys was het verdere lot van Maria Antonia die zoveel invloed had gehad op de gang van zaken, en al haar relaties met haar familie daarvoor had verbroken, de moeite van het vermelden niet waard.

Tot slot, Santa Anna, die in 1854, ten tijde van de tweede poging van de Raousset-Boulbon president van Mexico was en vòòr die tweede poging af en toe een onderhoud met de graaf had, doet de hele zaak in zijn autobiografie af met:

Graaf Raousset B. Boulbon en zijn avonturiers probeerden de haven van Guaymas in te nemen. Hij werd verslagen en betaalde voor zijn onbezonnen daad met zijn leven. Mexicaans nationalisme en Mexicaanse waardigheid waren niet langer loze begrippen. We hadden een leger die deze kracht bij konden zetten.

Aimard zou zeggen: zo maak je een staat uit een rovershol. Het valt hem tegen het eind van *Curumilla* steeds moeilijker feit en fictie te scheiden. Hij sluit het boek dan ook af met:

Naschrift

Verscheidene onzer vrienden maakten, en terecht, tegenover ons de opmerking dat het werk der rechtvaardigheid dat wij in de voorafgaande bladzijden op ons hebben genomen, niet geacht mocht worden voltooid te wezen, zoolang wij volhielden de ware namen onzer personen onder geleende te verbergen. Thans voldoen wij aan dien wensch onzer vrienden.

Wie herinnert zich niet de helfhaftige expeditie van graaf Gaston de Raousset-Boulbon? Het droevige uiteinde, waardoor die besloten werd, beschouwde men algemeen als een nationale ramp, ondanks alle staatkundige beroeringen dier dagen. Het is die expeditie, de ondernemening van een onbegrepen reus, aan wien slechts een hefboom ontbrak om de wereld uit hare voegen te rukken, dien wij in de vorige bladen in geheugenis hebben willen houden. Don Louis is die graaf de Raousset-Boulbon. Naast den consul Calvo, den generaal Yanes, en den kommandant Lebourgeois-Desmarais, - het voor den graaf zoo noodlottige drietal, de twee eersten uit laaghartigen haat, de laatste uit jalousie, karakterloosheid en onbekwaamheid, grijnzen ons de onheilspellende en verachtelijke figuren van kolonel Campusano, en van Cubillas aan, ondergeschikte werktuigen, op den afval azende gieren, minder afschuwelijk en minder wreed dan zij, door wie zij tot dergelijke handelingen werden aangezet. Verder zullen wij, voor zoover e ons in het geheugen komen, sommige namen aanhalen van hen die steeds aan de zaak van den graaf getrouw gebleven zijn. In de eerste plaats noemen wij dan den heer A. de La Chapelle, hoofdredacteur van de *Messager de San Franciso*, een intiem vriend van Raousset, aan wien door den stervenden graaf werd opgedragen zijne nagedachtenis te wreken, en wien het door zijne vriendschp voor den graaf is mogen gelukken verheerlijken; vervolgens Lenoir, Garnier, Fayolle, Lefranc; de drie laatste gevallen als dapperen bij de bestorming van Hermosillo.

A. de La Chapelle, de broeder van den genoemden journalist, de ridderlijke aanvoerder der Cocosperianen, eindelijk kapitein Borunda, wiens warm pleidooi den graaf zou gered hebben indien zijn dood niet reeds vooraf ware besloten geweest.

Zes jaren zijn thans verloopen na het drama dat te Guaymas is afgespeeld, thans is het oogenblik gekomenom recht te doen wedervaren aan het heldhaftige slachtoffer van den schandelijken moord, en wij, een der minst beduidende onder zijne vrienden, wij zullen ons gelukkig achten zoo dit boek, hoe onvolmaakt het moge wezen één enkel steentje mocht bijbrengen, tot dit eerherstel, waarnaar door vele loyale gemoederen zóó verlangend is uitgezien. Eer wij eindigen wenschen wij hier nog bij te voegen, dat dit verhaal is aangevangen en afgewerkt zonder vooral met zorg te zijn bedacht en voorberied, maar, als het ware, is opgeschreven, onder den indruk van onuitwischbare herinneringen, zoodat er van gezegd mag worden dat het meer uit het hart dan uit de pen is gevloeid.

1860 GUSTAVE AIMARD.

Valentin Guillois

Aan Valentin Guillois.

Mijn vriend, dit boek dat uw naam draagt wordt door mij aan u gewijd! Maar zullen deze bladeren, u van uit de verte toegezonden, ooit door het toeval onder uwe oogen komen? Daarmee durf ik mij niet te vleien. Toen ge heen zijt gegaan, verzeld door uwen trouwen Curumilla, op die geheimzinnige expeditie dwars door het Rotsgebergte, terwijl ge hoop hadt nimmer daarvan terug te keeren, toen hebt ge in mijn gemoed eene droefheid achtergelaten ...

Gustave Aimard. Juvisij sur Orge, Augustus 1861.

Een droefheid die zijn weerga niet kende. Aimard hoorde nooit meer iets van Curumilla. Hoofdstuk I begint met een beschrijving van de Sierra aan de Windrivier. Het is eind juni 1854. Een reiziger van middelbare leeftijd, in goede doen, maakt zichzelf een maaltje en wordt daarbij de aanwezigheid van iemand anders gewaar. Het kan hem niet schelen en hij biedt hem een aan een hapje mee te eten. De reiziger stelt zich voor: Valentin Guillois. De ander is Don Martial ofwel Tigrero die ooit in een afgrond stortte in het bijzijn van de Raousset-Boulbon. Maar de graaf is niet meer:

> Hij is dood, caballero! Vermoord op het strand van Guaymas, zijne beulen hebben voor hem een bloedig graf gedolven, maar dat edele bloed, verraderlijk vergoten, eische van den hemel wraak!

aldus Valentin Guillois. In het verslag van Soulié wordt de vriend/secretaris van de Raousset-Boulbon steeds met Monsieur V. aangeduid.

De heren Guillois en de *caballero* Martial schudden elkaar de hand en stellen elkaar van hun plannen op de hoogte. Valentin wil het fort van de Chichimekas gaan opzoeken, Martial biedt aan hem daarbij te vergezellen. In het fort aangekomen ontmoeten ze er Goedsmoeds, Zwarte Eland en Arendskop, Guillois' oude vrienden.

Goedsmoeds/Aimards aanwezigheid kan van nu af als fictie worden beschouwd want in *Curumilla* was hij al uit het verhaal geschreven. In de brief aan Guillois, zie hierboven, wordt dit nog eens bevestigd, als Aimard onder andere ook schrijft: 'Een somber voorgevoel voorspelde mij, dat ik voor de laatste maal uw hand in de mijne drukte.'

Wraak, dat was wat de mannenbroeders dreef. In het fort ligt Generaal Sébastian Guerreo, de Raousset-Boulbons tegenstander bij de inname van Hermosillo, gekneveld op de vloer. In werkelijkheid was Generaal Blanco, broer van de minister van oorlog de tegenstander. In juni/juli 1854 werd deze Blanco door President Santa Anna tot gouverneur en commandant van Sinaloa benoemd. Na de Raousset-Boulbons tweede mislukte poging om Hermosillo te veroveren, in 1854, werd hij dus op het strand vermoord.

In *Valentin Guillois* krijgt Guerrero zijn verdiende loon en overkomt hem wat de Prébois-Crancé fictief bij Aimard en wat de Raousset-Boulbon bij Soulié en Wyllys in werkelijkheid overkwam. Hij werd 'in de kapel geplaatst.'

Voordat Aimard uitlegt wat hij daarmee bedoelt geeft hij een kort overzicht van de gang van zaken voor Franse ter doodveroordeelden. Je wordt in een cel opgesloten, je krijgt eten en drinken en op verzoek bezoek van een aalmoezenier. Als je tijd gekomen is ga je in een afgesloten koets naar de plaats der terechtstelling om daar:

> in een oogwenk te eeuwigheid ingeslingerd te worden, zonder tijd te hebben om tot zich zelf te komen.

Aimard verklaart zich tegenstander van de doodstraf om met een beschrijving van de Spaanse capilla te vervolgen:

> waarin een altaar is geplaatst, en de muren behangen zijn met zwart laken, bezaaid met zilveren tranen, en hier en daar voorzien van aanhalingen uit de heilige schrift [...] Naast het bed van den veroordeelde staat de doodskist [...] Twee priesters, waarvan een voorddurend in het vertrek aanwezig moet zijn, doch die elkaar telkens afwisselen, lezen beurtelings de mis.

De Mexicaanse Nachten I en II

Er is wellicht geen land ter wereld dat aan de bewonderende blikken der reizigers bekoorlijker streken oplevert dan Mexico, doch onder al die zo hoog geroemde is ontegenzeggelijk die van las Cumbres (van de bergtoppen) de bekoorlijkste en bevalligste.

Het is juli 18-zoveel: twee ruiters zijn in gesprek. De ene is een gids, genaamd Olivier, een enigszins zware plompe gestalte, zwarte ogen, weelderig haar, tint bruin als een baksteen. De andere is graaf de la Saulay die op weg is om zijn bruid te ontmoeten. Er is al meteen sprake van een gedruis; het blijkt dat even verderop een rijtuig wordt overvallen. Olivier trekt zich even terug om zich vervolgens weer aan de begeleiding van de graaf te wijden. In een volgend hoofdstuk dat wat los van het verhaal bungelt, vindt een overval plaats op André de la Cruz en diens dochter Dolorès. Onderhandelen met de overvaller el Rayo hielp hen niet; toen er opeens een onbekende kwam opdagen hielp dat wel.

Ten tijde van het verhaal, vervolgt Aimard, woonde in die contreien iemand die el Rayo werd genoemd. Hij sprak Castiliaans, Frans, Duits, Engels en Italiaans. Sinds hij daar in 1857 was komen wonen, controleerde hij de wegen, schudde hij de reizigers uit, en dwong hij de rijken hun beurs af te staan aan de armen. Juarez en Miramon, die elkaar in die tijd het presidentschap betwistten, waren het er over eens dat el Rayo opgeruimd diende te worden.

Aimard geeft tussen de bedrijven door een overzicht van de Mexicaanse gang van zaken. Zuologa was benoemd tot President, maar die trad af ten behoeve van Miramon die tijdelijk tot president werd benoemd. Zulaoga ging het nietsdoen vervelen en nam per proclamatie Miramon de teugels weer uit handen waarop Miramon hem gijzelde, waarop Zulaoga kans zag over te lopen naar Juarez die vicepresident was onder zijn beheer, waarop ... waarop ... waarop. Aimard vat de toestand vervolgens kort samen; Mexico is eigenlijk een rovershol geworden en één van die rovers was El Rayo.

Graaf de la Saulay arriveert uiteindelijk op de *hacienda* van de familie de la Cruz. De bruid in spé, Dolorès, door wie de voor haar gearrangeerde huwelijksnacht nacht nooit zou worden geconsumeerd, heeft een broer, Melchior de la Cruz, een illegaal voorkind in de familie. Broerlief is gekant tegen het aanstaande huwelijk van zijn zuster omdat hem anders een erfenis de neus voorbij zal gaan. Aimard schildert hem af als een zeer verderfelijk persoon; als een politieke tegenstander van Juarez die door de oude garde, door Miramon, Marquez en Zulaoga, ontvoerd, berecht en geëxecuteerd zal worden vanwege de moord op zijn vader. Tot zover heel in het kort de intrige wat betreft deze broer Melchior.

Aimard modelleert de voornaamste biografische gegevens van broer Melchior naar die van Melchior Ocampo, oud-gouverneur van een Mexicaanse provincie, later Minister van Buitenlandse Zaken, een alom geachte persoonlijkheid. Roeder beschrijf Ocampo in *Juares en zijn Mexico, I, II,* als een voorbeeld voor de natie, als een weldoener. Naast zijn ruzie met de dorpspastoor en zijn steun voor een regiem, dat de onmetelijke goederen van de kerk wilde confiskeren en dat later ook deed, kerkhoven seculariseerde wat mogelijk maakte dat arme mensen gratis begraven konden worden, naast dat allemaal, liet hij ook nog een aantal religieuze beschouwingen na, *Polémas Religiosas*. Hierin schreef Ocampo een rolverdeling van man en vrouw in het huwelijk voor die erop neer kwam dat vrouwen alles moeten doen.

Ocampo signeerde in werkelijkheid zijn eigen doodvonnis door in 1857 het verdrag te tekenen waarbij Beneden-Californië aan Amerika werd afgestaan. Na zijn politieke teloorgang moest hij daar alsnog met zijn leven voor boeten.

Zoals gezegd, na wat strubbelingen met El Rayo, de Mexicaanse Robin Hood, arriveerden de graaf de Saulay en Olivier op de *hacienda* des Arenal. Toen Dolorès de graaf voor het eerst zag, was het geen liefde op het eerste en, ook al niet op het tweede gezicht, zodat de logeerpartij een wat gespannen karakter ging aannemen. De zaak spande des te meer omdat het tussen Dolorès' broer en de graaf ook al niet boterde. Tot overmaat hoort de grafelijke gast een gesprek dat niet voor zijn oren is bedoeld, een gesprek dat hem doet vermoeden dat zijn geliefde heimelijk 'mannen' ontmoet. Maar daarna wordt hèm door Dolorès om een onderhoud gevraagd.

Men gaat op pad hetgeen Aimard de gelegenheid verschaft zijn lezers drie bladzijden lang in te lichten over de pyramiden van Cholula, de met de hand gebouwde berg, *Monte hecho a mano* genaamd door de plaatselijke bevolking. Aimard haalt Ampère aan die in zijn verslag over zijn reis door Amerika de legende opnam die Pedro des Rio in 1566 optekende en aan het Vaticaan opstuurde.

Ooit zouden er reuzen in dat gebied hebben gewoond. Ten tijde van de grote overstroming veranderden die in vissen, op zeven na. Die zochten een toevluchtsoord in bergholen, toen het water begon te vallen:

Een dezer reuzen, Xelhua genaamd, die een bouwkundige was, deed in de nabijheid van Cholula een pyramidevormige zuil verrijzen, ter gedachtenis aan de berg Tlaloc, die hem en zijnen broeders

tot toevluchtsoord had gediend. De goden, die met weerzin dit gebouw zagen verrijzen, welks top de wolken moest aanraken, en verstoord door de stoutmoedigheid van Xelhua, slingerden hemelsch vuur tegen de pyramide, waardoor het gebeurde, dat talrijke bouwlieden omkwamen en dat het werk niet voltooid kon worden. Het werd toegewijd aan den god der lucht, Qualzalcoatl.

Ik had de rest van Ampère's verhaal wel willen lezen maar de Biblioteca Vaticana, (fax 011 3966 988 5327 voor wie het zelf wil proberen), reageerde men niet op mijn smeekbeden. Het leven gaat door. Aimard wijdt uit over deze geheel met aarde bedekte en met hout begroeide pyramide. Bovenop staat een kapel die gewijd is aan *Nuestra Senora de los Remedios*.

Zij is honderdzeventig voet hoog en volgens de berekening van Humbolt heeft haar basis een lengte van dertien honderd vijf en vijftig voet, alzoo iets meer dan het dubbel der pyramide van Cheops.

Ampère (1800-1864), historicus en zoon van de bekende natuurkundige André-Marie Ampère (1775-1835), beschrijft in zijn *Promenade en Amérique* ook een tocht naar de pyramides van Cholula. Een rit te paard door een landschap dat lijkt op het Italiaanse platteland. Ampère's gids had begrepen dat zijn klant naar een goudmijn wilde. Geen erg intelligente man, merkt Ampère op, maar aan de andere kant een begrijpelijk misverstand want alle blanken zijn op pad naar goudmijnen. Hij neemt de moeite om nog eens terug te gaan en ziet dat er drie pyramides zijn. Één is er bijna zo groot als die van Chéops: 1355 voet lang, 170 voet hoog, bijna net als die van Mycerinus en die van Gizeh is maar 450 voet hoog.

Na het opgeven van de maten verhaalt Ampère de legende over Qualzalcoatl en vergelijkt hij de bouw van de Mexicaanse pyramides met die van Egypte. Ze lijken niet op elkaar, met aarde bedekt en met hout begroeid als de Mexicaanse zijn. Ampère voegt er nog aan toe dat de kerk boven op de pyramide tevens de eer had om als observatorium van Humboldt te dienen. Het is duidelijk dat Aimard Ampère's reisverslag met vrucht heeft gelezen.

Kendall in *Across the Great Southwestern Prairies* (1841) kwam ook langs Cholula.Na onderweg en passant wat blaffende honden neergeknald te hebben, noteert hij:

Rechts van de weg, in de verte wees onze voerman ons op de grote pyramide van Cholula, met wat er van de eens heilige stad nog over is. De grote berg is bezig stukjes bij beetjes weg te vallen net als de ooit zo prachtige stad aan haar voeten nu veranderd in een verzameling ruïnes en meer en meer mensen ieder jaar wegtrekken.

Aimards ruiters vervolgen hun tocht naar Pueblo en zijn lezers belanden in deel II van de *Mexicaanse Nachten*. De *hacienda* is verwoest, de Juaristen hebben Pueblo ingenomen, Miramon gaat op pad, het is drie october 1860. Hand in hand begeven geschiedenis en roman, feit en fictie, zich op weg naar het einde.

Is het historische gehalte van de *Mexicaanse Nachten* hoog, het autobiografische gehalte is voornamelijk rijk in spirituele zin. Aimard treedt in de eerste plaats op in zijn rol als Olivier, de gids-avonturier. Hij laat doorschemeren een tijdlang onder de naam el Rayo, van wie sinds 1857 niets meer was vernomen, als een soort Robin Hood te zijn opgetreden. Dat lijkt meer op een rol die hij wel had willen spelen. Verder is hij James, oom van zijn ooit verdonkeremaande en verkochte neef Dominicus. Tot slot is hij don Jaïme, vertrouweling van conservatieve Miramon, die tot 1861 president van Mexico was. Als Miramon op een gegeven moment tegen hem zegt: 'Meneer de g,' dan antwoordt don Jaïme, 'Dat zouden we toch niet gebruiken.' Olivier, Don Jaïme en El Rayo zijn de alter-ego's van een graaf die af en toe incognito opereert.

Verder komen in *Mexicaansche Nachten* een halfzuster voor zowel als het thema onwettig zijn en vergif innemen. Het lijkt op versluierde pogingen om iets over zijn vaders familie te schrijven. En er komt een 'teken' in voor; president Miramon krijgt een bezoeker op wiens kaartje staat: Adolfo met daar achter ∴.[30]

Hoe valt *Mexicaanse Nachten I en II* te rijmen met de eerdere boeken van Aimard waarin hij het opneemt voor de verdrukte medemens en zich afzet tegen het ongebreideld inbeslagnemen van land van Indianen? Aimard moet het boek na 1860 geschreven hebben. Hij was toen al ongeveer zes/zeven jaar in het Frankrijk, dat het conservatieve bewind van Miramon steunde. Voelde hij zich veiliger, door het succes dat zijn boeken hadden en durfde hij het nu pas te wagen wat te spelen met wat geschiedenis van zijn familie die hem niet wilde erkennen? Misschien speelde hij daarom met de incognito-identiteit van graaf en vertrouweling van een president. In dit boek identificeert Aimard zich duidelijk met adellijke lieden en grootgrondbezitters:

> De graaf de la Saulay is, zegt men, onlangs weder naar Mexico vertrokken, om, dank zij de Fransche tusschenkomst, de onmetelijke goederen, die zijne echtgenoote in dat land bezit, maar die het gouvernement van Juarez goed gevonden had zich toe te eigenen, weder op te eischen.

---

30. Vrijmetselaars probeerden ooit zo'n driehoekje als leesteken voor afkorting in te voeren.

Mexicaansche Nachten II geeft aan het begin van hoofdstuk XII uiteindelijk toch een tijdstip aan:

> Men was genaderd tot de laatste maanden van het jaar 186* De politieke gebeurtenissen begonnen elkaander met zulk eene groote snelheid op te volgen [...] In het zuiden hadden de troepen van generaal Gutierrez een groote zegepraal behaald op het constitutioneele leger, onder aanvoering van generaal don Diego Alvarez, denzelfden, die indertijd den krijgsraad te Guaymas had gepresideerd, door welken graaf Gaston de Raousset-Boulbon is ter dood veroordeeld, dien onze lezers zich noch wel zullen herinneren *).

De voetnoot '*)' verwijst naar *Curumilla*. Niet zozeer vanwege de personae, maar vanwege de historische achtergrond reken ik *Mexicaansche Nachten* tot deze reeks I, Zuid-Amerika.

Vasthand

GUSTAVE AIMARD

(Pseudoniem van Olivier Gloux, geboren 13 September 1818 te Parijs, aldaar gestorven 20 Juni 1883)

Het goede veroudert niet!

Dit woord moge gelden bij deze uitgave der werken van Gustave Aimard.

Het is meer dan vijftig jaar geleden, dat de eerste werken van dezen schrijver in een Nederlandsche vertaling verschenen. In een inleiding, die J.J.A. Goeverneur erbij schreef, zegde deze o.a.:

> „Langer dan vijftien jaar hield Aimard dit avontuurlijk leven Onverschrokken jager, ging hij met de Sioux en Zwartvoeten in de verst westelijke prairiën op bisons uit. In het golvend zand van de onbegrensde Del Norte, door Apachen aan een folterpaal gebonden [...] twaalf maanden slaaf bij de Pategoniërs aan de Straat van Mallaan [...] moederziel allen door de pampas van Buenos-Ayres waar hij te kampen had met panters en jaquars, met roodhuiden en gauchos. [...]"

[Na een lange inleiding van Goeverneur voegde de uitgever hieraan toe:]

Er is een tijd geweest dat de boeken van Aimard door oud en jong werden verslonden. Daarop volgde een periode, waarin smaak en meening kenterden. Men werd nuchter en trok den neus op voor "romantiek." In de laatste jaren is de oude liefde echter teruggekeerd.

Er is gretig vraag naar boeken met sterke karakters en kloeke daden, boeken met een sfeer van de vrije wilde natuur. Er is een heimwee naar de roman van het verre westen.

Het is een reden tot weemoedige verheuging, dat Gustave Aimard in zijn onsterfelijke werken deze wereld van schoone droomen en romantische werkelijkheid heeft bewaard ....

[*Vasthand* is te beschouwen als een tussendoortje. Het werd in 1862 geschreven, speelt in 1843 in Mexico, maar is duidelijk niet geschreven als onderdeel van de eerste serie. Er wordt noch naar persoon noch naar gebeurtenissen uit de eerste serie verwezen. Al met al gaat het over een opzichzelf staande episode uit de Mexicaanse geschiedenis: de afsplitsing van Texas, het historische decor van serie III. Zoals we zullen zien bevat *Vasthand* bevat ook elementen uit *De Araucaniër*. Niet ongewoon, soms als Aimard het ene boek schrijft, schemert daar vaak al het volgende verhaal in door.

Het eerste hoofdstuk van *Vasthand* begint als volgt.]

I. GEWEERSCHOTEN:
De landstreek die zich uitstrekt tusschen de Sierra de San Saba en de Rio Puerco (letterlijk vertaald, de vuile rivier) is een des somberste en droefgeestigste, die men zich kan voorstellen. Die als gevloekte savanne, waar geraamten, waarvan men de oorsprong niet gemakkelijk kan aanduiden, liggen te verbleeken [...] Het is 1843, de maand die door de Indiaansche Navajo's in hunne schilderachtige taal Hode-i-min-guisis wordt genoemd.

Aimard is beïnvloed door Chateaubriand die op zijn beurt naar Beltrami verwijst. Beltrami geeft in *A Pilgrimage in America* een lijst van maanden in "Chipowais"-taal: woorden die allemaal op -guisis eindigen. Het ziet ernaar uit dat Aimard ook Beltrami heeft gelezen om vervolgens dankbaar gebruik te maken van diens Chipoway-lijstje voor maanden om die vervolgens voor Navaho-taal door te laten gaan.

Om de draad van het verhaal op te vatten: een reiziger, die, nadat hij zijn tanden met een gouden tandenstokertje had schoongemaakt onder de struiken ligt te slapen, wordt wakker omdat hij een jong meisje achtervolgd ziet worden door een aantal bandieten die hij dadelijk herkent als zijnde van de gemeenste soort. De worsteling duurt maar kort; hoelang kan het klieven van een paar schedels duren? Bandiet nummer vier weet te ontvluchten.

Inmiddels verschijnt de broeder van het meisje Marianita op het struikroverstrijdtoneel. Hij was zijn zuster van haar kloosterschool naar hun *hacienda* aan het begeleiden, verloor haar even uit het oog en toen werd ze opeens achterna gezeten. Tussen de struiken vinden ze nog een overlevende bandiet. Broerlief wil er korte metten mee maken en de lynchwet op hem uitoefenen. De onbekende ruiter, Vasthand, houdt hem daarvan echter af. Vasthand? Broer heeft die naam wel eens horen vallen:

> Die naam heeft men mij nooit anders doen kennen dan als dien van een braaf, eerlijk man, met een flink karakter en meer dan gewoon verstand, die door onbekend verdriet of geheim leed, er toe gekomen is om een zonderling bestaan te leiden, de samenleving met zijn gelijken te vermijden en voortdurend in de wildernis om te dwalen.

Vasthand gaat daarna door naar een vergadering over een ophanden zijnde aanval van Papagos, het verbond van Apaches, Axuas Gilenos, Comanche, Magos en Opatas, en een aantal blanke rovers en mestiezen. Het wachten is op versterking van fort San-Estevan.

Wachten is voor Aimard de gelegenheid om terug te blikken. In 1541 werd door Antonio de Menoza, Onderkoning van Nieuw Spanje, een expeditie onder bevel van Vasquez de Coronado uitgerust naar Cibola. Onder de troepen bevond zich don Pedro de Tobar wiens vader opperhofmeester was geweest van Johanna de Waanzinnige, de moeder van keizer Karel de Vijfde. Alles liep naar wens, steden en streken werden stormenderhand overmeesterd. Pedro de Tobar trouwde met de dochter van Rodrigo Maldonado, zwager van hertog del Infantado, een vroegere makker.

Als Aimard de draad van het verhaal weer oppakt is het 1811, de tijd waarin pater Hidalgo zijn schaapjes zonder veel moeite tot strijd tegen Spanje opriep. Een ruiter, graaf Rodolfo de Tobar, die twee jaar eerder zijn woonstede had verlaten, keerde na een zware innerlijke strijd daarnaar terug. Een trouwe bediende ziet hem en houdt zijn hart vast want de jongere broer heeft inmiddels het erfdeel opgeëist. De verloren zoon moet voor een familievierschaar verschijnen. Het vonnis valt mee; hij mag blijven als hij met donna Aurelia de Torre Azul, nicht in de vijfde graad van markies des Valle, trouwt. In een voetnoot legt Aimard uit:

> 1) De titel van markies del Valle werd aan Ferdinand Cortez gegeven, tot belooning der overmeestering van Mexico en ging bij overerving over op zijne nakomelingen, waarvan verscheidene heden ten dage in de nieuwe wereld bestaan.

Rodolfo kondigt echter aan de volgende dag weer te zullen vertrekken. Zijn broer verklapt waarom: Rodolfo is al getrouwd en wel met een *Kazike* der Opatas. Rodolpho en broer Hernandez zijn het niet met elkaar eens. De eer van een edelman zou volgens Hernandez wel de liefde van een meisje kunnen misbruiken, maar diezelfde eer, vraagt Rodolfo zich af, zou het hem verbieden met haar te huwen?

Er is nog een conflict. Rodolpho is aanhanger van Hidalgo en dus vóór afscheiding van Spanje. Exit Rodolpho; zijn vader verbant hem. Hernandez trouwt met Aurelia; de ouders sterven vol wroeging. Aimard doet vervolgens een poging om de draad van zijn verhaal weer op te vatten door nu ongeveer twintig jaar terug in de tijd te blikken; elf jaar verder dan de laatste terugblik.

Het is nu 1822. Keizer Iturbide was alweer weg, de tijd van de *pronunciamientos* brak aan en het verval zette in. Overal bandieten. Marianita en haar broer Ruiz, op weg naar het huis van hun vader Hernando, mochten dan ook blij zijn dat ze die tocht overleefden.

Eenmaal thuis is daar nog een bezoeker, eentje die weer weg moet om ergens geld op te halen. Onderweg wordt hij overvallen, door Vasthand gered en naar een Indianendorp gebracht waar de ophanden zijnde revolutie wordt besproken. Waarom revolutie? Tijdens de Spaanse overheersing was hun toestand meer dan dragelijk geweest. Het land was overdekt geweest met missies, maar, nadat de Jezuïeten waren verjaagd en de Mexicanen zich onafhankelijk hadden verklaard,

> was hunne eerste zorg alles te vernietigen, wat door de Spanjaarden in het leven was geroepen [...] Daarbij werden ook de missies niet gespaard [...] de Indianen keerden terug naar hun leven in de wildernis [...] het Mexicaanse goevernement liet het daar niet bij [...] en begon opnieuw de Indianen te beschouwen als slaven [...] ze werden genoodzaakt hun dagelijksche benoodigheden tegen veel te hooge prijzen in te koopen, uitsluitend van daarvoor aangestelde agenten [...] men hoonde hen door de benaming van gente sin razon (lieden zonder rede).

Plunderingen, rooftochten en burgeroorlog waren het gevolg geweest. Terug naar de *hacienda*. Alles loopt daar min of meer goed af. Naar omstandigheden goed want Marianita gaat bij haar oude min op bezoek, wordt onderweg weer door jaguars achterna gezeten en weer door Vasthand gered. Aangekomen bij de oude min vertelt deze haar aan de hand van een *quipos* een legende.

> De Quipos namelijk noemt men de lange uit veelkleurige draden vervaardigde koorden, die den Azteken dienen om hun geheugen te verfrisschen. Het zijn als het ware in kleuren, (in plaats van gelijk bij ons woorden) tijdens de betreffende gebeurtenissen gemaakte aanteekeningen, en voor degenen, die ze vervaardigd heeft, even gemakkelijk te lezen, als voor ons een notitie-boekje.

Quipos is een Quechua -term voor knoop. In het verhaal hierboven is er sprake van gekleurde draden. Volgens Locke in een artikel dat hij in 1912 schreef, staat rood voor oorlog, geel voor zon. In Day's *Quipus and Witches' Knots* komen alle knopen van de hele wereld aan de orde. In het gedeelte over Indianenknopen citeert hij Locke (1912) waarin deze de functies terugbrengt tot getallenregistratie, astronomie, census, belastingen, en geheugensteun voor historische of culturele zaken. Day laat aan Garcilasso de la Vega de eer, de eerste geweest te zijn die dit systeem van wiskunde in de touwen voor het voetlicht bracht.

Het liep dus goed af. Het was enerzijds gezellig bij de oude min en haar *quipos* en Marianita weet nu waar de geheime ingang van een zilvermijn is. Anderzijds liep het minder goed af, omdat een zekere senator de verloren broeder Vasthand een mes door de ribben stootte, net nu hij en Hernandez zich hadden verzoend, hun kinderen met elkaar zouden gaan trouwen en een Indianenaanval was afgeweerd. Aimard sluit de geschiedenis af:

> Wellicht zullen wij later verhalen wat het einde was van dien geduchten opstand der Indos mansos en bravos, waardoor meer dan eens de Mexicaansche republiek gevaar liep en haar eenigen harer schoonste en rijkste provincies deed verliezen. •

Serie 2
Gelegaliseerd verlies van haarschedels

De Zwervers op de Grenzen 91
De Vrijbuiters 93
Edelhart 95

De Zwervers op de Grenzen

 De onmetelijke natuurwouden, die zich sedert onheugelijke eeuwen ongestoord hebben ontwikkeld en nog voor ettelijke jaren het grootste gedeelte van Noord-Amerika bedekten, beginnen allengs te verdwijnen onder de onvermoeide bijlslagen der squatters en kolonisten, wier bedrijvigheid de grenzen der wildernis meer en meer naar het westen terugdringt.

Dat verdwijnen van de natuurwouden, dat geeft niets; dat is een teken, aldus Aimard, dat de beschaving met reuzenstappen voortschrijdt. Vervolgens geeft hij wel uiting aan zijn gevoel van deernis met het ongelukkige rode mensenras:

> dat zoo gewetenloos uit zijn vaderlijk erfgoed verjaagd en buiten de wet gestooten, als wild gedierte van alle kanten bestookt en vervolgd, [dat] met iederen dag zichtbaar afneemt en onherroepelijk gedoemd schijnt [...] zoo zij de Europese natiën de bloedige taak der veroverings- en hebzucht tot een werk van vrede en broederschap gemaakt en zich in plaats van met geweer, brandfakkel en zwaard, zich met de voorschriften van het liefdeademend Evangelie gewapend hadden.

Aimard voorspelde een dag waarop de gerechtigheid zou overwinnen, hetgeen zijn uitgever tot een voetnoot noopte.

1) Aimard schreef dit in 1860; zijn voorspelling is maar al te zeer bewaarheid door den lateren burgeroorlog in de Vereenigde Staten, die zoo vele schatten en menschenlevens verslonden heeft.

Aimard vervolgt zijn relaas dat nu speelt in 1812 en wel aan de boorden van een afgelegen zijstroom van de Arkansas. Uit een Indiaanse kano stapt een woudloper, meestal is zo iemand een Canadees :

De Fransche Canadeezen hebben nooit het beginsel der nationaliteitsverandering erkend dat de Engelschen hun hebben willen opleggen; zij zijn zich steeds blijven beschouwen als Franschen, hunne oogen staren nog altijd terug naar het ondankbare moederland, dat hen zoo onverschillig aan hun lot heeft overgelaten. Nog heden, na verloop van zoovele jaren, zijn de Canadeezen Franschen; hunne samensmelting met het Angel-Saksische ras bestaat slechts in schijn, of gaat zoo langzaam voort, dat het geringste voorwendsel genoeg zou zijn om tusschen hen en de Engelsche kolonisten eene bepaalde vredebreuk te doen ontstaan. Het Engelsche gouvernement weet dit zeer goed; daarom gaat het in Canada met eene zachtheid en inschikkelijkheid te werk, die het niet licht in zijn overige bezittingen betracht.

Liever dan te zuchten onder het juk van het Canadese gouvernement, zwerft (het is 1812) menig Canadees door de Amerikaanse bossen, zo ook Tranguille, bijgenaamd de Tijgerdoder. Hij komt een Amerikaanse slavenhandelaar tegen, Davis, van wie hij slaaf Quonium koopt. Na een aanvaring met een kudde bisons ontspant zich een gesprek over een Amerikaan die een stuk land van een Indiaan had gekocht. De Amerikaan had kunnen weten dat de koop niet aan de Indiaanse vereisten voor het afstaan van land voldeed en de Indiaanse verkoper had het recht niet dat stuk te verkopen; hij had dat gedaan uit wraak omdat hij uit zijn stam was verbannen.

Het verhaal verplaatst zich naar de vestiging van bedoelde Amerikaan wiens echtgenote (net als Aimards halfzuster) Fanny heet. Na mislukte onderhandelingen wordt hun nederzetting overvallen: Fanny verliest daarbij haar leven en de kinderen van de familie worden ontvoerd.

Aimard verplaatst het verhaal naar Texas zestien jaar later. Na een beschrijving van een ruwe caféscene doceert hij over de Franse pogingen om Texas te koloniseren. Om te beginnen was daar de la Salle die in 1684, op zoek naar de monden der Mississippi, per ongeluk de Rio Colorada opstevende en een fort bouwde tussen Velasco en Matagorda.

En, in 1817 werd Champ d'Asile daar gesticht door Henri Lallemand, de militair die probeerde Napoleon van St. Helena te laten ontsnappen.[31] Champ d'Asile werd later door een Mexicaanse onderkoning verwoest.

Inmiddels is het eind 1829. De Jaguar, een jager/avonturier, heeft zich twaalf jaar eerder met het vijfjarig meisje Carmelita in een uitspanning gevestigd. Jager De Jaguar heeft het voorzien op de Mexicaan Melendez die voor de regering van Mexico met een goudtransport door het gebied trekt. Als dat goud afgepakt zou worden, zou Mexico haar leger niet kunnen rantsoeneren, vandaar. Het was geen ordinaire diefstal. De intriges verknopen zich.

Carmelita's café wordt overvallen, tijdens haar vlucht wordt ze achterna gezeten door een tijger en wordt gered door Edelhart, die ooit zelf door zijn vader werd verbannen. Dan verschijnt er iemand op het toneel, genaamd de blanke Scalpeur (Aimards lezers weten nog niet dat hij Carmelita's echte vader is, maar kunnen dit wel vermoeden). Alles en iedereen is op pad en beide hoofdrolspelers, Jaguar en Melendez, raken verliefd op Carmelita. Aan het eind komt het tot een treffen en storten Jaguar en Melendez met een aantal kisten met goud in de afgrond.

De Vrijbuiters

Hoe kunnen de sombere mysteriën, die eeuwenheugende bossen zoeken te beschermen, ooit worden verklaard? Bijvoorbeeld de rijkdom aan sappen en groeikracht?

Dat vraagt Aimard, sprekende over onmetelijke bossen zich af. Waar lucht kan komen, constateert hij, krijg je een sterker ontwikkelde plantengroei. Tussen de struiken door zien we Melendez en Jaguar weer overeind krabbelen, ze overleefden hun val met die kisten goud. Aimard laat hen even in de steek om wat over de toekomst van Mexico uit te weiden. Men was nu onafhankelijk; het leger moest zijn wapens afleggen, maar wilde dat niet.

Geen vijanden meer te bestrijden hebbende, stelde het zich op eigen gezag tot meester en voogd over het land, dat het alleen geroepen was te verdedigen; om de snelle bevordering onder de officieren mogelijk te maken, stookte het leger omwentelingen.

---

31. Volgens Hollis (1905) was dat kamp gelegen aan de oever van de Trinity River.

Van toen af begon het tijdvak der pronunciamentos, waaronder Mexico zoovele jaren reeds zucht en die het onweerstaanbaar naar den afgrond hebben gedreven, waarin het eindelijk zijne duurgekochte onafhankelijkheid, ja welligt zijne nationaliteit zal verliezen.[1]

De voetnoot achter het woord 'verliezen' is van Aimards uitgever:

1) Aimard schreef dit in 1862, kort voor den inval der Franschen en de vestiging van het tegenwoordige Mexicaansche Keizerrijk.

Al met al gaat *De Vrijbuiters* over de strijd die de bewoners van Texas in 1836 voerden om het Mexicaanse juk af te wentelen. Carmelita wordt bij de moeder van Edelhart ondergebracht, het legertje van de Jaguar, geholpen door de Blanke Scalpeur, boekt een bescheiden succes en Blanke Scalpeur wil van de gelegenheid gebruik maken om Carmelita te ontvoeren.

Aimard kondigt halverwege het boek aan weer gebruik te gaan maken van de vrijheid van een romanschrijver om zich wat tijd en plaats betreft, waar dan ook heen te bewegen. Zijn lezers zijn nu in Galveston, in de buurt waar ooit Lallemand zich vestigde en de Jaguar is inmiddels overste van de Vrijschutters. Onder de gelederen werd een verrader ontdekt wiens oren werden af- en wiens tong werd uitgesneden. Op zijn voorhoofd is een kruis gekerfd. Historisch, dus waar gebeurd, volgens Aimard.

De poging van de Jaguar om de stad te veroveren verplaatst zich naar de haven waar muiterij was ontstaan aan boord van de Mexicaanse marine.

Edelhart

Kolonel Melendez, na den Jaguar verlaten te hebben, was met een verhit hoofd en een beklemd hart den weg naar Galveston opgereden [...] Hoe zou men kunnen geloven dat deze partijganger, hij mocht zoo stout en vermetel zijn als hij wilde, den moed zou hebben gehad om aan het hoofd van een handvol avonturiers een aanval te wagen op de weluitgeruste oorlogskorvet, bemand met meer dan tweehonderd vijftig koppen, onder kommando van een der beste officieren van de Mexicaansche marine!

Texas hoort nog bij Mexico, maar dat zal niet lang meer duren. Er is weinig geld, zo weinig dat generaal Rubio een aantal zakenlieden

geld afperst om het leger in stand te houden. Maar fort Galveston is gevallen en het korvet *de Libertad* is nu in Amerikaanse handen.

De Texanen winnen niet alle veldslagen, op zekere dag worden zelfs achthonderd man dood op het slagveld achtergelaten. Jaguar overziet het slagveld en mist Tranquille, Carmela, Quoniam en vriend Lanzi maar vindt hen even later allemaal terug in het Comanche-winterdorp waar Edelhart nu een van de opperhoofden is.

Edelhart vertelt hen het verhaal van zijn verbanning, hoe zijn moeder en haar bediende Eusebio hem indertijd volgden en bij hem bleven. Als hij weer eens bij zijn moeder binnenstapt zie hij daar allemaal prenten aan de muren: Napoleon op de St. Bernard, Iturbide toen hij zes maanden keizer van Mexico was, Jezus aan het kruis en Maria Mater Dolorosa. Voor de laatste twee prenten brandde een kruisje. Aimard mijmert:

> Het is zonderling, maar waar wij ook op onze langdurige reizen geweest zijn [...] overal hebben wij den naam van Napoleon aangetroffen; zijne beeltenis vond ik zelfs onder de Botecudos, een der ontembaarste nomadenhorden in de wouden van Brazilië.

Aimard gaat hierover door: wat is diens geheimzinnige invloed? Waarom lacht men als ik zeg dat Napoleon dood is? Een eerbiedwaardig Apache-hoofd vroeg me eens:

> "Gaat de zon sterven?"
>
> "Neen zeker niet," antwoordde ik, zonder recht te weten waar de Roodhuid heenwilde.
>
> "Ooah!" riep hij, als de zon nooit sterft, waarom zou dan de groote Sachem der blanken gestorven zijn, die een zoon van de zon is."
>
> [...] Trouwens, geloof ik, als men zich de moeite wilde geven om de boeren in Frankrijk te ondervragen, men er een aantal vinden zou wier gevoelens niet veel van dat der Indianen verschilt. Wij hervatten de draad van het verhaal.

Het verhaal blijft achter in het Comanche-dorp, waar hoognodig een vergadering dient plaats te vinden. Aimard wisselt nu even van pet om als reddingsanthropoloog/historicus uit zijn verhaal te treden:

> Zoo ons verhaal een verdichtsel ware en wij ons onderwerp naar luim of willekeur konden regelen, zouden wij zeker vele tooneelen weggelaten of gewijzigd hebben voorgesteld, maar ongelukkigerwijs zijn wij historieschrijvers en moeten wij de feiten vertellen gelijk zij zich hebben toegedragen [...] Als men ons des ondanks

toch zou willen verwijten dat wij de helden onzer historie te dikwijls in het strijdperk zouden laten treden, bepalen wij ons bij dit eene antwoord: Wij beschrijven de zeden van een ras dat dagelijks vermindert en wegsterft onder den krampachtigen greep der zoogenaamde beschaving, tegen welke het hardnekkig maar te vergeefs kampt. Het roode ras schijnt als door een onverbiddelijk noodlot gedoemd om weldra voor altijd van den aardbodem te verdwijnen: zijne zeden en gebruiken zullen alsdan alleen in de legende blijven voorleven [...] Het is dus plicht, voor ons die vermetel genoeg zijn om als geschiedschrijvers van dit ongelukkige geslacht op te treden, hunne uitwendige verschijning te leren kennen.

Wat zijn verwachting over van de aardbodem verdwijnen van het rode ras betrof, was Aimard een kind van zijn tijd. Maar, als hij schrijft: 'Men laat ons wel denken dat Indianen onbeschaafd zijn,' wijdt hij hier als volgt over uit:

> Het is ons doel niet om hier in philanthropische beschouwingen te treden, of in het algemeen menschelijke belangen te bespreken bij gelegenheid van een gevecht tusschen twee wilde Indiaansche stammen; onder de beschaafde natiën schijnt men reeds sedert lang als een axioma te hebben gesteld, dat de Roodhuiden wilde dieren zijn die niets met de menschen gemeen hebben dan de gestalte, en dat men hen evenals andere schadelijke schepsels moet trachten uit te roeien, door alle bedenkbare middelen, zelfs zoodanige van welke de menschelijkheid het meest afgrijzen van gevoelt. Waartoe zouden wij dan pogen om de arme Indianen voor een oogenblik te verdedigen of in onze bescherming te nemen?
>
> [...] Even gemakkelijk als wij zouden kunnen bewijzen, zoo wij dat wilden, dat de Peruanen en Mexicanen, zoo hooghartig voor barbaren uitgemaakt, door de woeste of fanatieke en onverbiddelijke avonturiers, die hen uitplunderden of verdelgden, tijdens de verovering der Nieuwe Wereld een trap van beschaving hadden bereikt in sommige opzichten veel hooger dan die waarop hunne onderdrukkers zich durfden beroemen, welke inderdaad weing meer boven hen voor hadden dan de kennis hunner pas ontdekte vuurwapenen, en die van top tot teen geharnast optrokken tegen menschen, gekleed in een katoenen hemd en alleen gewapend met een - voor den ver treffende Europeaan althans, schier onschadelijken pijl of werpschicht.
>
> [...] moesten de ongelukkig Indianen wel bezwijken niet alleen onder de herhaalde slagen hunner woeste vijanden, maar nog meer en op den duur door den laster die hen voor een wild en stopzinnig ras uitmake of er hen inderdaad toe vernederde.

> De verovering der Nieuwe Wereld is een der afschuwelijkste onmenschelijkheden, die de aan gruwelen zoo rijke middeleeuwen hebben opgeleverd.

Na deze beschouwingen vervolgt Aimard als westernschrijver over de woeste roodhuiden en hun lage listen. Er gebeurt ditmaal veel in het dorp: er wordt getrouwd en dus gedronken. Aimard, de ethnograaf noteert:

> De Indianen, vooral de Apachen, zijn hartstochtelijk belust op sterken drank en gaan er zich toomeloos aan te buiten zoo vaak zij dien krijgen kunnen; alleen de Comanchen verdien den lof eener beproefde matigheid en hebben zich tot hiertoe weten te bewaren voor deze noodlottige drankzucht, die de verdierlijking en den ondergang van al de overige Indianenstammen na zich sleept.

Het is niet de eerste keer dat Aimard het over de drankzucht van de Apaches heeft. Andere schrijvers, bijvoorbeeld Sieverling, van het proefschrift waar we het eerder over hadden, benadrukt dat bij Aimard de Apaches de slechte en de Comanches de goede Indianen zijn.[32] Eén voorbeeld hiervan:

> Het maal was eenvoudig maar overvloedig, en bestond uit gestoofde peren met pepersaus, een stuk gebraden hertenbout en maïskoeken, alles begoten met een frisschen dronk smilaxwater en een paar teugen pulque, ongehoorde weelde in dit oord, te midden der Comanchen, de eenige Indianen die zich geheel van geestrijke dranken, zelf gegiste pulque, onthouden en die men nooit heeft kunnen overreden om er slechts van te proeven.

Volgens Sieverling stond Aimard onder invloed van Gabriel Ferry in wiens *De Woudloopers* de Apaches ook de boosdoeners waren, net zo bij Karl May. Ik vroeg me af, als een huidig lid van de Comanche-stam wat drankgedrag geen verschil ziet met Apaches, kan het dan zijn dat er vroeger wel verschil was? Zo'n literaire mythe als 'Apaches zijn niet alleen de kwaaie, maar ook de dronken pieren,' moet ergens vandaan komen.

Volgens Lockwoods *The Apache Indians* is dat niet zo, waren de Apaches altijd al de boosdoeners. In *The Journey of Coronado (1541)*,

---

32. Aan een *penfriend*, de Oklahoma Comanche William Poafpibitty, heb ik wel eens gevraagd of het waar is dat zijn stamgenoten geheelonthouders zijn/waren. Daar was hem niets van bekend, liet hij me verbaasd weten (mei 31, 1998). Na me te hebben laten weten dat de Comanche Apache land hadden veroverd en in het bezit waren gekomen van paarden, vervolgde Poafpibitty: *"alcohol was a plague only after settlement times 1880-1900, with buffalo gone, idleness, starvation, alcohol was next - so it goes with other people."*

schrijft Castaneda's, worden Apaches al beschreven als het meest barbaarse volk dat tot nu toe is gezien. In *The Memorial of Fray Alonso Benadides (1630)* worden ze als de schrik van de andere stammen beschreven. Lockwood schrijft over de honderden jaren Apache-invallen in Sonora en Nueva Viscaya en elders.

Tot hier toe was in Aimards romans, bij de avonturen van de Prébois-Crancé/de Raousset-Boulbon en Peter Kitchen, de buurman van de Pindray, ook al sprake van lastige Apaches.

Andere literatuur werpt ander licht op de zaak. Fehrenbach vraagt zich in *Comanches* af hoe het zit met hun peyotegebruik: 'Hadden ze het gevoel dat er hun iets ontbrak en dat ze in peyote een substituut vonden voor het oude leven met de kampvuren en de dansen?'

Peyote was niet slecht voor lijf en leden en ook niet verslavend. De Comanches namen de peyote-cultuur over van de Apaches, volgens Fehrenbach. Deze laatsten hadden dan blijkbaar niet genoeg aan de consumptie van gedroogde cactuskoppen. Of, kwamen ze gemakkelijker dan de Comanches in contact met alcohol?

Dat blijkt, uit een bewust, van hogerhand opgelegd beleid. Volgens Haley in *Apaches: A History and Culture Portrait* was dit in eerste instantie het gevolg van de politiek van Bernardo de Galvez, gouverneur van de Binnenlandse Provincies in 1786. De Galvez zette in een nota aan Generaal Ugarte zijn beleid als volgt uiteen: de Apaches (Jicarillas) kregen na een vredesverdrag de beschikking over wapens die niet bruikbaar waren, zodat ze steeds naar de smid moesten die er vervolgens voor zorgde dat die wapens helemaal niet meer werkten. En, Apaches kregen ruimschoots beschikking over *aguardiente* zodat ze daarvoor afhankelijk werden van de Spanjaarden en zodoende minder geneigd raakten om hun onbruikbare wapens op te nemen. Ook werden de Apache/Jicarillas door Amerikaanse bontjagers als gids in dienst genomen en betaald met whisky die beter smaakte dan de *aguardiente*. Vanaf die tijd werd ieder facet van het Apache-bestaan gecompliceerd.

Vanaf 1717 werd het gebied van de Apache/Jicarillas door Comanches overvallen en gereduceerd en verloren ze in het noorden terrein aan de Ute en in het westen aan de hen niet vriendelijk gestemde Navaho. Er bleef hen dus niet veel anders over dan te integreren met de Spanjaarden of zich met Westerlingen in zee (-ën van whisky) te begeven.

Later, toen ze eenmaal op een reservaat zaten, werd de situatie er noch voor de Apaches, noch voor de Comanches beter op. Herman Lehmann, die als elfjarige jongetje door Mescalero Apaches werd ontvoerd en vijf jaar lang in de White Pine Reservation bij hen bleef wonen (en scalperen) geeft onbewust in zijn *Nine Years Among the*

Indians, 1870-1879 de reden aan waarom de Comanches later ook aan de drank gingen. Je moet dan wel weten dat in zijn tijd de Comanches, de Kiowa's, de Apaches, de Cheyennes en de Arapahoes allemaal op reservaten waren ondergebracht vanwege de *Medicine Lodge Treaty* in 1867.

> **Op dit reservaat was het gemakkelijk om whisky te kopen van de slechtsten onder de handelaren, ondanks de oplettendheid van de wachten [...] Als er een hoeveelheid van deze vloeistof het kamp binnen was gebracht leverde dat altijd schermutselingen en gevechten op.**

Toen Lehmanns beschermer, de *chief* Carnoviste, werd gedood door een medicijnman die op zijn beurt door Herman om het leven werd gebracht, moest hij vluchten; na een lange eenzame tijd op de prairie besloot hij zich bij de Comanches aan te sluiten. Dit lijkt op een Aimard-verhaal, maar het zijn blote feiten uit Lehmanns leven. Als Lehman in de buurt van een Comanche-kamp komt hoort hij praten en lachen:

> **In de regel zijn Comanchen mensen die van plezier houden en goed kunnen lachen, terwijl de Apache morose zijn en nooit lachen, behalve dan als er iemand gewond raakt of door een ongeluk wordt getroffen.**

De goede Comanche versus slechte Apache-mythe komt wel degelijk ergens vandaan en wordt door de observatie van een schrijver als Lehmann, die geen enkele literaire pretentie heeft, tegelijkertijd versterkt en ontkracht: na 1870 was er wat drankzucht betreft, geen onderscheid meer tussen beide stammen.

Om nog even in het winterdorp te blijven, ondanks het vergaderen en het voorbereiden voor oorlog gaat het gewone leven door. Het werd tijd dat het Zwarte Hert zich eindelijk het geluk verschafte waarop hij recht meende te hebben. In een gesprek met Edelhart bekent het Zwarte Hert zijn liefde voor de dochter van de Zwarte Vogel.

> **Wanneer de herfst zijne bladeren strooit zal diens dochter veertien zomers tellen. Het Zwarte-Hert bemint de Tong-der-Hinde.**
>
> **Het Zwarte-Hert is zeker van haar liefde want:**
>
> **De jonge maagd glimlacht als zij het opperhoofd met scalps in zijn gordel uit den oorlog ziet terugkeeren; zij beeft wanneer hij vertrekt; zij zadelt in stilte zijn paard en vindt er haar grootste vermaak in om zijne wapens te poetsen.**

Dus dat zit wel goed. Edelhart vraagt wat het Zwarte Hert voor haar over heeft, in aanmerking genomen dat de Zwarte Vogel al rijk is.

"Het Zwarte-Hert zal hem zes merriën schenken die nog nooit het gebit hebben gevoeld, twee erupahs en vier huiden der witte bisonskoe: morgen stelt de moeder van het opperhoofd ze aan mijn broeder ter hand."

"Goed! Wil mijn broeder dan nog dezen nacht zijne beminde tot zich roepen?"

"Het Zwarte-Hert treurt dat hij zoo lang van haar gescheiden is; sinds den dood van zijne geliefde Zingende-Vogel is de calli (hut) van het opperhoofd eenzaam. De Tong-der-Hinde zal hem op nieuw wildbraad gereed maken."

In de volgende scène wordt een ontmoeting gearrangeerd waarbij Tong-der-Hinde zich hijgend in de armen van het Zwarte-Hert stort. Deze wil met haar op zijn paard wegsnellen maar dan worden ze door drie ruiters gevolgd en tegengehouden. Edelhart is hiervan getuige en roept één van de ruiters, Zwarte Vogel, toe dat zijn dochter aan Edelhart's broeder (boezemvriend) toebehoort: 'Mag het Zwarte-Hert mij dan mijne dochter ontrooven?'

Dat mag van Edelhart. Het Zwarte-Hert kan zelfs verwachten hierbij door zijn vrienden te worden verdedigd. Als Edelhart vervolgens met Zwarte Vogel afspreekt dat hij de volgende morgen de koopprijs bij diens *calli* zal komen betalen, stemt Zwarte Vogel daar met een buiging mee in.

Zonderling volkje, die Comanchen, besluit Aimard zijn beschrijving van deze huwelijksplechtigheid:

> Half wild, half beschaafd, achten de hoofden zich verplicht om, ongeveer als wilde dieren, de vrouw hunner keuze met geweld te rooven, in plaats van haar met onderling goedvinden van hare familie te ontvangen.

Wat mij betreft, zoals Aimard het beschrijft, is het geweld meer van rituele aard en is er wel degelijk sprake van een overeenkomst met de familie.

Aimard gaat zich overigens zeer regelmatig te buiten aan beschrijvingen van mooie ongerepte maagden. Hoe het met de Indiaanse maagd afliep nadat ze trouwde, beschijft hij in *De Vrijbuiters*, het boek dat hierboven werd besproken:

> hare gestalte was tenger, maar slank en bevallig, en hare kleeding met de gewone behaagzucht der Indiaansche vrouwen versierd; haar fletsch gelaat nogtans vertoonde slechts enkele vlugtige sporen van eene voor den tijd verwelkte schoonheid en bewees maar al te duidelijk, dat ook zij, als de meeste Indiaansche vrouwen, jammerlijk geleden had onder den zwaren huiselijken arbeid, dien

de mannen geheel op de vrouwen laten nederkomen, en te ver beneden hunne waardigheid beschouwen om er zich mede bezig te houden."

In hoeverre Europese/Franse echtgenoten zich in zijn tijd met huishoudelijke zaken ophielden laat Aimard wijselijk buiten beschouwing. Er is gedronken en getrouwd en daar blijft het ditmaal niet bij. De blanke Scalpeur maakt tijdens zijn verblijf in het winterdorp kennis met Sandoval, hoofd van een bende in Opper-Arkansas. In een Comanche-oord kun je veilig over Apache-schedels onderhandelen. Het gaat hier echter om lieden die vervoerd door luiheid en lichtzinnigheid tot het straffeloos plegen van geweld zijn vervallen: Het zijn de zogenaamde roovers der prairieën, legt Aimard uit: 'Daar heb ik u in een vorig werk al eens over verteld.'

Voor diegenen die dat boek evenwel niet hebben gelezen, legt hij nog eens precies uit om wat voor mannen het wel gaat. In *Across the Prairies*, een reisboek dat Kendall in 1841 publiceerde over een reis die hem niet alleen naar Cholula, maar ook naar Opper-Kansas voer, staat precies hetzelfde te lezen over deze specimen van de blanke beschaving.

Vanwege de premies op scalpen die de regering van Chihuahua had uitgeloofd, vijf dollar per stuk geloof ik, schrijft Kendall, was een zekere kapitein Spybuck, bijgestaan door de Amerikaan Kirker met zijn mannen gaan jagen op Apache-schedels in Texas, dat toen nog Mexico was.

Griffen in *Apaches at War and Peace. The Janos Presidio, 1750-1858*, en Cremony in *Life among the Apaches* zijn auteurs over krek dezelfde materie. De Apache-activiteiten leidden in 1848 tot een nieuwe bestuursmaatregel. Iedereen die een Apache-schedel inleverde, kreeg daar dertig dollar voor. Misschien, oppert Cremony, was die maatregel een bevestiging van een reeds bestaande gang van zaken. Dit betekende dat iedere donkerharige schedel dertig dollar opleverde en dat die prijs eigenlijk op een ieders hoofd stond.

Van ene John Gallantin en zijn bende was het bekend dat hij ook Papago-, Opatah- en Yaqui-schedels inleverde. Aangezien de Apache-aanvallen niet verminderden begon Gallantin's aanvoer indertijd verdenking op te wekken en werd hij uiteindelijk op heterdaad betrapt bij het lichten van enige versvermoorde Mexicanen.

Aimard was deze praktijken al eerder opgevallen en heeft er nogmaals iets over te zeggen:

Alles is hun welkom, zoo er slechts gelegenheid tot plunderen is, maar wat zij inzonderheid beoogen, is het verkrijgen van scalps, of haarschedels, waarvoor de regeering der Vereenigde Staten, die

zich nog wel de patriarchale beschermster der Indianen durft noemen, zich niet schaamt vijftig dollars premie per stuk te betalen [...] De rooverbende van Sandoval was een der talrijkste en best geordende van Opper-Arkansas.

Niet alleen blanken deden hun rode broeders leed aan. Als de Comanches besluiten de Apaches te gaan overvallen merkt Aimard op:

> Wanneer de Indianen eenen gevaarlijken tocht ondernemen, laten zij zich steeds door bekwame verspieders voorafgaan, om het terrein te verkennen, den vijand te ontdekken en het detachement voor iederen overval te bewaren.
>
> Deze verspieders wisselen dagelijks af, en wagen zich, ofschoon steeds te voet, vaak op groote afstanden voor en ter zijde van den troep dien zij moeten bewaken.
>
> De Indiaansche oorlogen gelijken op geenerlei wijze naar de onze, zij bestaan grootendeels uit eene aaneenschakeling van krijgslisten, hinderlagen en overrompelingen; de Roodhuiden zullen niet dan in dringende omstandigheden tot een geregelden en open strijd besluiten; aanvallen of weerstand bieden zonder zeker te zijn van eene volkomen overwinning, beschouwen zij als eene dwaasheid.
>
> De oorlog is voor hen meestal niets anders dan eene gelegenheid om buit te maken, zij zien dus geen schande in eene overhaaste vlucht wanneer zij bemerken dat standhouden niets dan harde slagen zal geven, onverminderd de hoop om zoodra de gelegenheid zich daartoe voordoet eene schitterende wraak te nemen.

Wie waagt wint niet altijd. In dit geval keert een wat teneergeslagen groep Comanche-krijgers terug naar het dorp. Er blijken er tien gevallen, 'als dapperen met hun aangezicht naar den vijand gekeerd.' De 'toovenaar' vraagt waar de ontbrekende krijgslieden zijn en of ze beweend zijn. De aanvoerder beaamt dat, maar dan fronst de priester (eerder was er sprake van een toovenaar) de wenkbrauwen:

> Dapperen worden alleen door bloedige tranen beweend.
>
> Het Zwarte Hert deed een stap achteruit om plaats te maken voor de weduwen, die onbeweeglijk en bedrukt achter hem stonden.
>
> Deze traden thans voor.
>
> Zoo onze vader het ons veroorlooft," zeiden zij, "zijn wij bereid onze mannen naar verdienste te beweenen."
>
> [...] Nu had er een tooneel plaats dat alleen de Indiaansche ongevoeligheid zonder afgrijzen kon aanzien: de ongelukkige vrouwen namen elke een mes en sneden zich zonder aarzelen van eenige vingers de toppen af; hiermede niet voldaan begonnen zij zich

het aangezicht, de borst en de armen te kerven, zoodat het bloed haar weldra overal van het lijf liep. De toovermeester moedige haar daarbij gedurig aan, haar vermannende om door sterke proeven te toonen hoe lief zij hare mannen hadden en hoezeer zij haar verlies betreurden. Endelijk bereikte hare opgewondenheid zulk eene razende hoogte, dat, zoo de toovermeester zelf niet tussenbeide ware gekomen, zij zich ongetwijfeld dood zouden hebben gemarteld.

Daarna waren de gevangenen aan de beurt. Over hen:

> Wij zullen hier niet verder dan noodig is uitweiden over de vreeselijke folteringen die den ongelukkigen gevangenen door hunne onverzoenlijke vijanden werden aangedaan. Het is geenszins ons doel om op barbaarsche gruwelen jacht te maken, en zulke afschuwelijke tooneelen als wij vaak met eigen oogen hebben aanschouwd, maar even ergelijk om de beschrijven als om aan te zien; maar wij stellen vooral prijs op ons karakter als waarheidlievende geschiedschrijvers. Wij hebben ons eenmaal voorgenomen om de zeden te doen kennen dezer schier onbekende natiën, die helaas gedoemd schijnen in eene niet zeer verwijderde toekomst reeds van het aardsche tooneel te verdwijnen; in deze taak mogen wij dus niet te kort schieten, en om den lezer in staat te stellen de duivelsche wreedheid der Indianen juist te beoordeelen, zullen wij zoo beknopt mogelijk de strafoefening beschrijven op een der gevangenen, een beroemd apachenhoofd, toegepast.

Inmiddels zuchten de Texanen nog steeds onder het Mexicaanse juk en verzamelen ze zich nog eens. Melendez, aanvoerder van het Mexicaanse leger, hoort van Davis, de voormalige slavenhandelaar, dat het fort te Galveston is gevallen en dat de *Libertad* zich in Amerikaanse handen bevindt. Sante Anna komt eraan; de slag, liever gezegd de slagvoering om Texas wordt vrij nauwkeurig beschreven, compleet met de cijfers van de verliezen aan manschappen en de strijdkreet die een en ander opleverde: *Remember the Alamo!*

Op 22 april [1836] valt het doek voor Mexicaans Texas. In *Edelhart* vindt John Davis vindt legeraanvoerder Santa Anna verscholen in het struikgewas, denkt dat deze een spion is en wil hem neerschieten. In het nauw gedreven schreeuwt de gevangene:

> "Laat af, ik ben don Antonio Lopez de Santa-Anna, president van de Mexicaansche repuliek." [...] "Zijt gij dan verslagen?" "Helaas ja, mijn leger is ontbonden en vernietigd; uw generaal is niet voor alledaagsche zaken in de wieg gelegd; hij kan zich beroemen den Napoleon van het Westen te hebben overwonnen."

Historicus Aimard kan het niet laten hieraan toe te voegen: 'Voetnoot 1) Dit gezegde is letterlijk uit den mond van Santa-Anna; alleen heeft hij het aan den generaal Houston gezegd.'

In Marquis' *Sam Houston* staat het een beetje anders. Diens mannen rukten op en Santa Anna vluchtte zijn tent uit. Boze tongen beweerden dat hij zich daarin met Emily Morgan, een half-Afrikaanse schone, had opgehouden hetgeen ene Charles Brown ooit inspireerde tot het componeren van *The Yellow Rose of Texas*.

Volgens Marquis vluchtte Santa Anna, ontdeed hij zich onderweg van zijn legerkleren, vond in een verlaten huis een blauw katoenen jack, een linnen broek en rode slippers en werd hij aldus uitgedost gevonden. Santa Anna zei eerst dat hij een gewone soldaat was, maar daarvoor had hij te mooie handen. Daarna gaf hij zich uit voor het hulpje van Santa Anna. Degene die hem gevangen nam, bracht hem vervolgens naar het legerkamp waar andere gevangen Mexicanen hem aanriepen met: *El Presidente!* waarop Sante Anna weinig anders overbleef dan zich aan Houston voor te stellen. Er is nog een andere versie.

Volgens O. L. Jones in *Santa Anna* zou Santa Anna bij aankomst in het kamp eerst naar Houston, wiens voet zojuist boven de enkel was afgeschoten, hebben gevraagd en hem een brief hebben laten zien. Pas daarna zou hij door zijn mede-Mexicanen met *El Presidente!* toegejuicht zijn.

Het verslag in Sante Anna's eigen biografie stelt het nog anders voor. Hij zou, in slaap onder de schaduw van een eik, door Houstons mannen zijn verrast. Waarna hij uitwijdt over de vlucht van één zijner officieren.

Callcot in *Santa Anna* heeft het weer anders: er werd alarm gegeven, Santa Anna vluchtte zijn tent uit, zwierf een nacht rond, vond de bovenbeschreven kleren en werd gevonden terwijl hij zich onder een deken probeerde te verstoppen. Eenmaal gepakt vroeg hij naar Generaal Houston. De rest van het verhaal komt overeen met Houstons versie. Al met al roepen voetnoten als '1) Dit is historisch,' de vraag op: wiens historie?

Aan het einde van *Edelhart*, we zijn terug bij Aimard, komt de ontknoping. Door een misverstand schiet de Jaguar de blanke Scalpeur dood. Nog net op tijd hoort hij, de Jaguar, dat hij de zoon is van de Scalpeur en dat Carmela, die de Jaguar zo innig beminde, diens dochter was. De Jaguar beminde zijn eigen zuster! Carmela trouwt uiteindelijk met Melendez die het krijgsbedrijf opgeeft: Texas was nu toch verloren voor Mexico.

Aimard schrijft het genoegen gehad te hebben Carmela een jaar na haar huwelijk ontmoet te hebben. De Jaguar verdween uit beeld: niet zo heel lang later verloor hij zijn leven in een treffen met Apachen. •

Serie 3
Lillende harten

De Bijenjagers 107
Steenhart 110
Steenen Hart 112

De Bijenjagers

Eene Ontmoeting In De Far-West

Na de ontdekking der rijke placers [goudvelden] in Californië en bij de Frazer rivier is in Noord-Amerika een tijdperk ontstaan van zulk een krachtdadige ontwikkeling en heft de beschaving daar zulke reuzenschreden gemaakt, dat er voor dichters en dweepers met grootsche natuurtooneelen, slechts ééne streek is overgebleven, die thans nog als bijna onbekend kan worden geacht, en waar zij kunnnen genieten van den prachtig verheven aanblik der zoo geheimzinnige Amerikaansche savannen [...] Die streek, waar de rustelooze bijlslagen der squatters nog niet hebben weerklonken, is de Far-West, of letterlijk het Verre Westen.

Het is 27 juli 1858. Aan de oever van een zijtak van de Rio Grande del Norte schiet ruiter Zapote op een andere ruiter met de bedoeling zich via diens hoofdhaar met twintig dollar te verrijken. Het slachtoffer overleeft, weet zijn scalp te behouden en berispt zijn aanvaller scherp. Zapote, een huurdoder, hij noemt zichzelf geen moordenaar, laat zijn slachtoffer diens weg hernemen.

De volgende ontmoeting is met een gezelschap dat bestaat uit een wanhopige vader, Don Pedro de Luna, wiens dochter zojuist door een slang gebeten en stervende is. De ervaren woudloper, Tijgerkat, de ruiter die zojuist zijn eigen hoofdhaar heeft weten te redden, redt nu de dochter. Hij neemt het gezelschap mee naar zijn hoofdkwartier, een *teocalli*, een met aarde bedekt, groenbegroeid verlaten Aztekenkwartier.

Meer over de vader; Pedro de Luna is een schatrijke bezitter van een *hacienda* en zijn mooie dochter heet Hermosa. Ze is net vijftien geworden, loopt met een onbeschrijflijk golvende gang vol *salero*, maar evengoed heeft haar vader een groot aantal rimpels op zijn voorhoofd. De *hacienda* gaat nog al eens gebukt onder Indianenaanvallen en er speelt nog iets anders. Hoewel Hermosa altijd goed voor de gewonden die achterblijven zorgt en de aanvallen afnemen, blijft het toch een hinderlijke situatie.

Steenhart, de zoon van Tijgerkat, maakt zijn verschijning in de *teocalli* en begeleidt vader en dochter op hun verdere tocht. Onderweg bloeit er iets moois tussen Steenhart en Hermosa. Een aanval door de Apaches weet Steenhart af te weren. Het ziet er allemaal goed uit, totdat Hermosa van een bediende van haar vader hoort wat Steenhart eigenlijk is: een bijenjager.[33]

> "Dat is toch een onschuldig bedrijf," lacht Hermosa. "Ja, de naam klinkt wel zacht, en op het bedrijf als zoodanig is niets aan te merken, maar de bijen zijn de uiterste voorposten der beschaving en hoe verder de blanken in Amerika doordringen, des te sneller trekken die diertjes zich terug naar de prairiën, en zoeken zij eene schuilplaats,"

aldus de bediende. Een bijenverhaal kwam al eerder voor in Aimards werk, maar ditmaal voegt hij eraan toe dat die bijenjagers, halve wilden als ze zijn, waar ze ook maar langs trekken: "een bloedig spoor achterlaten, een weg bezaaid met gewonden en dooden, die neer zijn geschoten onder de onbeduidendste voorwendsels."

Bij monde van bediende Estevan raast Aimard nog even door over deze voorposten van de beschaving. Men moddert verder richting west totdat Aimard van het pad afwijkt om aan de hand van Ulrich Schmidels *Wahrhafftige Historien einer Wunderbaren Schiffart* verslag uit te brengen over de stichting van de stad Buenos Aires.

---

33. *En met zijn krommen rug sneller kon ijlen*
Langs de letters - door snelheid onkwetsbaar -
Dan bijenjagers in het gonsgevaar
Van wilde bijen, koorts, of gift'ge pijlen?
Vestdijks *De Indiaan*, vers twee.

In 1515 werd de Rio de la Plata ontdekt door don Juan Diaz de Solis. Twintig jaar later werd Pedro de Mendoza door Keizer Karel V benoemd tot Adelantado, Gouverneur-Generaal van alle landen die tussen benoemde rivier en de straat van Maggelaan liggen. Op de rechteroever van de rivier stichtte don Pedro de Mendoza Buenos-Ayres.

Na dit uitstapje in de tijd schieten we door naar 1839, naar de inleiding van het verhaal waar het uiteindelijk omgaat hetwelk zich in 1858 afspeelt. Argentinië zucht onder het gruwzame bewind van Rosas. Ergens achter gesloten deuren zit don Gusman tegen deze dictator samen te zweren. Hij krijgt bezoek van don Bernardo Pedrosa die opdracht heeft hem te arresteren. Gusman weet op tijd weg te komen.

Meer over het leven in Argentinië waar de bevolking in angst leeft voor de leden van de vereniging *Mas Horcas* (vertaling: nog meer galgen) die Rosas inzet om zijn beleid door te voeren. Aimard zoemt dan in op een avond waar politieke voor- en tegenstanders elkaar op de dansvloer ontmoetten. In *Vestdijk en het Kinderboek* nam Hans Visser Vestdijks gedicht *De Indiaan* op die aan deze scene refereert:

> **Don Torribio bond Pablo's hoofd vast aan de tressen van de in zwijm gevallen Clarita, en scheidde het met één sabelhouw van de romp [...] Op dit tijdstip trad de korporaal de zaal binnen. Het was ontzettend, wat hij daar voor zich zag; de vloer was letterlijk bedekt met lijken, stervenden of gewonden, allen drijvende in een zee van bloed doch nog afschuwelijker aanblik trof hem, toen zijn oog viel op don Torribio, zoodat hij een kreet van afgrijzen niet kon onderdrukken. Die gruwzame luitenant toch was er juist mee klaar gekomen aan de lange tressen van de in zwijm gevallen Clarita het hoofd van don Pablo vast te binden, dat hij door een houw met zijn sabel van den romp had gescheiden.**

Of dat allemaal nog niet genoeg is, raakt de broer van Gusman verliefd op diens vrouw en valt de ongelukkige Gusman uiteindelijk toch nog in handen van don Bernardo Pedrosa. Vervolgens blijkt Estevan, één van de bedienden de zoon te zijn van Gusmans luitenant. Luco, een vertrouweling van Gusman, wendt voor dat hij Rosist is, wordt zodoende Gusmans cipier en ziet kans er voor diens terechtstelling met zijn gevangene vandoor te gaan. Gusman trekt daarna voorgoed naar Mexico, waar we hem in 1858 aan het begin van dit boek onder de naam de Luna tegenkwamen, samen met zijn zo ongelukkig door een slang in haar been gebeten mooie dochter Hermosa.

Steenhart

De sympathie is een gevoel dat zich omschrijven noch ontleden laat; het ontstaat en men moet er zich aan onderwerpen. Op het eerste gezicht gevoelt men zich door iemand aangetrokken of afgestooten, waarom?

Een lange beschouwing volgt, met de conclusie dat ingevingen de juiste richtsnoeren van handelen vormen. Bovengenoemde conclusie gold ook voor don Estevan en Steenhart. Ze waren elkaar tegengekomen onder omstandigheden die te denken gaven: Steenhart is bijenjager en kijk eens wie zijn vader is. Toch sloten ze direct vriendschap met elkaar. Wel doemen er weer stofwolken aan de hemel op.

De Apache-aanvallen op de *hacienda* van Pedro de Luna waren afgenomen, maar dat wekte alleen maar de haat op van Tijgerkat, zodat de familie nu meer van hèm te duchten krijgt. Don Estevan en Steenhart trekken verder. Aimards lezers stuiten dan op een zekere don Torribio die van haat voor Fernando/Steenhart vanwege diens gevoelens voor Hermosa met verwrongen trekken door het bos vliedt, eigenlijk op zoek naar Hermosa. Maar dan wordt hij opeens door een kudde panters aangevallen.

De woudlopers Perado en Pablito redden hem en brengen hem naar de *hacienda* van de Luna. Ooit waren Torribio en Hermosa door hun ouders voor elkaar bestemd, maar Hermosa kan de gedachte aan haar redder, bijenjager Fernando/Steenhart, niet van zich afzetten

Fernando wordt gemakshalve ontvoerd. De Apaches vallen, onder aanvoering van Tijgerkat, het presidium San Lucar aan. Voordat het zover is wordt een offer geplengd. Het lillende hart van een gevangen *lancero* wordt uit diens lijf gehaald. Daar zulke handelingen als onbeschaafd, als onhumaan handelen van een stelletje wilden kunnen overkomen, biedt Aimard meestal zijn excuses aan als hij dit soort scènes beschrijft.

Het is de vraag of dat echt nodig is. In *Paris in the Terror* beschrijft Loomis eenzelfde soort gedrag. Vlak voor de Franse revolutie uitbreekt haalt een zekere Belzunce, tweede commandant van het Bourbongarnizoen te Caens, zich het ongenoegen van het plaatselijke canaille op de hals. Hij probeert dan gauw zelf een einde aan zijn leven te maken, maar:

> de wacht sloeg hem neer en binnen een oogwenk was het volk hem aangevlogen. Hij werd doodgeknuppeld en zijn lichaam werd aan stukjes gescheurd. Iemand haalde zijn borst open met een schaar en trok er het hart, dat nog sloeg, uit.

Terug naar de 'nobele wilden.' Na dat het hart van de *lancero* werd geplengd, werd het dorpje San Lucar aangevallen:

> Het vee is de stad binnengebracht, de straten zijn gebarricadeerd, de kanonnen opgesteld, vrouwen en kinderen binnen het fort gehuisvest en dan gaat het waaien en het wordt aardedonker. De Indianen hadden op de prairie een flink vuur ontstoken, de weergoden waren mèt hen en een van hun trucs, de vijand ieder zicht te ontnemen, werkte weer eens.
>
> De strijd ontaardde in een verschrikkelijke puinhoop hetgeen uiteindelijk leidde tot een onderhoud met de gouverneur. De Apaches waren van mening dat de blanken geen recht hadden zich op hun rode aarde te vestigen. Volgens de gouverneur werd het gebied rechtmatig gekocht. De Indianen besloten de blanken het betaalde terug te geven, als ze dan maar zouden weggaan, maar de blanken bleven.
>
> Wat vervolgens volgens plan van Estevan gebeurde: er werden tweehonderdvijftig tarwebroden, met rattenkruid door het deeg, gebakken en met tachtig vaten brandewijn gemengd met vitriool achtergelaten. Estevan deed alsof het om een voedseltransport ging, liet zich gewillig overvallen en wist te vluchten. De Indianen sleepten hun buit het kamp in.
>
> Tengevolge van dit vernuftige plan van den mayordomo stierven meer dan twee duizend Indianen, gefolterd door de gruwelijkste pijnen.[1]
>
> 1) Historisch. Een dergelijk feit heeft plaats gegrepen bij Carmen in Patagonië na een aanval van de Pampas-Indianen. G. Aimard

Aan het eind van alle gebeurtenissen blijkt Tijgerkat, met wie het slecht afloopt, Leoncio de Ribeira te zijn, de broer van Don Pedro. Fernando is niet de zoon van Tijgerkat maar van Pedro en Manuela de min, vandaar Estevans sympathie voor hem. Het plezier dat de slechte Tijgerkat heeft over de ontluikende liefde tussen Hermosa en Fernando, broer en zus dus, wordt de trouwe hulp Luciano teveel. Hij stoot een mes tot aan het heft in de keel van de slechte oom. Een stroom bloed verhindert oom om nog wat verwensingen te slaken; kronkelend als een slang sterft hij.

Hieronder volgt bespreking van een populaire uitgave van hetzelfde boek, *Steenhart*.

Steenen Hart

(Nr: 8. Vrij naverteld door Wouter-Frans. Pro Patria, Antwerpen)

Sinds de ontdekking van de rijke goudvelden van Californië, en van deze gelegen langs de Frazerrivier, kent Noordelijk Amerika een zoodanige beschaving, dat een natuurbewonderaar het Verre Westen opzoeken moet, om nog van natuurmooi te kunnen genieten. In het jaar 1558 waren de Indianen er nog heer en meester [...].

'Vrij naverteld' kan als een understatement worden opgevat. Wouter-Frans neemt niet de moeite het verhaal naar 1839 of 1859 te verplaatsen. De inleiding lijkt op een samenvatting van alle inleidingen van alle Aimard-boeken. Telt de Nederlandse uitgave 187 bladzijden, deze Vlaamse achtenvijftig.

Wordt er aan het eind van de Nederlandse uitgave een mes in de strot van Tijgerkat gestoken die dat niet overleeft, in de Vlaamse versie raakt de Tijgerkat gevangen en snijdt hij zich zijn polsen door. Een de Luna laat zich niet ophangen!

Achterin dit boekje staat nog een kort verhaal, 'In de Amerikaansche Wildernis'. Het begint zo:

Gedurende enige jaren was ik in dienst van de Hudson's Baai-Compagnie, en 't gebeurde, dat ik te Hemlock Bend, het bestuur kreeg over een aanzienlijke factorij.

??? Dit verhaaltje gaat over een kanotocht die in de soep loopt vanwege een brand hetgeen een aantal van 'mijn Indianen' het leven kost. Het zou me verbazen als dit verhaaltje inderdaad door Aimard zelf werd geschreven. De stijl, de ik-vorm? Aimard 'ikt' geregeld, maar dat doet hij uitsluitend als alwetende verteller, geschiedschrijver, politicoloog, filosoof of reddingsanthropoloog. Nooit als iemand die zelf op zijn knieën zakt en een gebed prevelt of het over 'mijn Indianen' heeft. Wie dit verhaal dan wel schreef? De archiviste van de Hudson's Bay Company te Winnipeg, Canada, keerde op mijn verzoek haar archief ondersteboven, ze kamde Hemlock Bend en naburige factorijen uit, maar dat leverde geen antwoord op de vraag wie de auteur van dat verhaaltje geweest zou kunnen zijn. •

Serie 4
Koninkrijk op de grens van feit en fictie

De Zonen van de Schildpad 115
De Araucaniër 121

De Zonen van de Schildpad

De tijd ligt reeds verre achter ons, toen de monniken der abdij Saint-Maur-les-Fossez, bij Parijs, zich van een uitstapje naar Bourgogne wisten af te maken, "omdat de reis zoo lang zou duren en de gevaren onderweg zoo groot waren."

De stoom, dat rustelooze monster, dat de bergen doorboort, de dalen aanvult en de rivieren overvliegt vernietigt het begrip van afstand, brengt de verst van elkaêr verwijderde landen, om zoo te spreken, tot één en verbindt ze door de tallooze netten van spoorwegen en door de raderen van stoombooten.

Aimard ziet het helemaal zitten; aan stoom hebben wij de verbazende vooruitgang van de wederzijdsche betrekkingen der volken te danken. Stoom en/of het lezen van Aimard, inspireerde ook Slauerhoff maar die lijkt in een gedicht meer heil te zien in het ontwijken van al die snelle contacten:[34]

Nu het toch nog maar zo weinig tijd kost neemt Aimard zijn lezers dan ook met gewinde spoed mee naar Valparaiso:

---

34. *Lof der Stoomvaart*
Voorgoed is 't zacht, sierlijk gebogen hout
geweken voor het harde en stijve staal'
zeilschepen zijn nu schimmen uit een oud
En vaak gedaan, nu gansch vergaan verhaal;
Stoommonsters stevenen op alle zeeën
Geschuwd door de enkle zwartverweerde brik
Te varen naar het eiland van geluk
Die alleen overbleef om eens ons tweeën

niet ten onregte "de vallei van het paradijs" geheeten, de groote stapelplaats der wereld. 't Is een bekoorlijke, vriendelijke, aardige stad, die zich, als een wulpsche Indiaansche, zachtkens aan den boezem eener heerlijke baai heeft neergevlijd op de helling van een drietal bergen, die hunne voeten in de hemelsblauwe golven der Stille Zee baden en hunne hooge en heldere kruin verbergen in de met storm bezwangerde wolken, die de toppen der Cordilleras ontvluchten om ze als met een stralenkrans en een prachtige diadeem te omgeven.

Het is 1833. De smokkelaar Crével zit met wat maten onder het ongenoegen van een lege fles aguardiente de Pisco zijn louche zaken te bespreken. Voor hun neus steigert een paard en zo te zien raakt daardoor een non in nood. Léon laat de lege fles in de steek en redt een hulpeloze religieuse.

> Voordat iemand den moed had om naar haar toe te gaan, nam hij haar op den arm en lichtte den sluijer, die haar gelaat bedekte, op.
> Het arme meisje had geen weerstand kunnen bieden aan de hevige ontroering, die zich van haar meester gemaakt had, hare oogen waren gesloten en een doodelijke bleekheid bedekte haar gelaat.

Nadat deze gebeurtenis van alle kanten onder de loep genomen en doorgelicht te hebben, landt Aimard zijn lezers in het klooster *de la Purissima Concepcion*, waar twee zusjes zuchtend hun lot bespreken. De een is Ines, dochter van generaal Soto-Mayor. Zij zal met kolonel Pedro Sallazar in het huwelijk treden. De ander is haar zojuist geredde zusje, de non Maria, die na dat huwelijk voorgoed de sluier zal aannemen. Tijd voor Aimard om stil te staan bij de godsdienst te Chili:

> Wat men er ook dikwijls tegen ingebragt moge hebben, wij blijven volhouden dat eene godsdienst onwillekeurig den invloed ondervindt der landen, waarin zij beleden wordt [...] zoo loopen toch de godsdienstvormen in het oneindige uiteen en doen haar van voorkomen veranderen naar mate zij doordringt in streken, waarvan het klimaat verschillend is.

Aimard, van huis uit maatje op een haringschuit, mijmert verder:

> Mystiek in het koude natte Duitsland, mythen die misdaden en hartstogten vergoeilijken in Griekenland en in Chili, waar de zon haar vriendelijk gelaat slechts zelden verbergt [...] lost de godsdienst zich bijna geheel in liefde op, de menschen die het bewonen, wier bloed onstuimig door hunne aderen bruist, bekommeren zich volstrekt niet over godgeleerde twistpunten: zij hebben God, de Heilige Maagd en de heiligen lief met de aanbidding, de

zelfverloochening en de hartstochtelijkheid, welke zich in al hunne handelingen openbaren.

Maria zucht en steunt als ze denkt aan de sluier die ze zal gaan aannemen omdat het edele gelaat van haar redder haar doet denken aan een hele andere sluier. Ze zucht nog eens. Ze had haar voorlopige noviciaatssluier niet moeten laten oplichten, maar ja, ze was bewusteloos, anders was het haar niet gebeurd.

Even tussendoor: ongeveer hetzelfde gebeurt een van de jongere vrouwen in het eerste hoofdstuk van Coopers *The Last of the Mohicans*. Één van de Indianen die de caravan begeleidde rijdt onverwachts voorbij. Daardoor waaide de sluier van een van de dames een beetje open waardoor ze een blik kon werpen op de soepele bewegingen van een voorbijrijdende Indiaan. Nadat ze de sluier weer om zich heen had gewikkeld was, bleef ze met haar gedachten elders, niet meer bij de dingen om haar heen. Afgeleid, net als Maria.

Leon, eigenaar van het edele gelaat waarop de aanstaande non Maria heel even een blik op had kunnen werpen, is al even aangedaan en stuurt iemand uit om Maria te zoeken. Ze is inmiddels op weg naar haar vader. Leon erachteraan! Hij haalt het gezelschap in, hoort over de aanstaande sluieraanname maar ook over plannen voor een ophande zijnde Indianenopstand. Men is niet te spreken over de verhouding met de blanke overheersers: niet over al het land dat ze hen afnamen, niet over de hoge jaarlijkse belastingen noch over het opdringen van andermans godsdienst. Overleg tussen een delegatie Indianen en de president lost niets op. De Indianen verlaten het paleis met achterlating van een bundel pijlen wat voor hen gelijk staat aan het afleggen van een oorlogsverklaring.

De verenigde Indiaanse opstandelingen hebben als leider iemand, Diëgo, die af en toe ook als blanke door het leven gaat. Leon had hem een paar jaar eerder in Buenos Aires ontmoet en overgehaald om met hem mee naar Chili te trekken. Het blijkt dat Diëgo een Moluchos is, afstammeling van Tahi-Mari, zoon van een Araucaans heerser, die onder de naam Diëgo twintig jaar in het huishouden van de toenmalige overheerser Valdivia woonde.

Over de romantiek ten tijde van deze zestiende eeuwse illustere voorvader vertelt Aimard, bij monde van de negentiende eeuwse Tahi-Mari/Diëgo, dat de Spanjaarden indertijd de zonnetempel in brand hadden gezet. Tahi-Mari kwam toen op de vuurgloed aanvliegen om zijn dochter te redden, rende erin en riep zijn dochter. Een halfnaakt meisje met verwarde haren en akelig verwrongen trekken kwam uit de vlammen te voorschijn, maar voordat ze zich in de armen van haar vader kon laten vallen, stootte de prachtig uitgedoste Spanjaard, de Soto Mayor, haar een zwaard in de borst. Vader Tahi-Mari vluchtte daarop met zijn zonen en werd later door de Araucaniërs terug in de stam opgenomen. Diezelfde officier stak bij een latere gelegenheid ook Tahi-Mari dood.

In werkelijkheid arriveerde de Soto-mayor rond 1583 te Santiago dat in 1541 werd gesticht door Valdivia, afgezant van Peru's heerser Pizarro. De Soto's wreedheden worden beschreven in Scott Elliot's *Chile*. In ditzelfde boek staat dat de geschiedenis van (Aimards) Tahi-Mari is ontleend aan die van Lautaro, een Araucaniër, die twee jaar in het huishouden van Valdivia was opgenomen, en die zich uiteindelijk op zijn 18e jaar tegen hem keerde. Dat was rond 1553.

Het meest volledige verhaal over Lautaro staat in *The Araucanians*, dat werd geschreven door Smith, die in 1853 aan een Amerikaanse astronomische expeditie deelnam.[35] Lautaro, in *The Araucanians*, sterft wel ongeveer zoals Aimard de dood van Tahi-Mari schildert:

> [Lautaro] rende naar voren terwijl een pijl van een van de Purumaancians wiens grondgebied hij zo meedogenloos had verwoest zijn hart doorboorde en hij viel stervend ter aarde.

Leon, zoals we zagen, zit achter de non Maria aan terwijl Diëgo een stamhoofdenvergadering bijwoont. Bij die gelegenheid houdt de hogepriester, *dé sajotkatta*, een lang verhaal over de eerste mens.

> In het begin der eeuwen, toen Guatesju alleen nog maar regeerde over den chaos der werelden bestonden er slechts zes mannen die, ten spel der winden op de wolken des hemels welke hen boven het mateloos luchtruim deden zweven, voortgedreven werden. Deze mannen hielden een raadsvergadering omdat ze wisten dat hun ras vervloekt, dus in gevaar, was. De oplossing werd gevonden door een van hen naar den Eskennane, het paradijs, te sturen en daar een Ateëntsiek, een vrouw, te vinden. Die vrouw moest er voor zorgen dat het ras niet uit zou sterven.
>
> Hoguaho, de schoonste en blankste van allen werd uitgekozen om Ateëntsiek te gaan schaken. Vogels hielpen hem naar het paradijs hoog in de lucht te geraken. Daar aangekomen ontmoette hij de vrouw en nodigde hij haar uit wat berenvet met hem te eten. Haar vader ontdekte dat en wierp de geliefden in het luchtruim. Een schildpad zag hen alsmaar rondwentelen en plaatste zich onder hen. Alle otters, kaaimannen en vissen haalden klei en kleefden dat rond de schaal van de schildpad, zodat er een eiland ontstond waarop de geliefden verder konden leven.
>
> "Dus," vervolgde de sajotkatta zijn verhaal, "moet gij, zonen van Hoguaho, den eersten mensch, Sjemijien aanbidden en vereeren,

---

35. Vgl. Neruda's *Canto General* bl. 135-143 en 738.

> want hij is de ziel der wereld en het middelpunt van het heelal, dat zijne schaal alleen schraagt en in het luchtruim doet zweven."

Na door dit verhaal en nog een ceremonie spiritueel te zijn gesterkt, trekken de Indiaanse luisteraars ten strijde. Deze spirituele opkikker was voor de nog levende gevangene van korte duur. Bij hem werden lever, hart en longen nog onceremoniëel uitgesneden. 'Één van die verschrikkelijke drama's die je in de negentiende eeuw niet meer verwacht, maar die in verafgelegen streken toch nog in zwang zijn,' aldus Aimard, toevoegend hier zelf geen getuige van te zijn geweest.

De Zonen van de Schildpad staat boordevol theologie. Aimard wijst lezers en lezeressen op de Chileense stad Garakoewaïti wier nauwe straten uitlopen op het Plein der Zon, Ikareep-Antoe. Op de hoeken van dat plein zijn de tempel Sjemijien-Sona, het paleis van het opperhoofd de Ulmen-Faree, en ook de 'beroemde Jeoewinnon-Faree of het paleis der maagden,' te vinden. Dat is het paleis waar de Maagden der Zon leven en sterven. Tot slot is er het paleis der booze geesten, de Hoedaskoe-Faree, dat tot verblijfplaats dient van de sajotkatta en de piajes.

Aimard vergelijkt de positie van de Zonnemaagden met die van Europese kloosterlingen. En, de priesters daar, die mogen trouwen, gaan een noviatiaat van tien jaar door.

> **Tot dien tijd kunnen zij op hun besluit terugkomen en eene andere loopbaan kiezen, maar dit is een geval, dat uiterst zeldzaam voorkomt. Geen wonder, want als zij van die vergunning gebruik maakten, zouden zij er zeker van kunnen zijn, dat zij door de priesters vermoord zouden worden, uit vrees, dat hunne geheimen voor het algemeen zouden ontsluijerd worden.**

Tijdens een van hun tochten worden de gezusters Ines en Maria geschaakt. Terwijl Leon en ander manvolk zich ongans zoeken, kunnen Aimards lezers zich verbijten over de wellustige blikken die het opperhoofd Tiharoguwo op de dames Ines en Maria werpt.

> **Hij vond ze beiden zoo mooi, dat hij zich niet kon verzadigen, haar met den razenden hartstogt gade te slaan, die zich van de Indianen meester maakt, als zij Spaansche vrouwen zien, welke zij oneindig ver boven die van hun eigen stam stellen.**
>
> **Terwijl wij deze eigenaardigheid aan den lezer doen opmerken […].**

Om kort te gaan, volgens Aimard is die wellust te verklaren en verklaart deze ook dat menig Spanjaard enige droppels Indiaans bloed door d'adren heeft stromen. Er is ook nog een andere zijde aan het verhaal. De Spanjaarden arriveerden als vrijgezelle bootslieden. Dat droeg er onder andere toe bij dat ze daar vanaf de tijd van Columbus met plaatselijke schonen verkeerden, gemengd zwommen en sliepen en dergelijke.

Hoe anders, zegt Aimard, ging dat in het noorden van het Amerikaanse continent: 'Laat ons nu eens zien, hoe de Engelschen zich in Noord-Amerika gedragen hebben:'

> **In het gevolg van William Penn stapten de Engelsen aan wal, kochten grondbezittingen op en dreven in der minne handel met de Indianen.**
>
> **Het is hun op deze wijze gelukt, zich onder den valschen schijn van een volkomen vertrouwen en eene volkomene eerlijkheid langzamerhand uit te breiden, maar zonder de menschen, die zij uitzogen, ooit als hunne natuurgenooten te willen beschouwen en hun aangeboren hoogmoed zozeer te vergeten, dat zij hun bloed met dat der Indianen zouden vermengen.**
>
> **Veeleer hebben de Engelschen, gedreven door dien philanthropische geest, welke hen kenmerkt en waarover wij vroeger reeds gelegenheid gehad hebben te spreken, te menschelijk om de lieden, wier rijkdommen zij benijdden, met een kogel te dooden, het veel eenvoudiger gevonden, hen bekend te maken met al de ondeugden van het oude Europa, vooral met die der dronkenschap, welke hen verstompt en verlaagt.**

terwijl de Spanjaarden,

> die Zuid-Amerika te vuur en te zwaard hebben veroverd, die dit ongelukkige land tot hun eigendom gemaakt hebben te midden van den gloed der vlammen en van de wanhopige kreten der ongelukkige inboorlingen, die zij onder het verduren der vreeselijkste folteringen deden sterven, - de "Spanjaarden (zeggen wij) hebben zich eindelijk langzamerhand en onwillekeurig vermengd met de oorspronkelijke bewoners des land [...] Verder zijn zij, steeds langs de helling, waarop zij zich geplaatst hadden, voortglijdende, er toe gekomen, den staatkundigen invloed te erkennen der verschillende volken, die zij overwonnen hebben, maar die zij in waarde houden, omdat zij handel met hen drijven.

De Zonen van de Schildpad eindigt met een enorme oorlog, waarbij Tahi-Mari werd doodgeschoten, het verbond van de twaalf volkstammen werd verbroken, veertigduizend Indianen een goed heenkomen zochten in de bergen en Ines krankzinnig stierf. Maria en Leon trouwden en de smokkelaar Crével, die het ging vervelen almaar de politie op zijn hielen te hebben, keerde terug naar Frankrijk. De lezer vraagt zich af of hij daar Aimard ontmoette en hem zijn avonturen vertelde?

Of was het de hoofdfiguur van het volgende boek die dat deed en was dat dezelfde persoon als Crével?

De Araucaniër

Patagonië is thans nog even weinig bekend als toen het ontdekt werd door Juan Diaz de Solis en Vincente Yanez Pinzon die er in 1508 landden, zestien jaren na de ontdekking van de Nieuwe Wereld [...] De vermaarde Magalaës (Magellan) en diens geschiedschrijver, de ridder Pigafetta, die in 1520 deze kusten aandeden, waren de eersten die het sprookje in de wereld brachten van Patagonische reuzen, zóó groot dat een Europeaan niet verder reikte dan hun gordel.

Al met al was het gevolg, besluit Aimard deze historische inleiding, dat de bewoners van dat land Patagoniërs werden genoemd hetgeen 'grote voeten' betekent.[36] Na de geologische gesteldheid, flora en fauna van het gebied te hebben doorgespit neemt Aimard zijn lezers mee naar een zekere avond in november, een maand die door de Aucas-Indianen *kekil-kijen*, snoeimaand, wordt genoemd. Geen jaartal ditmaal.

Een onbekende van Spaanse afkomst, getuige de olijfkleurige huid en de zwarte haardos, komt vier broers tegen: Quinto, Julian, Simon en Sanchez, die werken als verkenners. Hun huis was weer eens door de Aucas-Indianen verwoest. De laatste keer waren hun ouders daarbij omgekomen en werd hun zuster Maria ontvoerd, liever gezegd, als slavin afgevoerd. De broers bespreken een op handen zijnde indianenaanval waarvoor de rode broeders de uitnodigingen al per *quipos* hadden verzonden. De olijfkleurige onbekende van Spaanse afkomst luistert een en ander met grote belangstelling af.

Aimard zoemt in op Carmen: een fort binnen welks omheining zich een kapel, een pastorij, een kruithuis, woningen, graanpakhuizen, een bakkerij, een molen, werkplaatsen en landhoeven bevonden, dat de Spanjaarden in 1780 aan de linker oever van de Rio-Negro hadden gevestigd. Het stuk grond was hun door de Ulmen Negra, de

---

36. Er bestaat nog altijd niet heel veel literatuur over Patagonië, maar tot mijn - *it is a small world after all* - verbazing vond ik een boekje uit 1880 dat door dominee Titus Coan werd geschreven, *Adventures in Patagonia. A Missionary's Exploring Trip*. De 'aantekeningen van een bezoek aan Patagonië,' worden ingeleid door de Reverend Henry M. Field, de weduwnaar van Henriette Desportes, de gouvernante van de kinderen van Aimards halfzuster Fanny. Henriette stierf in 1876.

voornaamste aanvoerder van de Puelchen afgestaan in ruil voor een groot aantal kledingstukken en andere nuttige zaken.

Na een uitgebreide beschrijving van Carmen vroeger en 'nu, vervallen en in elkaar gezakt,' vindt er een een caféscène plaats met bandieten die uitloopt op een onderling treffen gevolgd door een ontmoeting met een reiziger, don Juan Perez. Deze geeft een paar van de *gauchos*, bloeddorstige aan spel verslaafde bannelingen, opdracht het huis van don Munoz en diens dochter Linda te bewaken. Deze onderhandelingen worden door José Diaz afgeluisterd.

'Hoe is het mogelijk?' denkt Linda. Over welke krachten beschikt die Perez om zulke lieden aan zich te binden? Diaz vervoegt zich even later bij de *gauchos* en zegt dat Perez bezig is met een complot tegen zijn *catapaz*, zijn zoogbroerder don Luïs Minoz. Reiziger Perez is achtentwintig jaar, knap, beschikt over beweeglijke neusvleugels, een trots uiterlijk en kan bogen op een goede afkomst:

> Twee jaar vóór den aanvang van ons verhaal, was don Juan Perez te Carmen gekomen zonder dat iemand daar hem kende, en herhaaldelijk vroeg men elkander, waar komt hij van daan? Wie is hij en hoe in het bezit geraakt van zult een vorstelijk vermogen? Waar liggen eigenlijk zijne bezittingen?

Men gaf het op en raakte aan zijn aanwezigheid gewend. Het ontbrak Perez niet aan uitnodigingen. Als hij op bezoek komt bij de familie Munoz waar nog vijftien mensen op bezoek zijn, zingt Linda op Perez' verzoek zonder mankeren, zuiver en met gevoel de 'romance' *Le Domino Noir*. Don Juan Perez merkt dan op:

> Te Parijs hoorde ik die romance zingen door mevrouw Damoreau, met haar nachtegaalgeluid, maar waarlijk ik zou niet durven beslissen, wier stem en eenvoud van voordracht het wint, de uwe of de hare.

Beleefde salonconversatie (het doet denken aan Aimard bij zijn schoonmoeder thuis) en Perez wordt door Luïs Munoz uitgenodigd voor een Te Deum ter ere van de glorierijke Rosas. Helaas, Perez kan het niet maken, hij moet weer op reis. 'Weer zo'n geheimzinnige reis?' merken de bezoekers op. 'Deze keer niet zo lang, ik zal gauw terug zijn,' belooft Perez en bedelt om de gebeden van Linda voor onderweg: 'Senor caballero, ik kan niet bidden om een goeden uitslag van iets, waarvan mij het doel onbekend is,' zegt ze nors.

Perez stapt aldus onbemoedigd naar buiten en werpt een gemene blik naar de vensters van het huis waar zich de schaduw van donna Linda aftekent. Perez verdwijnt in een woning in Carmen, komt even later met een paar ruiters naar buiten en gaat daarna op weg naar de boom van Gualichu. Bij de boom is in grote haast een dorp opgezet. Als Neham-Outah arriveert, wordt deze toegejuicht maar even later wordt er geroepen: '*Yek ycuri, yah mit* (Er is een verrader onder ons!) Past op krijgers! ... *Lar hary mistti* (Hij moet sterven).'

De broers in de holle boom herkennen Neham-Outah als Perez in vermomming. Even later wordt één van de afluisterende broers ontdekt, er volgt verwarring, maar de vergadering wordt weer voortgezet. Er is sprake van een familievete:

> **Door Kelzulipan, mijn grootvader, ulmen van de Pehuenchen, werd een blanke slavin ontroofd aan Medzelipeuero, toqui van de Aucas, de overgrootvader van Neham-Outah. In tegenwoordigheid van de vereenigde Opperhoofden en in het aangezicht des hemels kom ik hier verklaren aan Neham-Outah, de afstammeling van Yupangui, de zoon van de zon, dat mijn grootvader tegenover den zijnen verkeerd heeft gehandeld;**

Ter verzoening tussen beide stammen krijgt Neham een blanke slavin aangeboden. Als de nog steeds in een holle boom gezeten Sanchez haar ziet krijgt hij een ontroerd gevoel. Het gaat onweren. Sanchez zet het in de holle boom op een brullen wat de verwarring vergroot. Alle Indianen gaan ervandoor. De andere drie broers keren terug. De slavin wordt losgemaakt en blijkt het ooit ontvoerde zusje te zijn.

Dìt hele tafereel wordt echter door Neham-Outah afgeluisterd en er ontbarst bijna weer een gevecht. Het loopt goed af. Grootmoedigheid van Neham maakt dat collega Indiaan Pincheira de broers en hun zusje verse paarden aanbiedt zodat zij in vrijheid kunnnen vertrekken.

De Indianenvergadering begint voor de derde keer, nu ongestoord. Neham houdt een lange toespraak over de toestand sinds de komst van de blanken. Het is tijd om het smadelijk juk af te schudden. Zijn welsprekendheid maakt dat zijn gehoor hem bijna als goede geest beschouwt. Na afloop van alle deliberaties wordt door de opperhoofden Neham-Outah, Lucaney, Chaukato, Guaijkilof, Vera, Metipan, Villapan, Pincheire etc. rond het vuur beraadslaagd waarop Lucaney verklaart dat de beslissing om oorlog te voeren per *guipos* aan alle natiën der Aucas zal worden verstuurd.

Tot de verzamelde menigte spreekt hij de volgende woorden:

> **door de opperhoofden is, na ernstige overweging gekozen tot oppersten toqui over al de natiën, met onbeperkt en uitsluitend gezag, de verstandigste, voorzichtigste en waardigste om ons aan te voeren. Die krijger is het opperhoofd der Aucas, van overoud geslacht, Neham-Outah, de afstammeling der Incas, de zoon van de Zon.**

Thuis zit Munoz met Diaz te overleggen: wie is toch die Perez? Zou hij een handlanger van generaal Oribe zijn? We moeten aan onze veiligheid denken!

Munoz besluit samen met zijn dochter op te stappen. Ze zijn nog niet weg of uit vuren in zuid-westelijke en oost-zuid-oostelijke richting kan worden opgemaakt dat de *gauchos* elkaar van dit vertrek al op de hoogte hebben gesteld. Een poema-aanval wordt afgeweerd. De aanval kost een van de dieren zijn huid, welke wordt meegenomen om de voetjes van Linda in San Julian te verwarmen.

De broers vragen zich af wat ze met hun zusje moeten aanvangen. Ze besluiten te vragen of ze zolang bij de familie Munoz onderdak kan krijgen. Dat kan, broers en zus gaan nu ook op pad naar San Julian waar inmiddels de verloofde van Linda, Fernandez Bustamente is aangekomen. Er wordt tot een huwelijk besloten.

Perez komt ook naar San Julian. Hij blijkt Fernandez in Parijs bij de markiezin de Lucenay al eens te hebben ontmoet. Als Perez hoort dat Fernandez en Linda zijn verloofd, trekt hij bleek weg en voelt hij zijn hart kloppen. Hij vertrekt, doolt blindelings, kijkt niet uit waar hij gaat en wordt door de broers uit een kluwen poema's gered. De broers laten hem weten dat hun schuld met hem vereffend is. Perez/Neham-Outah trekt verder en arriveert in een dorp oftewel een tolderia.

> Aan den oever van de Rio-Negra, ongeveer vijf en twintig mijlen van Carmen, lag de Tolderia, of het dorp van de Indianen. Het was, zooals al de dorpen der Indianen, wier zwervend bestaan geen vaste nederzettingen duldt, eenvoudig een tijdelijk kampement, dat een honderdtal chozas (hutten) bevatte, zeer ongeregeld bij elkaar geplaatst. Iedere choza bestond uit niet anders dan tien in den grond geboorde palen, aan de kanten vier tot vijf en in het midden zes tot zeven voeten hoog, en had eene opening naar het oosten; om den eigenaar van de choza gelegenheid te geven 's ochtends water te kunnen gooien naar den kant van de opkomende zon, eene ceremonie bij de Indianen in gebruik om Gualichu te bezweren aan hun gezin in den loop van den dag geen nadeel toe te brengen. Die chozas waren bekleed met aaneen genaaide paardenhuiden, maar het boveneind altijd open om de rook van de vuren die er gestookt werden te laten wegtrekken; die vuren stonden in aantal gelijk met dat van de vrouwen van den eigenaar, want elke vrouw moest voor zich een afzonderlijk vuur hebben. De huiden die dienden als buitenmuren waren met zorg bereid en met verschillende kleuren geverfd, en dit bracht er veel toe bij om het algemeene voorkomen van de Tolderia eenige levendigheid te verleenen.

In *De Bijenjagers* komt een Apache-dorp aan de oever van de Rio-Grande ter sprake, dat ongeveer hetzelfde wordt beschreven. Weer zelfplagiaat waar Aimard graag van wordt beschuldigd. Dit soort kritiek gaat ervan uit dat iedere lezer ieder boek van Aimard zal lezen:

> Die callis worden bedekt met aan elkaar genaaide bisonhuiden, in ieder waarvan in het midden een gat is gestoken, om aan de rook van ieder vuur in de calli een uitweg te bezorgen; het getal van die vuren is gelijk aan het aantal vrouwen van den eigenaar, want iedere vrouw moet een vuur voor haar eigen gebruik hebben. De huiden, die tot buitenwand dienen, worden met veel zorg bereid en met verschillende kleuren beschilderd.

Terug naar *De Araucaniër*.

Neham-Outah, zagen we, arriveert in de tolderia. Hij boft, er is net een kindje geboren en het zieltje ervan wordt bij de 'geest' aanbevolen.

> Churlakin kreeg orders van het groote Opperhoofd, betreffende de ceremoniën die in dergelijke gevallen in acht worden genomen, groette hem onderdanig en verliet de choza, waar hij kort daarna terug keerde gevolgd door zijne vrouw en al zijne vrienden, waarvan een het kind in zijn armen droeg.
>
> Neham-Outah plaatste zich tusschen Pincheira en Churlakin, aan het hoofd van de groep en begaf zich in de richting van de Rio-Negro. Dáár werd de jonggeborene, gewikkeld in wollen lappen, in het water van den stroom gedompeld; daarna keerde men in dezelfde orde terug naar de choza van Churlakin en bij den ingang van die hut lag een vette merrie op den grond aan de vier pooten vastgebonden.
>
> Over den buik van het dier werd een *pincho* gelegd en de verwanten en vrienden plaatsen daarop, de een na den ander, de door hen voor het kind bestemde geschenken, zooals speren, wapens, en kleeren. Neham-Outah die er in had toegestemd peetvader te zijn, lei het kind midden tusschen de gaven en daarop sneed Churlakin de zijde van de merrie open, trok daaruit het nog warme hart, en reikte dit aan Neham-Outah toe, die er een kruis mee trok over het voorhoofd van het kind, onder het uitspreken dezer woorden 'Uw naam zal zijn Lhurlki ncko.' Toen hief de vader het kind op, en het Opperhoofd die het bloedende hart in de hoogte stak, riep driemaal achter elkaar: 'Hij leve! Hij leve! Hij leve!'
>
> Daarna beval hij het kind aan de hoede van Gualichu, den geest des kwaads, en smeekte hem het dapper en welsprekend te doen worden, zijne wenschen besluitend met deze bede: "Maar boven alles dat hij nooit een slaaf worde!"

Na de vervulling van die ceremoniën werd de merrie in stukken gesneden, men stak groote vuren aan, en alle verwanten en vrienden namen deel aan een feestmaaltijd die niet eindigde voor het laatste stukje van de merrie was genuttigd.

Fernandez is onmiddels door Perez 'opgelicht,' met andere woorden ontvoerd. Linda, vergezeld door Maria, dringt binnen in het kamp van Neham-Outah en laat Neham in de waan dat ze zijn liefde beantwoordt. Verblind door zijn liefde voor Linda trapt hij in de val. Inmiddels is de tijd voor de eindstrijd, om de stad Carmen, aangebroken. Neham-Outah komt uit deze strijd als winnaar te voorschijn, die hem echter alleen maar heer en meester van een paar puinhopen maakt.

Neham-Outah loopt bij Linda binnen en vertelt haar dat de Patagoniërs het besluit hebben genomen tot herstel van het keizerrijk der Incas en dat hij als hun onmiddelijke erfgenaam is gekozen. Hij is nu opvolger van Tuipac-Amarric en vraagt zich af hoe bezwaarlijk het zal zijn om gezag uit te oefenen over van elkaar vervreemde naties:

Wie dat na hem op zich zal nemen, wat zal het doel zijn van mijn leven:

Een diadeem op mijn hoofd? . . . Toch senorita, voel ik mij ontmoedigd en zonder levenslust. Het is alsof die kroon dreigt als een ijzeren ring mijn slapen te omknellen en mijn hoofd ineen te persen, zoodat ik mijn triomf niet zal overleven.

De herrijzing wordt bezegeld met een zoenoffer, een machi snijdt met een steek de borst van een pulpero open, het hart wordt naar de zon opgehouden [...].

"Zoo heb ik dan eindelijk het rijk der Incas hersteld, en mijn ras kunnen bevrijden!" riep Neham-Outah triumfeerend.

Maar dan komen er Argentijnse troepen. In de verwarring grijpt Neham-Outah Fernandez nog bij de strot, maar dan laat hij hem los en zegt:

"Neen, dat zou eene lafheid wezen, die man heeft niets gedaan."

Na die woorden kon donna Linda zich niet weerhouden, tranen van bewondering te storten, doch die tranen vloeiden te laat, en wellicht werden zij geweend uit berouw of uit . . . liefde!

Terwijl in het slotgevecht mannen als vliegen op een warme dag om haar heen neervallen en haar vader door een kogel getroffen in haar armen neerzijgt, blaast Neham-Outah,

nadat hij zijn lippen als in gebed nog even had bewogen zijn laatste adem uit met een verhelderd gelaat.

Wellicht was de zaak, die hij voorstond toch werkelijk eene rechtvaardige! dacht donna Linda bij zich zelve.

Het is niet de eerste keer, dat naar de beschikking van God, een overwinnaar door het toedoen eener vrouw in zijne zege werd gefnuikt.

Aimard vraagt zich hier bij monde van Linda af of Neham-Outah misschien toch een rechtvaardige zaak voorstond. Gek genoeg is dat een vraag die tot op de dag van vandaag nog wordt gesteld!

Iemand als Neham-Outah die een dergelijke strijd voerde heeft werkelijk bestaan. Het pseudoniem, Juan Perez, dat Aimard hem gaf, was in werkelijkheid de naam van de toenmalige president van Chili. Degene die deze strijd voerde, heette niet Neham-Outah en ook niet Perez zoals we zullen zien.

In Scott Elliots *Chili* worden ontwikkelingen rond 1860 als volgt beschreven:

> Don José Joaquin Perez, een diplomaat die Chili zowel te Parijs als te Buenos Aires had vertegenwoordigd, werd in 1861 president. Hij probeerde een politiek van verzoening te voeren met de Liberalen en met de Araucaniërs, maar deze laatsten moesten niets hebben van de kolonisatiepolitiek die de president door trachtte te voeren. Een Franse avonturier de Tounens, die zich in Araucanië had gevestigd, moedigde deze onvrede aan en dat deed hij zo goed dat hij tot Hoofd Toqui werd gekozen. Daarop noemde hij zichzelf Koning Aurélie-Antoine I van Araucanië en hij daagde de Chileense regering uit.

Uiteindelijk, schrijft Scott Elliot, werd de Tounens door geheime agenten naar een gevangenis gevoerd. Anders dan te verwachten was, is hij daar geen beroerde dood gestorven. De Tounens werd door tussenkomst van de Consul-Generaal van Frankrijk te Chili naar Frankrijk gedeporteerd. Van daaruit keerde hij nog een paar keer terug. In 1862 bestempelde het gerechtshof van Santiago hem als een *fou* en stuurde hem weer terug. Tot aan 1869 woonde hij daarna in Parijs. Zijn appèl in 1864 tot het Franse volk, *"à l'effet de fonder dans cette partie de l' Amérique du sud, l'idiome françcais (sic) et d'y apporter la préponderance française"* om in Zuid-Chili een Fransachtige staat op te richten, vond weinig gehoor. Beroepen op de Franse vrijmetselarij en het Ministerie van Buitenlandse Zaken baatten hem ook al niet.

In 1869 ondernam de Tounens met behulp van Commandant Planchu een derde poging, ditmaal vermomd en onder het pseudoniem Jan Pratt. Hij werd herkend, rond 1871 teruggestuurd om het in 1876 voor het laatst te proberen. Ditmaal werd hij ziek en moest hij in het Saint-Louis-ziekenhuis te Buenos-Aires kunstmatig worden gevoed.

Voor het laatst terug in Frankrijk leefde hij daar nog een jaar en verdiende de kost als lantaarnopsteker. Volgens Gil-Montero publiceerde De Tounens in 1863 zijn memoires - het een sluit het ander niet uit.[37] Aimard moet die publicatie met veel vrucht hebben gelezen.

De zaak van het koninkrijk loopt tot op heden door! De Tounens, alias Koning Aurélie-Antoine I stierf in Tourtoirac, volgens de een op 17 september 1877, volgens Gil-Montero was het in 1878. Vast staat dat hij dood is. In zijn testament benoemde hij Gustave Achille Laviarde, Prince des Aucas, Hertog van Kialeou als zijn enige en rechtmatige opvolger.

Laviarde kwam uit Reims waar zijn moeder Het Kasteel van de Groene Kikkers, een wasserij, dreef. Laviarde, Bonapartist en vrijmetselaar, opende verschillende consulaten en hield hof te Parijs. In 1883 ontving hij een groep Araucaniërs.

Derde in lijn werd Dr. Antoine Cros, hofarts van Keizer Dom Pedro II, als deze in Frankrijk was; vierde in lijn werd diens dochter, Laure-Therese (1856-1916). Haar zoon Jacques Bernard werd Antoine III (1880-1952), de vijfde koning. De zesde en huidige generatie, Philippe Boiry, (1927 - hij werd tachtig in 2007), noemt zich bij gebrek aan een koninkrijk geen koning maar prins.

Dat mag hij doen. Volgens de uitspraak van het Parijse Hof, 4 juni 1971, is Boiry de legitieme opvolger van de Kroon van Araucanië en Pategonië en heeft hij recht op de titel Koninklijke Hoogheid. Het gebied waar de familie aanspraak op maakt, Mapucheland, ligt gedeeltelijk in Chili, gedeeltelijk in Argentinië. De prins onderhoudt vanuit zijn woonplaats in Frankrijk nauwe banden met zijn volk de Mapuches. Er is een museum over de hele zaak in Tourtoirac en er bestaat een blad, *The Steel Crown*, dat geïnteresseerden in deze verbannen familie en de Mapuches op de hoogte houdt. De website toont ook nog een afbeelding van de ijzeren kroon die tot de paraphernalia van het vorstendom hoort.

Zei Neham-Outah, vlak voordat hij werd verraden en neerzeeg, niet iets over een diadeem die zijn hoofd als een ijzeren ring zou knellen?

Chatwin schrijft *In Patagonia* dat hij bij Prins Philippe (Boiry) op bezoek ging en hem vroeg of hij Kiplings verhaal *The Man who would be King* kende. De prins zei dit verhaal te kennen. Chatwin vroeg hem daarna of het toeval was dat Kiplings helden vrijmetselaar waren. Toeval, volgens Prins Philippe.

---

37. In Gil-Montero's (1990) *Le règne d'Orelie-Antoine* staan saillante details over alle keren dat de Tounens naar Chili toog en terug werd gestuurd.

Flarden van de hele koninklijke geschiedenis zijn tot in relatief recente Nederlandse berichtgeving te vinden.

Op zondag 30 augustus landde de excentrieke Franse schrijver Jean Raspail met een paar vrienden per zeilboot op Les Minquiers, een onbewoonde miniarchipel die tot de Britse Kanaal-eilanden behoort en tot 1953 de inzet was van een Frans-Brits grensconflict. Raspail (73) hees er de blauw-wit-groene vlag van het fictieve koninkrijk Patagonië, eiste de soevereiniteit op 'als vergelding voor de lange en onacceptabele Britse bezetting van de Falkland-eilanden,' en vertrok weer [...] Raspail noemt zich 'consul-generaal' van Antoine de Tounens, een Franse avonturier die zichzelf in 1860 uitriep tot koning Aurélie-Antoine I van het huidige Argentinië. Raspail schreef over hem een boek, waarvoor hij in 1981 de grote prijs van de *Académie Française* kreeg.

Van onze correspondent. *NRC Internationaal*, 8 september 1998

Overigens, is de vlag alweer verwijderd, aldus het BBC-news van drie September 1998 en als ze het nog eens doen kunnen ze erop rekenen, aldus het BBC News van 12 february 1999, *to be questioned* door Inpecteur Derek Upton.

'Waarom heeft Raspail het over de Tounens en niet over Prins Boiry?' vroeg ik me af. De voorzitter van CERP, Council Europese Public Relations die in Brussel is gevestigd en waar Boiry erelid van is, was zo vriendelijk me het adres van Boiry in slecht Engels te geven.

Reply to: RE: Philippe Boiry

The best I can offer is a postal address – I belive [sic] that he may now have returned - he has certainly spoken of his "royal inheritance" - the address is [...]. It is near Paris (I believe). Perhaps this is enough to find a telphone [sic] number. Pleased to help - a fascinating story.

Richard Linning

Op mijn verzoek om antwoord op een paar vragen reageerde Boiry door me een brochure met literatuuropgaven te sturen. Uit de inhoudsopgaven van drie te dure boeken, die wel de titels maar niet van de naam van de auteurs opgeven, blijkt dat ze gaan over de heilige Frusquin, over Lemoyne en Draenek (geen idee wie dat zijn), over tempelridders en de aanvallen op Boiry's koninkrijk.

Het doorsudderen van het concept of de mogelijkheid van een koninkrijk irriteerde de Argentijnse journalist, Enrique Oliva, journalist voor het Argentijnse blad *Clarín* te Frankrijk. Oliva maakt op zijn website duidelijk dat hij de aanspraken van Prins Philippe serieus, met verwijzingen naar Druon en Raspail, betwist.

En el libro hay pruebas contundentes de la falsedad de Philippe Boiry -confesó Oliva-. El testimonio de Maurice Druon, secretario Perpetuo de la Academia Francesa; y el del escritor Jean Raspail son terminantes: nadie cree en sus dichos, que utiliza para provecho personal. La Nacion, *11 mei 1997*

Oliva was eerder grondlegger en eerste rector van de Universteit van Neuquén.[38] Deze universiteit werd gesticht om geschiedenis, taal en cultuur van de Mapuches, een Araucaanse stam, diepgaander te bestuderen. In die functie, schrijft Oliva, ontving hij in 1960 een boek over Aurélie de Tounens geschreven door Armando Braun Menéndez.

Aanvankelijk, vervolgt Oliva, werd hij bewogen door de ongelofelijke verhaal over de Tounens: een advocaat die zijn land wilde dienen door het een kolonie te geven en te dien einde in 1858 naar Chili vertrok. Voordat de Tounens uit Frankrijk vertrok noemde hij zich al prins en bij zijn vertrek had hij een vlag en een iewat gewijzigde grondwet bij zich - een wat minder liberale dan de Franse grondwet. Prins de Tounens schijnt ook niet geweten te hebben dat het gebied, waar hij meende dat de Araucaniërs aanspraak op konden maken, niet van de Bio-biorivier tot aan het zuidelijkste puntje van Chili liep, maar 1250 kilometer ten noorden van dat puntje ophield. Dat is ter hoogte van het eiland Chiloé.

De Tounens nam aan dat Argentinië de Pategoniërs uitmoordde zoals Chili dat met de Araucaniërs deed. Dus besloot hij de Pategoniërs te incorporeren in zijn te stichten koninkrijk. Overigens was hij ooit maar éénmaal in hun gebied geweest. Dat was op doorreis van Carmen de Pategonis naar Neuquén.

De eerste Araucaanse medewerker van de Universiteit van Neuquén, Dr. Gregorio Alvarez, bestudeerde het werk van de Duitse Bertha de Koessler die veertig jaar bij de Mapuches woonde, en dat van de Kroaat, Juan Benigar die op eenzelfde staat van dienst kon bogen. Het bleek dat de Tounens in zijn koninkrijk eigenlijk niets concreets had gedaan. Niemand in dat gebied had ooit van hem gehoord. In 1965 werd de tachtigjarige Dona Maria, dochter van het laatste opperhoofd Manuel Namuncurá, bijgenaamd de Tijger, erover gevraagd. Ook zij wist van geen koninkrijk af.

Alles wat het onderzoek van bovengenoemde geleerden opleverde was dat de Salesianen zich wel iets herinnerden.[39] De zoon van de Tounens zou geld voor Don Bosco, voor onderwijs van arme jongens hebben ingezameld, maar dat nooit naar Rome hebben gestuurd. Een

---

38. Mijn goede vriend Bernhard Sleumer, die goed Spaans spreekt, waarschuwde me: 'En spreek dat nou goed uit Mary. Het is Neukwéén.'
39. De *Salesianen* vormen een katholieke congregatie, gesticht door Don Bosco die was geïnspireerd door het werk van de heilige Francis de Salis.

verhaal over een louche geldinzameling is dus eigenlijk alles wat men zich herinnert.[40]

Om kort te gaan, alles wat koning de Tounens deed, was documenten produceren en een boek en pamfletten schrijven. Terug (gedeporteerd) in zijn land ging hij geld inzamelen voor een legertje om tegen de Argentijnen en de Chilenen te vechten.

In de jaren 1997 en 1998 stond op het Argentijnse *La Nacion-online* te lezen dat de Tounens uit deze paperassen niet bestaande personen en opperhoofden creëerde. En, dat hij zijn koninkrijk in Europa ook nog te koop aangeboden zou hebben, met als verkoopargument dat het een wijkplaats voor onterfde of gevluchte Europese koningen zou kunnen zijn.

Hoewel niemand in de zelfgezalfde Araucaanse kroonpretendent geloofde en de kranten de draak met hem staken, kreeg hij toch wel wat donaties binnen hetgeen hielp zijn pretenties tot aan zijn - eenzame - dood vol te houden.

Een en ander trok de aandacht van André Maurois, lid van de Franse Academie. Hij schreef ergens dat met de dood van Antoine Cros, de 'derde koning' het (papieren) koninkrijk in 1903 ten einde zou lopen.

Een achterkleinzoon van deze Cros, 'derde koning,' die tevens de hofarts van Pedro II was als deze in Frankrijk verbleef, is de Franse schrijver/historicus Maurice Druon (1918-2009), schrijver, Minister van Cultuur van 1973 tot 1974 en sinds 1985 secretaris voor het leven van de Académie Française. Druon was nog veel meer dan dat. Onder andere was hij ook de zoon van de tweede dochter uit het tweede huwelijk van Antoine Cros.

Dat blijkt uit de loftuigelijke toespraak die M. Pasteur Vallery-Radot in 1966 uitsprak na Druons inaugurele rede ter gelegenheid van zijn installatie als van de Academie.

> [In de Academie] bent u de opvolger van Georges Duhamel. Uw overgrootvader was Odorico de Mendez die met keizer don Pedro bevriend was en toch republikein bleef, uw andere overgrootvader was Antoine Cros, medicus en schrijver [...] die de derde en laatste koning was van een kortstondig koninkrijk dat door een avonturier uit Périgord, Antoine de Tounens. U meneer, bent dus de zoon van een koning.

Per brief vroeg ik Druon over zijn relatie met het koninkrijk en ook nog naar een andere kwestie die verderop aan de orde komt. Op 28 april 1999 schreef Druon terug dat zijn overgrootvader Cros als 'Lid van

---

40. Vraagje tussendoor: als het geld wel naar Rome was gestuurd, was het dan niet louche geweest of wonen daar arme jongens?

de Koninklijke Raad' derde en laatste koning van dat fantasie(konink)rijk was geworden, dat zijn familie die kroon nooit serieus had genomen, dat Philippe Boiry een aardige imposteur is die geen enkele band met de familie Cros heeft en zich bedient van een titel die alleen in zijn verbeelding bestaat hetgeen hem niet verhindert ridderordes uit te delen die echter niet meer dan lucht zijn. Tot zover nota bene een soort afstammeling over deze koningskwestie.

Een en ander gaf genoemde Argentijn Oliva stof tot schrijven over prins Philippe Boiry, 'die ook geen afstammeling is van de Tounens.' Hierop eiste prins Boiry terugtrekking van dit artikel en dreigde met een proces, maar zover is het nooit gekomen. Oliva is tevens van plan om een boek te schrijven om de waardigheid van en het respect voor de Araucaniërs hoog te houden. Uit al het voorgaande blijkt dat de meeste Araucaniërs tot op heden niet weten dat hun eer door papieren tijgers wordt bedreigd.

Het verhaal werd steeds warriger; Oliva's boek *El Libro* verscheen op het internet. Volgens Oliva zit de zaak, het koninkrijk, als volgt in elkaar.

Koning Aurélie-Antoine I (de Tounens) stierf arm en vereenzaamd, geen van zijn kinderen interesseerde zich ervoor 'hem op te volgen.' Hierop werd door Laviarde gereageerd; hij beweerde dat hij de rechtmatige opvolger was van Aurélie-Antoine I. In 1989 verscheen er een Frans persbericht waarin stond dat de Tounens zijn titel aan Laviarde had verkocht. Koning de Tounens stierf in 1878 en de nieuwe koning, Laviarde, noemde zich Achilles I en zei de Tounens op twee van diens expedities te hebben vergezeld. Achilles I benoemde zo'n 260-300 mislukkelingen tot consul en deze hele hofhouding maakte zich sterk met het inzamelen van geld voor Don Bosco. Toen Achilles I stierf, op 17 maart 1902, werd Antoine Cros door de raad van regenten van vriendenclub De Zwarte Kater tot diens 'opvolger' bestempeld. Cros was hofarts van Pedro II als deze in Frankrijk vertoefde omdat hij met de Braziliaanse Léonilla Mendes, dochter van een vriend van Pedro II, was getrouwd. In 1856 kreeg het echtpaar Cros een dochter, Laure-Therese.

Uit alles wat over deze 'opvolging' naar voren komt blijkt, mij bevestigd door Druon (28 april, 1999), dat de hele zaak door Antoine Cros en zijn vrienden als een grote grap werd gezien. Ze stelden een soort decoratieraad in, kenden elkaar het Zuiderkruis toe en de orde van St. Georges en verzamelden geld voor een eresabel en een nieuwe kroon, eentje van eikenhout. Andere leden van dat clubje De Zwarte Kater waren Paul Verlaine, Jean Macéas, Charles Maurras en Alphonse Allais.

Na de dood van Antoine Cros hebben, volgens Oliva, Laure-Therese, zijn dochter uit zijn eerste huwelijk, noch haar zoon ooit een woord gerept over opvolging. Volgens Boiry was dat niet zo, maar hij kan dat niet aantonen want in 1940 zou het 'archief' zijn vernietigd. Toen Antoine III, de zoon van 'Koningin Laure-Therese,' op 26 october 1952 stierf, kwam Boiry met een acte voor de dag (gedateerd 12 mei 1951) waarin zou staan dat Boiry door Antoine III als rechtmatige opvolger werd aangewezen.

Boiry ziet de hele zaak niet als grap maar als bittere ernst. Hij zegt van de Tounens af te stammen. (Zou hij dan toch?) Net als de Tounens doet Boiry veel aan public relations dus wat dat betreft lijkt hij op zijn voorvader. Om kort te gaan, het thema van Aimards *De Araucaniër* bestaat uit in fictie verhulde feiten.[41]

---

41. In 2007 heeft de huidige, kinderloze koning, Prins Philippe Alexandre Henry Boiry op 19 februari zijn tachtigste verjaardag gevierd. Vgl.: http://www.araucanie.com/araucanie/birthday_fichiers/Cap0006.jpg (Bekeken in 2008).

Serie 5
De Onzichtbaren van Parijs

De Metgezellen van de Maan 136
Passe-Partout 147
De Graaf de Warrens 149
La Cigale 150
Hermosa 152

In Frankrijk verscheen deze serie onder de naam *Les Invisibles de Paris*. Als zodanig is deze serie nooit in Nederland op de markt verschenen, maar maakt deze wel deel uit van de reeks die werd uitgegeven door De Erven Nierstrasz. Volgens Sieverling en anderen liet Aimard zich voor deze serie inspireren door sociale romans zoals *Les Mystères de Paris* en *Le Juif Errante*, die rond 1840 door Eugène Sue werden geschreven.

De Metgezellen van de Maan

WAARIN DE LEZER MET PASSE-PARTOUT KENNISMAAKT.
Het was in den nacht tusschen Zaterdag en Zondag vóór de Vasten van het jaar 1847, dat er tusschen twaalf en één gelijktijdig bij de Barrière de Fontainebleau, in eene doodloopende straat in den omtrek van den Marché-aux-Chevaux, in de Rue Beaujon en op den Pont du Carrousel vier zonderlinge en geheimzinnige tooneelen voorvielen, die het meest verschillende karakter droegen en de vier grondslagen uitmaken, waarop de navolgende geschiedenis berust.

Een werkman die wolken sigarenrook uitblaast ontmoet een ruiter. Er worden wat wachtwoorden uitgewisseld: Er komen er zeven. Waar komen ze vandaan? Van de maan. Hoe laat? Om vier uur! De ruiter stuift weg. De werkman loopt verder tot hij stilstaat voor de deur van een hut, kucht, waarna een forse heer, la Cigale, te voorschijn komt. Uit het gesprek dat volgt blijkt de werkman eigenlijk een kapitein te zijn, maar als zodanig niet wenst te worden aangesproken. Waar het gesprek over gaat is moeilijk te volgen en als la Cigale vertrekt ontdoet de werkman, Passe-Partout, zich van zijn vermomming. Opeens blijkt hij een elegante jongeling met fijnbesneden trekken te zijn. De jongeling vertrekt eveneens, daarbij bespied door iemand die daarvoor wordt betaald.

In het volgende hoofdstuk maken we kennis met Olivier, secretaris van de hertogin de Vérone. Hij moet een meisje, Thérèse ophalen en haar naar de hertogin brengen. De secretaris loopt raadselachtige woorden voor zich uit te mompelen:

Ongelukkig lief kind! [...] O hertogin! hertogin! gij zult niet met haar doen, zooals gij met anderen gedaan hebt [...] Ik heb u, wat de anderen betreft, gehoorzaamd. Maar op mijn woord van edelman! wat haar aangaat zal ik u niet gehoorzamen.

De hertogin sluit Thérèse in haar armen waarna we getuige zijn van een carnavalscène, die uitmondt in een duel tussen de heren de Mauclerc en d'Entragues. Als de Mauclerc zowat dodelijk getroffen neervalt, krijgt hij ten overvloede van een van de omstanders, René de Luz, nog een klap op zijn bebloede wang.

Volgende hoofdstuk. Een diepongelukkige moeder, ongehuwd begrijpen we, wil zich met haar vijfjarige zoontje van een brug afstorten, maar wordt daarvan afgehouden en opgenomen in het 'hotel' - dat betekent 'groot huis' - van iemand die als Excellentie wordt aangesproken. Voetnoot van Aimard: '1) Dit hotel is in het jaar 1849 afgebroken, en op het terrein daarvan heeft men het gebouw van de École des Beaux-Arts opgetrokken.'

Het hotel is van graaf de Warrens, attaché bij de ambassade van één der Duitsche vorstendommen. De Warrens heeft behalve een intendant, Karl Schinner, ook rijtuigen uit Engeland, een grafelijk kroontje, koetshuizen, salons met in het zwart geklede knechten, vrienden en vijanden. Rondom hem wordt gelasterd en mollenarbeid verricht. De politie let op hem en:

> Ondertusschen hadden er twee voorvallen plaats gehad, die aan de hooge ambtenaren der prefectuur veel stof tot nadenken gaven en hunne aandacht en die van het publiek opnieuw op den graaf vestigden [...] Een proces, waarin verscheidene Parijsche celebriteiten betrokken waren, hield destijds de algemeene nieuwgierigheid gaande. Dit proces, dat voor het hof der pairs gevoerd werd, wekte de algemeene verontwaardiging op en bracht den geheelen Faubourg Saint-Germain in beweging.

Aimard gaat door over dat schandaal en het bezoek van de Warrens aan de beschuldigde die in het Luxembourg gevangen werd gehouden.

> Twee uren later vond een beambte der gevangenis, de cipiersknecht, die den beschuldigde zijn avondmaaltijd kwam brengen, dezen koud, roerloos, dood op zijn bed liggen.
> De geneesheeren, die bij de gevangenis aangesteld waren, werden geroepen om tot de schouwing van het lijk over te gaan en verklaarden, dat er in het lijk een hevig werkend vergif aanwezig was, welks samenstelling in Europa onbekend was.
> De dood had den gevangene zijne zoozeer gevreesde mededeelingen in het graf doen meenemen.

Zoals gezegd in de inleiding van dit boek zat, liever gezegd lag, Aimards halfzwager, Theobald de Praslin, in 1847 beschuldigd van moord op zijn echtgenote, in de Luxembourg-gevangenis, waar hij stierf aan de gevolgen van het innemen van rattengif. Deze moord, die de Praslin nooit met zoveel woorden bekende, veroorzaakte indertijd groot schandaal. Henriette Desportes, de gouvernante, die na de hele episode naar Amerika uitweek, noemde zich tijdens haar dienstperiode bij de Praslins, Henriette Deluzzy. Één van de metgezellen van de maan die we al tegenkwamen heet René de Luz.

Terug naar *De Metgezellen van de Maan*. Het duurt niet lang of we vinden uit dat het hotel waarin de ongelukkige vrouw met kind is opgenomen van de Warrens is. Het jongetje is de onwettige zoon van de Warrens' broer, Renauld.

Inmiddels breekt er paniek uit op het politiebureau. Er is daar een brief aangekomen die niemand kan lezen. Ja toch. Een Joodse zakenman in oudheden herkent het schrift als Hindoestaans en kan het, tegen betaling uiteraard, vertalen. De brief bevat een geheime boodschap voor de Warrens, een boodschap die nu niet langer geheim is. De politie stoomt de enveloppe weer dicht en laat deze bij de Warrens bezorgen.

In diens huis worden voorbereidingen getroffen voor een groot feest waarbij de honneurs worden waargenomen door mevrouw de hertogin de Vérone, weduwe van generaal Dubreuil, hertog de Vérone, een verre familierelatie.

Tijdens het feest wordt het meisje, dat we als Thérèse herkennen, voorgesteld aan baron von Kirchmark die zowel de rijkste bankier van Frankrijk als de lelijkste man van Europa is. Thérèse verbleekt bij de ontmoeting, wankelt weg en knikt bevestigend op de vraag van de hertogin of 'hij het is.' Thérèse wordt gerustgesteld. Verder hoeft ze die man niet meer te zien.

Zeven als domino verklede heren verlaten het feest en komen ergens anders in het pand heimelijk samen. Onder hen bevinden zich baron d'Entragues en burggraaf de Rioban, beiden getuige van het duel waarbij de Mauclerq dodelijk getroffen neerviel. De in een blauw dominopak gehulde president van het gezelschap neemt het woord en herinnert de aanwezigen aan een gebeurtenis van meer dan driekwart eeuw geleden waarbij:

> in den nacht van den 22sten op den 23sten Februari 1767, 's nacht om half vier vijf mannen, waarvan eenigen elkander ternauwernood kenden, elkander ontmoetten op den drempel eener armzalige hut, die door Fransche jagers op de grenzen van eene Amerikaansche kolonie opgericht was. Onbekend bij hunne medeburgers, zouden deze mannen, ieder op zijne wijze, een onsterfelijken naam aan de nakomelingschap achterlaten. Zij heetten:

- George Washington,
- Benjamin Franklin,
- Thaddeüs Kosciusko,
- Caritat, markies de Condorcet, en
- Donatien de Vimeur, markies de Rochambeau.

Terug naar het hutje.

> Daar legden zij, - ver van de blikken aller oningewijden [...] - de grondslagen van die maatschappij der "Onzichtbaren," die eene

> blijvende samenzwering zou zijn tegen onkunde en slavernij en die geroepen was om de wereld te hervormen overeenkomstig de beginselen van de onderlinge rechten en verplichtingen der mensen [...] De mannen nemen afscheid om elkaar eerst een geruimen tijd daarna weer te zien [...] En nu nam de reuzenarbeid een aanvang. Deze begon overal tegelijkertijd, in Europa zoowel als in Azië, in Afrika zoowel als in Amerika, zonder dat deze apostelen der vrije gedachte een enkel oogenblik in hunnen ijver vertraagden.

In eerste instantie leek het mij een aardig hoofdstuk in een spannend jongensboek vol onzichtbare geheimzinnigheid en tekens. Een andere kwestie is of bovenvermelde lieden in de nacht van 1767 zich in een hutje in Amerika hadden verzameld.

Volgens Unger, in *The Unexpected George Washington, His Private Life*, daalden in het vroege voorjaar van 1767 de prijzen van tabak en was George Washington druk bezig om in deze serie tabakplantages in tarwe- en vlasvelden om te zetten.

Eco's *De Slinger van Foucault* en daarna *The Temple and the Lodge* van Baigent en Leigh gaan beiden over Aimards mannenbroeders in het hutje op de Amerikaanse hei. Volgens Eco was Benjamin Franklin: 'toegetreden tot de loge van de Neuf Soeurs en mikte er natuurlijk op dat deze zou verwereldlijken, - hem interesseerde immers alleen het steunen van de Amerikaanse Revolutie.'

In een volgende passage brengt Eco markies de Condorcet ter sprake:

> de strategie van de Jezuïten ons duidelijk werd, dat was te lezen in een geschrift van pater Barruel. De Tempeliers worden na de terechtstelling van Molay tot een geheimgenootschap.
>
> In de achttiende eeuw ontfermen zij [geheime tempeliersgenootschappen] zich over de vrijmetselaarsbewegingen en maken die tot hun instrument. In 1763 richten ze een literaire academie op, bestaande uit Voltaire, Turgot, de Condorcet, Diderot en d' Alembert. Ze komen samen in het huis van baron d'Holbach en roepen in 1776 de Jakobijnen uit. En deze zouden weer marionetten zijn van de Illuminaten van Beieren, "koningsmoordenaars" bij uitstek.

De Molay was de laatste Grootmeester van de Orde van de Tempeliers. In 1314 werd hij op last van de Inquisitie verbrand, heel langzaam, net als de broertjes in het wilde Westen in *Vrij-Kogel*. Volgens Eco werd de veronderstelde intentie van de Jezuïten om op te treden tegen vrijmetselaars die uit zouden zijn op de ondergang van monarchie en Paus, via *The Wandering Jew* een populair thema. Het 'jezuïtenplan' werd volgens Eco nader uit de doeken gedaan in Sue's *Les Mysteres des Peuples*.

Sue en Aimard beschrijven allebei meisjes aan de hand van Greuze-schilderijen en Sue en Aimard blijken allebei ook over vrijmetselarij te schrijven, zij het dat Aimard dit achter de nodige hocus pocus verbergt.

Aimard heeft het over een bijeenkomst van vijf bekende mannen aan welke bijeenkomst driekwart eeuw later tijdens een geheime conferentie in Parijs werd gerefereerd. Franklin en de Condorcet waren allebei vrijmetselaars. Toen Franklin naar Parijs kwam, werd hij daar lid van de loge waar de Condorcet al lid van was. Bekende namen, maar wat deden ze eigenlijk, waar waren ze lid van?

- Baigent en Leigh beschrijven **George Washington** in *The Temple and the Lodge* als *a prominent Freemason under the Virginia Grand Mastership of Randolph,'* die vanaf 1775 geliëerd was met de *Loge de Saint-Jean de la Candeur*. Toen Washington op 30 april 1789 tot president werd geïnaugureerd, speelde zich dit helemaal volgens vrijmetselaarsritu-elen af. De vrouw van Lafayette borduurde voor de gelegenheid een vrijmetselaarschort voor George. In Washington zijn de achthoekige - vrijmetselaars - stratenpatronen rond het Capitool en het Witte Huis te herleiden tot George Washingtons' invloed op het ontwerp daarvan.
- Over **Franklin** staat in de *Temple and the Lodge* dat hij een bekende vrijmetselaar was: in 1749 Grootmeester van Pennsylvania, in 1756 lid van de *Royal Society*, in 1776 Amerikaans Ambassadeur te Frankrijk, in 1778 lid van de Franse loge, *Neuf Soeurs*, in 1779 *Master of de Neuf Soeurs*, in 1782 lid van de meer geheimzinnig *Royale Loge des Commandeurs du Temple à l' Ouest de Carcassone*.
- **Kosciusko** was een Pool die wiskundeles gaf aan de dochter van een Kozakkenleider, op haar verliefd werd, met haar weg probeerde te lopen maar dat mislukte. Om de wraak van vader Kozak te ontlopen was hij naar Amerika gevlucht, waar hij in het leger diende. Over Kosciusko is bekend dat hij vanaf 1777 in het leger van Horatio Gates diende en een leidende militaire architect en ingenieur werd. Over Gates schrijven Baigent en Leigh:

    Generaal Horatio Gates had ook gediend als gewoon officier in het Britse leger [...] Hij was een van Washington's meest nabije persoonlijke vrienden en trouwde de dochter van de Provinciale Grootmeester van Nova Scotia, en hij scheen ook geregeld de Provinciale Grootloge van Massachusetts te bezoeken. Zowel van Kosciusko als van Gates kan niet met zekerheid gezegd worden dat ze vrijmetselaars waren, maar [het was] wel waarschijnlijk.

- Lamartine meldt over **de Condorcet** in *The History of the French Revolution of 1848* dat deze een leerling was van Voltaire, d'Alembert en Helvétius. Toen deze laatste stierf richtten degenen die de salon van zijn weduwe frequenteerden de *Loge des Neuf Soeurs* op. De Condorcet kwam daar ook, werd logelid, stond, aristocraat van geboorte als hij was, aan de kant van het volk en werd in 1789 redacteur van de *Chronique de Paris*. Later raakte hij in conflict met de voorvechters van de democratie en moest hij onderduiken bij een arme weduwe. Ondanks de bezoeken van zijn mooie jonge echtgenote bleef hij daar dromen over wandelen in het vrije veld en dergelijke. Toen zijn hospita even niet oplette, nam hij 's morgens vroeg de benen en bestelde onderweg een ontbijt.

"Met hoeveel eieren?" vroeg de waard.

"Met twaalf eieren."

"Zoiets kan alleen maar een aristocraat bestellen," dacht de waard en vroeg hem wat hij voor zijn beroep deed.

"Bediende," antwoordde de Condorcet, "mijn meester is gestorven."

Ten bewijze waarvan hij, zo gaat het verhaal verder, met zijn lelieblanke handen vervalste papieren uit een veel te mooie portefeuille haalde. Waarop het de waard te machtig werd en de politie belde. De Condorcet werd in hechtenis genomen en pleegde zelfmoord in de gevangenis van Bourg-la Reine, vermoedelijk met behulp van gif uit zijn ring.

Waren Franklin en de Condorcet lid van dezelfde loge in Parijs, de overige lieden die we in het armoedige hutje aantroffen, Washington, Rochambeau en Koskiusko, waren eveneens vrijmetselaar of hadden er nauwe betrekkingen mee.

- Over de laatste van deze groep, Jean Baptiste Donatien de Vimeur, graaf de **Rochambeau**, is meer te vinden in *Citizins* waarin auteur Schrama Rochambeau, Lafayette, en Generaal Luckner afschildert als 'beroemde veteranen van Frankrijks onweersproken succesvolle campagne in Amerika.' Rochambeau, 'de held van Yorktown,' die vanaf 1780 onder Generaal Washington diende, raakte tijdens de Franse revolutie in het gevang, maar werd daaruit bevrijd tijdens de Thermidor, de periode die op het Schrikbewind volgde.

Het merendeel van Aimards 'clubje' was dus lid van de *Loge des Neuf Soeurs* welke net als andere loges ook was ontsproten aan de uit Engeland rond 1725 overgewaaide vrijmetselarij te Frankrijk. Het was niet zo dat deze beweging zich tegen wereldlijke macht verzette. Om Napoleon ter wille te zijn, schrijft Le Forestier in *La Franc-Maçonnerie*, werden in 1804 door de *Grand Orient* een aantal maarschalken en generaals tot Ere-Grootofficier benoemd. Onder hen bevond zich Generaal Sébastiani. Wist Aimard dat? Was hij daarom geïnteresseerd in het doen en laten van bovengenoemde heren?

Toestemming voor de oprichting van de *Loge des Neuf Soeurs* werd op 11 maart 1776 aangevraagd bij de *Grand Orient* en vanwege problemen over de naam pas in 1779 verkregen. Deze loge was te vergelijken met een academie waar lezingen worden gehouden en waar werd voorgelezen uit het werk van Descartes, de Boileau, de Fénelon, de Racine en Helvétius.

Volgens Huard, auteur van *L'Art Royal, Essai sur l'histoire de la Franc-maçonnerie*, waren Voltaire, Franklin, de Condorcet, Chamfort, Delille, Lemierre, Mercier, Fontanes, Gabanis, François de Neufschateau, Elie de Beaumont, Greuze, Vernet, Houdon, Piccini etc, etc, allemaal lid van de loge *Des Neuf Soeurs*.

Om nog even verder uit te wijden, op 14 januari 1790 werd er ook nog een *Société Nationale des Neuf Soeurs* gesticht, met de bedoeling dat de wetenschappelijke, literaire en de kunstzinnige lichten van die tijd elkaar daar zouden ontmoeten. Van deze *Société*, aldus de lijst, die Amiable uit de *Tribut* citeert, waren vrijmetselaars uit behalve andere loges ook niet-vrijmetselaars lid.

En nu komt het: op die lijst van niet-leden prijkt de naam Luxeuil. Dat was Lusure-Luxeuil, de Ridder die getuige was bij het aangeven van de geboorte van Karel Jules Olivier Madray in *De Kaperkapitein*. Was het Sébastiani, was het Luxeuil of waren het beiden die Aimard op het spoor van de leden van de *Loge des Neuf Soeurs* zette?

Misschien is het goed om te kijken wat Aimard verder schrijft, om de draad van het verhaal bij monde van de president weer op te pakken. Bovengenoemde feitelijke lieden zaten dus in 1767, driekwart eeuw geleden, in een fictief hutje waar hun 'reuzenarbeid,' aanving,

> **Deze begon overal te gelijkertijd, in Europa zoowel als in Azië, in Afrika zoowel als in Amerika, zonder dat deze apostelen der vrije gedachten een enkel oogenblik in hunnen ijver vertraagden.**

Deze tekst is in verband te brengen met die van *The Temple and the Lodge* waarin staat dat Franklin op 9 november 1773-74 lid werd van een speciaal comité dat als opdracht had een netwerk van vrienden in het buitenland op te zetten. Volgens Baigent en Leigh was het de bedoeling dat dit netwerk via de kanalen van de vrijmetselarij zou lopen.

Dezelfde mensen die met deze netwerken in verband werden gebracht waren lid van de Parijse *Société des Amis des Noirs* waar alle lieden van Aimards clubje uit 1767 ook al lid van waren. Al met al ziet het ernaar uit dat de vrijmetselaars, na in Amerika orde op zaken gesteld te hebben, zich bezighielden met de Franse revolutie om zich vervolgens voor een betere behandeling van slaven en afschaffing van slavenhandel in te zetten.

Over deze stroming gaat Aimards Parijse serie. Verwijzingen naar schilderingen van Greuze, die in 1769 in de *Loge des Neuf Soeurs* werd geïnitiëerd, zijn waarschijnlijk niet alleen door Sue-inspiratie te verklaren maar ook door Aimards preoccupatie met het doen en laten van de logeleden.

Weer terug naar Parijs, naar de als blauwe dominosteen verklede president. Na uiteenzettingen over de teloorgang van de oude wereld door de hoogmoed van Lodewijk XIV, de misdaden van Lodewijk XV, de minachting van Madame de Pompadour en de voorspelling van Voltaire dat Frankrijk naar de verdoemenis zal gaan, daar moet dus iets aan worden gedaan, signaleerde de voorzitter nòg een probleem. De officiële voorzitter van de vereniging, de Onzichtbare genoemd, zou de vorige avond uit Amerika zijn aangekomen maar werd op last van de Spaanse regering gevangen genomen en te Irum vastgehouden. Om vier uur had hij op de vergadering moeten zijn.

Als de klok vier uur slaat komt de Onzichtbare evenwel alsnog opdagen en praat over een teken dat telkens verandert. Voor die nacht zal het een vijfarmig Maltezer kruis zijn: op de bovenste lijn een W met het cijfer 5 eronder, op de tweede een F en een 8, op de derde een C en een 4, op de vierde een K en een 1, op de vijfde een R en een 7 en in het middelpunt van het kruis vier letters: F. P. met daaronder F. I..

De vijf letters betekenen Washington, Franklin, de Condorcet, Kosciusko en Rochambeau. Het getal 5 stelt het getal van de stichters der vereniging voor; 8, 4, 1 en 7 het jaar van oprichting, 1847 en F.P.F.I. staat voor Frankrijk, Parijs, Februari en *Invisible*.

Een en ander doet denken aan de Rosenkruisers' formule A.C.R.C. (Hoc, universi compendium, vivus mihi sepulchrum feci) en een rijtje getallen met betekenissen daarachter. Deze *Fama Fraternitatis* is te vinden in Mackey's *History of Freemasonry*.

De Onzichtbare, die het voorzitterschap van de vergadering overneemt, signaleert nog een probleem:

Toch zal deze revolutie, reeds zoo lang voorbereid, met zooveel voorliefde voorbereid, door edele harten te gemoet gezien, nog niet uitbarsten. En dat door de schuld van een verrader, dien gij misschien gespaard hebt.

Dit verhaal speelt in 1847, de Onzichtbare moet het dus hebben over de revolutie van 1848 die koning Louis Philippe ten val zal brengen. Wie is die verrader? Degene, die gespaard werd na het duel, was De Mauclerq, wiens voornamen Louis-Horace luidden. Horace was ook de voornaam van Sébastiani de la Porte, Ere-Grootofficier van de *Grand Orient* en koningsgezind. Was hij een verrader van de op handen zijnde revolutie? Wat suggereert Aimard? Projecteert hij in het wilde weg? Of gewoon toeval, dat van die naam?

Dàt republikeinen samenkwamen blijkt uit De Lamartine's *History of the French Revolution of 1848*, waarin een klein aantal vechtjassen samenkwam in dàt gedeelte van de stad, dat door de nauwheid en de bochtigheid van haar straatjes welhaast het hoofdkwartier van oproer vormde:

> **Deze mannen waren eigenlijk wel de veteranen van de republiek, gewend als ze waren aan vrijwillige discipline van de geheime genootschappen van de afgelopen twee koningschappen (Karel X en Louis Philippe) [...] Niemand wist wie hen leiding gaf. Hun onzichtbare baas had noch een naam, noch een rang.**

We hebben te maken met Aimards fictieve onzichtbare voorzitter en met De Lamartine's feitelijke 'onzichtbare baas.' En dat is niet alles. Onzichtbaren komen ook voor in twee romans van George Sand: *Consuelo* en *La Comtesse de Rudolstadt*.[42] Hierin zou sprake zijn van *la secte des Invisibles*. In *Rudolstadt I* is sprake van ene Gottlieb die in de gevangenis zit en plotseling een papiertje voor zijn voeten ziet dwarrelen waarin wordt aangekondigd dat er aan zijn vrijlating wordt gewerkt, ondertekend: *Les Invisibles*. Wie dat zijn, wordt door de volgende dialogen duidelijk.

> **Het zijn mensen die je niet ziet, maar die handelen. Er zijn slechten en goeden. Ze wonen overal. Soms vermoorden ze reizigers, soms beschermen ze hen met harde hand. Ze beginnen revoluties en beslissen of er oorlog zal zijn of vrede. Ze vergissen zich weleens, maar ze bedoelen het goed en wie zal zeggen dat wat vandaag een ongeluk lijkt, morgen maar niet een groot geluk zal blijken te zijn.**

Soms vermoorden ze reizigers??? Meer over deze slechte en goede lieden in *De Graaf de Warrens*, het vervolg op *De Metgezellen*.

Sands *Rudolstadt II* geeft lange uiteenzettingen over vrijmetselarij die uitmonden in een opsomming van hun leuzen: gelijkheid en

---

42. Volgens Michel Lamy (1984b) was *The Illuminati* het werk van een man, Adam Weishaupt, die in 1748 werd geboren. Weishaupt werd op zijn 25e jaar decaan van een rechtenfaculteit, voelde zich niet genoeg gerespecteerd en gaf de Jezuïten er de schuld van. In 1776 stichtte hij de Orde van de Perfectibilists. Eerst werd deze door de vrijmetselaars geweigerd; in 1781 steunde ene baron Adolf von Knigge de beweging en deze ging door onder de naam *Order of the Illuminati*. Lamy gaat in zijn boek over Verne uitgebreid in over deze beweging en de rol die het speelde in de boeken van Georges Sand. Over het 'onzichtbare' gehalte in Aimards boeken laat Lamy zich niet uit. Waarschijnlijk was hij niet met het werk van deze 'Indianenboekenschrijver' op de hoogte. *Angels & Demons* van Dan Brown is eigenlijk het meest populaire boek waarin Onzichtbaren voorkomen!

broederschap. En dan blijkt dat de graaf de "***", ze noemt geen naam, is ingewijd bij *les Invisibles* en dat zijn fortuin een geheimzinnige, grootse onderneming is toegedaan. Hun kleding bestaat uit: een paars-wit kostuum, elegant, simpel en bijeengehouden met een gouden ketting. Citaat uit de toespraak van gastheer, graaf de *** in *Rudolstadt II*, als de Onzichtbaren bijeenkomen vanwege een huwelijksvoltrekking:

Onze formule, vrijheid, broederschap en gelijkheid: in naam van het tribunaal van de Invisibles die zich hebben gewijd aan de driedubbele plicht tot ijver, geloof en studie, dat is te zeggen, aan het driedubbele zoeken naar politieke, morele en goddelijke recht

De discussie in *Rudolstadt* buigt zich na de bespreking over de vereiste huwelijksbeloften in hun kring over de vraag of de Onzichtbaren tempeliers zijn, vrijmetselaars, Hernhutters of misschien leerlingen van Paracelsus de Boehm. Sand duidt hen later aan als ridders en zwartmaskers.[43]

Onzichtbaren komen ook voor in *The Temple and the Lodge* waar sprake is van het *Invisible College* dat werd opgericht door Christian Rosenkreuz, een Duitse prins, stichting van de orde van de Rosenkruisers. Dit college begon vanaf 1648 ook in Oxford bij elkaar te komen. Één van de leden ervan was de architect Christopher Wren, één van de oprichters van de *Royal Society*. In 1685 werd Wren *Grand Master van de Freemasonry* in Engeland.

In 1756 werd Franklin lid van de *Royal Society* (was daar toen nog steeds het odium van Onzichtbaarheid aan verbonden?). Van 1776 tot 1786 was Franklin ambassadeur van de Verenigde Staten in Parijs en al in 1778 werd hij lid van de *Loge des Neuf Soeurs* (ging het odium van Onzichtbaar mee naar die groepering? Wie het weet mag het zeggen!)

Toen Franklin in 1782 lid werd van de geheimzinnige *Royal Loge des Commandeurs du Temple a l'Ouest de Carcassonne* was deze *Royal Loge* te beschouwen als ontsproten aan de *Royal Society*. Bleef op dié ma-

---

43. Bij mijn weten bestaat er ook een ander idee van een 'onzichtbare gemeenschap' voor het eerst gebruikt in 1531 in een controverse tussen Straatsburgse Anabaptisten als Pilgrim Marbeck en anderen en Caspar Swenckfeld. Deze laatste geloofde dat uiterlijke zaken als dopen en avondmaal niet zo belangrijk waren, dat dit de mensen van echt belangrijke zaken afhield en dat je beter een 'onzichtbare' kerk kon zijn. Dan kon je ook niet worden vervolgd.
  Dat Aimard op de hoogte was van het bestaan van Anabaptisten blijkt uit zijn *Les Avontures de Michel Hartmann* waarin hij een bezoek aan zo'n familie in de buurt van Straatsburg in 1870 beschrijft. In de loop van een dialoog in dit werk maakt Aimard zelfs onderscheid tussen de - Duitse - aanhangers van Jan van Leiden (vechtersbazen die vóór gemeenschappelijk bezit van vrouwen zijn) en de Anabaptisten in Frankrijk, volgelingen van de Friese voorganger Menno Simons, 'Christenen zonder Verdediging' genaamd.

nier het label 'Onzichtbaren' aan deze organizaties plakken? Of hangt alles met alles samen?

Was Aimard zelf een vrijmetselaar? Toen hij rond 1853 terugkwam in Parijs was de *Loge des Neuf Soeurs* al opgeheven. Zoals we zagen, zijn er meerdere vrijmetselaarsreferenties in Aimards werk aan te wijzen.

- In *De Roovers der Prairiën* heeft Aimard het over de Indianengenootschappen: welke grootelijks met die der vrijmetselaren overeenkomen. Zou iemand zo'n vergelijking maken als hij niet met de vrijmetselarij bekend zou zijn?
- In *Grijsoog* wordt een ontmoeting tussen twee vrijmetselaars in Guadeloupe beschreven.
- In het werk van Louis Amiable over de *Loge des Neuf Soeurs* wordt gewag gemaakt van de vrijmetselaarsachtergrond van het werk van Jules Verne. Lamy wijdt daarover uit in *Jules Verne, initeé et initiateur*; hij betoogt dat Verne's werk in dienst stond van de Franse vrijmetselarij, dat diens werk vol stond met symbolen.
- Kruisbestuiving tussen Jules Verne en Aimard wordt door het lezen van Lamy opeens ook zichtbaar. De bediende van Philias Fogg, de Londense rijkaard die vanwege een weddenschap een reis om de wereld binnen tachtig dagen maakte, heet Passepartout en heeft het geloof van een Charbonnier. Passepartout en Charbonnau zijn aliassen van Aimards Graaf de Warrens. Aimards boek werd eerder gepubliceerd. *Reis om de Wereld* zag het licht pas in 1873.

Voor de laatste maal terug naar de vergadering. Voordat de Onzichtbare aan een uiteenzetting over de doeleinden van de vereniging kon beginnen werd hem door de vice-voorzitter, de blauwe dominosteen, gevraagd in wiens naam hij tot hen kwam:

"Ik kom, - zeide hij, aan wien men den naam van Meester gegeven had, het opperhoofd, de Onzichtbare - ik kom in den naam van Christus, die meer dan achttien honderd jaren geleden aan het kruis gestorven is voor de verlossing en de vrijmaking van het menschelijk geslacht. Ik kom in den naam van Christus, wiens heilig woord men vervalscht heeft. Broeders! erkent gij mij nu voor dengene, waarvoor ik mij uitgeef?"

De broeders erkennen hem voor 'dengene,' waarop de mensen die de vergadering bijwonen, opperhoofden van departementen en van gemeenten, tot gehoor- en zwijgzaamheid worden verplicht. Straks zal de politie binnenvallen want De Mauclercq - die was dus niet dood - heeft gepraat. Men heeft één enkele plicht en die is het volk te onderrichten, haar ellende te verzachten, de ondeugd tegen te gaan en de deugd te verheffen.

Volbrengt (Frankrijk) niet sedert 1789 de hervorming der oude wereld [...] Laat Frankrijk het sein geven, en alle Natiën zullen opstaan. Het goud (dat in een woest land te vinden is) moet in onze handen slechts een middel zijn.

Voor de allerlaatste keer terug naar de vergadering. De politie is in aantocht. Er wordt snel afgesproken om op 1 juli a.s. in Amsterdam weer bij elkaar te zullen komen. Men sluipt de zaal uit en als de politie komt zitten er twee lieden onschuldig te schaken.

Het boek is nog lang niet uit. We maken nog uitgebreid kennis met een groentevrouw die haar dochtertje verloor en later op straat een jongetje vond dat ze mee naar huis nam. Ze noemde hem Mouchette en voedde hem op en dan was er ook nog iets over de kroegbaas van de Gekroonde Plumet en la Cigale. Vidocq loopt te speuren, maar waarnaar? *Les Invisables* is een mysterieserie!

Vidocq is de baas van Piquoiseux die tegen het einde van *De Graaf de Warrens* wordt vermoord. Aimard schrijft dat Vidocq, een in 1775 geboren voormalige galeiboef, zich in 1845 zelfstandig te Parijs vestigde. Dan zou dan op diens zeventigste jaar moeten hebben plaats vinden. In werkelijkheid was Vidocq van 1822 tot 1829 Chef van de *Brigade de Sûreté* en nog even in 1832. Zijn opvolger Allard was degene die de leiding had bij het onderzoek van de Praslinmoord.

Passe-Partout

DE FAMILIE CASA-REAL

De oorsprong van het geslacht der graven de Casa Real dateert van de vroegste tijden. De eerste maal, dat de geschiedenis er melding van maakt, spreekt zij er van als van eene familie, die zich reeds door rijkdom en aanzien onderscheidde. Onder het getal der Spaansche edellieden, die Columbus op diens eerste ontdekkingsreis vergezelden en zich in de haven Palos met hem inscheepten, bevond zich ook een Casa-Real. Op deze eerste reis ontdekte Columbus het eiland Cuba. De graaf de Casa-Real, zijn metgezel, vestigde zich met toestemming van den admiraal op het eiland.

Om kort te gaan, de Casa-Reals werden rijk en bekend. In 1846, zes maanden voordat het vorige besproken boek begint, *De Metgezellen van de Maan*, loopt een schip de rede van Matanzas binnen, één van de belangrijkste havens van Cuba. Kapitein Noël loopt op dek al heen en al weer en la Cigale, die net een zeil op de ra van de bramsteng zit vast te maken ziet dat zijn baas het niet naar zijn zin heeft. Dat komt omdat de kapitein Hermosa la Casa-Real zal gaan ontmoeten, en dat is niet iets om naar uit te zien. Het blijkt dat Noël en Hermosa's eerdere kennismaking een dochter tot gevolg had gehad en dat Noël Hermosa haar dochter had afgenomen vanwege haar losse levensstijl.

Nu ze elkaar weer ontmoeten is Hermosa's vijfendertigjarige echtgenoot zijn stervensuur nabij. Ondanks zijn heikele toestand geeft de stervende Noël een verklaring waarin staat dat hij door Hermosa is vergiftigd met *lecho-palo*. Daarna valt hij dood neer. Aimard verwijst zijn lezers naar *Steenhart* voor nadere bijzonderheden over dat vergif.

Tijdens Noëls terugreis naar Frankrijk vallen er de nodige doden en wordt een scheepsjongen wordt opzettelijk verdronken. Hermosa is erop uit haar echtgenoot's verklaring over die vergiftiging in handen te krijgen. Te dien einde vestigt zij zich in Parijs.

Thans vragen wij aan onze lezers verlof, onze personen in volle zee te verlaten [...] Wij willen den draad van ons verhaal nu weder opvatten [...] met den morgen van den Zondag voor de Vasten van het jaar 1847, bijna op hetzelfde uur waarop Passe-Partout en Monsieur Jules in diens kabinet in de Rue des Noyers zulk een zonderling bezoek bracht.

Eindeloze dialogen verhalen vervolgens over de avonturen van twee meisjes die terecht kwamen in de troepen van Jean Vadrouille, de zigeunerkoning in de verhalen van Berquin. Daarnaast weidt Aimard uit over de relaties van mensen rond de hertog de Dinan en over baron de Kirchmark.

Noël alias Passe-partout alias de Warrens is tijdens dit alles druk bezig met grote geldtransacties en weet inmiddels dat Hermosa in Parijs vertoeft. Als ze elkaar spreken, in een ijzige sfeer, maakt helse gravin een toespeling op een ontmoeting in Amsterdam:

"Is er dan een stad van dien naam aan gene zijde van den oceaan?" vroeg de graaf met de meeste leukheid, terwijl Martial Renaud, ook lid van de Onzichtbaren, de jeugdige vrouw aankeek, zonder zijne verwondering en bijna zijn schrik geheel te kunnen overmeesteren.

Hermosa weet af van De Vereniging wat blijkbaar niet de bedoeling is. De Metgezellen, zagen we eerder, zouden op 1 juli gaan vergaderen in Amsterdam, een eiland? stad? aan gene zijde? van welke oceaan?

Deze vijfde serie is, volgens Sieverling, geschreven in samenwerking met Crisofulli, een Italiaanse toneelschrijver. Zeer waarschijnlijk heeft deze Italiaan de tekst van dit boek geschreven vanaf het moment dat de volle zee werd verlaten. Het verhaal dobbert vanaf dan langs oeverloze sloten dialoog naar het einde. Slechts een enkele malen neemt Aimard de riemen over, voornamelijk als de Vereeniging weer ter sprake komt.

De Graaf de Warrens

EEN BLIK IN HET HART EENER CREOOLSCHE.
Wij verzoeken onze lezers ons te volgen naar het huis van de gravin de Casa-Real in de Allée des Veuves te Parijs en het boudoir binnen te treden op Zondag voor den Vasten 1847, alwaar tusschen de, aan hen die onze vorige werken lazen, welbekende donna Hermosa de Casa-Real en de Graaf de Warrens de in Passe Partout beschreven heftige scène had plaats gehad.

Het vorige boek liep niet goed af. Ruzie. Hermosa's trouwe gediende Marcos Praya biedt aan haar te wreken door de Warrens te doden. Hermosa heeft haar bedenkingen: 'We zijn hier niet in Amerika.' Monsieur Jules, alias Coquillard, alias Charbonneau, die naspeuringen heeft gedaan naar de identiteit van de Warrens, gaat bij Hermosa op bezoek en stelt haar op de hoogte van zijn bevindingen.

Meer over de graaf de Warrens, hij is dol op mode (net als graaf de Praslin). Ooit begon hij als haringvlootmaatje (net als Aimard en, net als Jules Verne). Daarna meer over de dochter van Hermosa en de graaf oftewel kapitein Noël. Hermosa wil haar dochter ontmoeten maar de Warrens weigert te onthullen waar ze is. De graaf komt er vervolgens achter waar de Mauclerq is gebleven.

Gewond en opgevist uit de Seine ligt deze in een smerig bovenkamertje waar de Warrens hem bezoekt. Niet lang daarna komt de graaf hem weer tegen in een ziekenhuis. Hoe de Mauclerq daar komt in zijn toestand en waarom hij opeens vervoerd moest worden? Dat wordt allemaal niet erg duidelijk. Dwars door alles heen blijven we meneer Jules tegenkomen. In dienst van Hermosa is hij almaar bezig om achter de doelstellingen van de Vereeniging te komen.

Tegen het einde van het boek komt de oude hertog de l'Estang, die vanwege zijn optreden in de Vendeeërsopstand, de bijnaam van menslachter heeft gekregen, weer ter sprake

Het ziet ernaar uit dat ook De Graaf de Warrens voor het grootste gedeelte door Crisafulli is geschreven. Alle actie verzinkt in oeverloze dialogen. De verschillende scènes zijn zonder veel omhaal of excuses aan elkaar geplakt. Als eindelijk Piquoiseux de entree van de schuilplaats van de Onzichtbaren ontdekt wordt hij door één van hen een kopje kleiner gemaakt. Dat doen ze. Soms doden ze reizigers. Dat stond al in *De Metgezellen van de Maan* aangekondigd.

La Cigale

DE BEGRAFENIS VAN PIQUOISEUX.
In een vorig werk (*De Graaf de Warrens) hebben wij gezien hoe de Onzichtbaren van Parijs, hun geheimzinnig doel najagende, in de onderaardsche gang verdwenen waren, en hoe de al te ijverige Piquoiseux, de klerk van Monsieur Jules, zijne nieuwstgierigheid met den dood had moeten verkopen.

Die gang liep uit in een oude beek van Ménilmontant, tegenwoordig een onbelangrijke beek. In een onderaardse gang bevinden zich la Cigale, Mouchette, en het lijk van Piquoiseux dat tot binnen de kring van de Onzichtbaren wordt versjouwd. Na de nodige beschouwingen gaat een ieder zijn ondergrondse gang en volgt een discussie tussen Kirchmarck en een generaal. Het gekke is dit volgende hoofdstuk begint met:

> Bijkans vijftig jaren geleden, en wel in het jaar achttien-honderd-zeven-en-veertig, was de straat waardoor men in de voorstad Belleville komt aan de rechter- en aan de linkerkant omgeven met herbergen en kroegen.

Vijftig jaar geleden? Foutje van de vertaler? Waarschijnlijker is vijf jaar geleden. Kirchmarck en de generaal voeren een moeizaam gesprek: er is sprake van een meisje dat aan zigeuners werd verkocht, van vijanden die zich met de Onzichtbaren hebben verbonden, van families die tot aan de Franse revolutie met elkaar bevriend waren. De generaal heet opeens Mace (de mensenslachter) en, baron de Kirchmarck wordt met Yvon Kernock aangesproken. Er komt een geheimzinnige vrouw binnen met Hermosa, die zich bij het bondgenootschap voegen, gevolgd door een oude sergeant en een meisje, Edmée de l'Estang, dat het rècht heeft zich de kleindochter van graaf de Kerouartz, hertog de Dinan, te noemen.

Aimard, niet Crisafulli, moet dit boek hebben geschreven. Er loopt teveel door elkaar heen. De Warrens verschijnt op het toneel om door

Hermosa te worden aangevallen. Buiten op straat ontstaat er een vechtpartij. De Warrens verdwijnt; hoe ? en waarheen?

Hier en daar bedient Aimard zich van Indiaanse beeldspraak. Als de Onzichtbaren zich één voor één in een onderaardse gang begeven is dat 'als in een Indiaanse rij, zoals ze op de prairies zeggen.' Als la Cigale wordt gevraagd wat hij ergens deed, zegt hij dat hij het spoor aan het volgen was. 'Het spoor?' vraagt Renaud, één van de Onzichtbaren. 'Ja, gij weet wel [...] zooals de Roodhuiden en de Blanken in Amerika zeggen,' antwoordt la Cigale.

Als blijkt dat la Cigale zijn best gedaan heeft erachter te komen waar de Warrens heen is gegaan, wordt de reus door het tijdelijke hoofd van de Onzichtbaren bedankt. La Cigale antwoordt dat het de moeite niet waard is, bedenkt vervolgens dat hij eigenlijk zegt dat het niet belangrijk is waar de Warrens is. Van wanhoop en ergernis over zijn domheid zou hij zich de haren hebben kunnen uitrukken:

> Maar zijn haar zat zoo stevig aan zijn schedel vast, dat het tot hiertoe noch aan Pawnies, noch aan Sioux gelukt was, het van zijne gewone plaats te verwijderen.
>
> Misschien zou de reus zich ook niet tot deze operatie, die hij verscheidene malen bijna ondergaan had, geleend hebben.

Het ziet ernaar uit dat we hier alweer met een Aimard alter-ego hebben te maken, ditmaal met eentje op een van de onderste treden van de vrijmetselaarsladder. Daarnaast hebben we 'Olivier, de secretaris van de hertogin de Vérone,' die veelbetekenende blikken werpt op de mooie jonge zangeres en in graaf de Warrens zijn ook al Aimard-eigenschappen geprojecteerd. Met andere woorden: deze serie biedt een scala aan in- en over elkaar lopende alter-ego's.

De overige Onzichtbaren zijn druk met geldtransporten naar Amerika te regelen, de Mauclerq is, nog steeds ernstig ziek, verdwenen. De Warrens zit ergens op een schip gevangen en doodt de tijd met het lezen van Silvio Pellico.[44] Uiteindelijk wordt het de graaf duidelijk, men voert hem af naar San Francisco, althans naar een havenstad. Eigenlijk is het hem niet duidelijk waar hij zit. Ergens, maar waar? aangekomen wordt hij onder auspiciën van Hermosa opgesloten. Hij verveelt zich wezenloos in zijn celletje tot hij opeens het gezicht van Mouchette voor het raam ziet opdoemen. En gek, iedere keer als hij Mouchette ziet, wordt hij door een vreemde ontroering bevangen. Mouchette maant hem tot stilte, houdt zijn wijsvinger voor zijn mond.

---

44. Meer over Pellico: http://www.newadvent.org/cathen/11609b.htm (Bekeken in 2008).

Hermosa[45]

In een vorige werk (*la Cigale) hebben wij gezien hoe de graaf de Warrens, bemerkende dat hulp voor hem nabij was en hij eindelijk uit zijn geheimzinnige gevangschap zou verlost worden een dankgebed uitsprak en in vervoering neder wilde knielen.

Op dat moment komt Hermosa net zijn cel binnen. Mouchette duikt weg en de Warrens kan het zich permitteren zijn hartsvijandin wat steviger toe te spreken. Hermosa spreekt in de trant van 'als je Frankrijk eenmaal verlaten hebt?' Zit de Warrens dan nog in Frankrijk? Ze wil hem zijn vrijheid teruggeven als hij haar het testament van haar dode echtgenoot geeft. En ze wil weten waar haar dochter is. De scènes doen een beetje denken, weer een voorbeeld van zelfplagiaat, aan die in *Het Opperhoofd der Auca's* waar Linda haar dochter Rosaria terug wil hebben en haar zin, haar dochter, niet krijgt.

Over het testament kan gepraat worden, zegt de Warrens, maar niet over het terugzien van de dochter. Hermosa vindt uit tijdens dit gesprek dat het testament in handen is van een vriendin van de Warrens. Ze belooft hem zich op haar te wreken. Bluf, denkt de Warrens, maar evengoed breekt hij zich het hoofd.

In een volgende scène brengt Mouchette René de Luz op de hoogte van het afgeluisterde gesprek. Er zou sprake zijn van een vrouw die zich voor de Warrens' bevrijding gaat inzetten. Hermosa raakt druk met het voorbereiden van de Warrens' aftocht. Uiteindelijk blijkt dat hij in de buurt van Le Havre wordt vastgehouden. Bediende Marcos Prayos maakte van de gelegenheid zich eens flink met Kirschwasser vol te gieten waardoor hij de overval op de pachthoeve, waar de Warrens gevangen wordt gehouden door een huurlegertje van de Onzichtbaren, mist.

Edmée op het toneel. Ze heeft last van een onrustig hart en vertelt Renaud, broer van de Warrens, dat ze de Warrens lief heeft. Dat is nog maar zacht uitgedrukt. Ze bemint hem met heel haar hart. Ze wil hem hoe dan ook, waar dan ook, achterna gaan en heeft daarvoor met een non van een klooster, waar ze zich geacht wordt te bevinden, een regeling getroffen. De non zal haar vader een jaar lang iedere maand een brief sturen. Die twaalf brieven heeft ze al geschreven en bij de non achtergelaten. De Warrens gaat met zijn gezellen scheep en pas hal-

---

45. De uitgever of de drukker heeft in dit boek, waarschijnlijk per abuis, de gravures uit *Steenhart* en *De Araucaniër* ingevoegd.

verwege de reis vindt hij uit dat zijn geliefde Edmée als verstekeling aan boord is.

Romanschrijvers, aldus Aimard, hebben het voorrecht dat zij de verste afstanden met één enkele pennestreek kunnen afleggen. Dus hervat hij zijn verhaal midden in het jaar 1847 in de haven van San Franciso, de grootste en misschien wel de veiligste van de wereld. Maar dan bedenkt hij zich en keert eerst even terug naar de tijd waarop deze havenstad nog een ellendige pueblo was tussen de mondingen van de Rio del Sacramento waar damherten, ratelslangen, bevers, Indianen ronddarden. En dat was nog lang niet alles.

Weer naar San Francisco in 1847: er liggen meer dan tweehonderd schepen in de haven; aan wal reppen zich twintigduizend met goudkoorts behepte zielen. Aan de oever zitten twee Onzichtbaren, Martial Renaud en San Lucar, te praten over Onzichtbarenzaken en de stadsuitbreiding vanwege de goudkoorts. Een stad kun je bouwen van oude scheepsrompen, van boomstammen en van zeildoek. Straten kun je rechttoe-rechtaan plannen en van straatnamen voorzien. Maar er zijn schurken, *rowdies* ofwel *desperados*, die niet in de stadsplanning zijn inbegrepen, maar die er wèl zijn en waar dus wèl rekening mee moet worden gehouden. Er is ook sprake van kerels die zich aanvankelijk hounds noemden, tegenwoordig regulators, die op klaarlichte dag onschuldigen vermoorden. Ze komen samen in een bar-room aan het Portsmouthplein, *Tammany Hall* geheten.

Over dit soort hallen schrijft Myers in *The History of Tammany Hall*:

De St. Tammany Society of wel de Columbian Order werd op 12 mei 1789 gesticht door William Moony met het oogmerk het land te voorzien van organisaties en mensen die erop toe zouden zien dat er een machtbalans gehandhaafd zou kunnen worden.

Tammany of Tamanen was een Indiaans opperhoofd die in de buurt van Scranton, Pennsylvanië, woonde toen William Penn daar arriveerde. Men zegt, aldus Myers, dat Penn zijn eerste verdrag met dit opperhoofd afsloot. Toen er later allerlei genootschappen werden opgericht met namen als St. George, St. Andrew en St. David, kwam er een stellingenstrijd tussen deze met 'geïmporteerde' heiligennamen en kwamen de Tammany-genootschappen bekend te staan als de politiek correcte lieden met anti-aristocratische en pro-democratische tendenzen. Het rangen- en standensysteem binnen de Tammany-titulatuur berustte op dat van Indianen: de grote sachem, de Sagamore, de Wiskinskie ofwel portier enz.

Dat klinkt allemaal goed, beaamt Myers, maar net als in zoveel genootschappen scheen ook bij de Tammany de klad, in de vorm van fraude en geweld, te zijn binnengeslopen:

> De bar-room, schreef een chroniqeur, was getuige van verschillende soorten ontmoetingen en vechtpartijen. Iemand hoefde zich alleen maar ergens stevig over uit te laten en neer ging hij door de hamervuisten van een van de vechtenden.

Die twee Onzichtbaren hadden het dus over de mannen van de *Tammany Hall* en ze dachten dat hun aanvoerder Sam Roberts heette. Of Marcos Praya? In ieder geval leek Praya sprekend op Roberts.

Nog iets, de Luz had die morgen iemand van water zien drinken, dat door Indianen, of door een boven haar liggende koperader was vergiftigd. Een van de metgezellen van deze ongelukkige, de Mauclerq, wilde dit ook doen en werd daarvan door de Luz weerhouden. Mauclerq was dus net weer geheel genezen en nu bijna weer dood.

De Onzichtbaren togen vervolgens naar een legerplaats bij de goudvelden. Hun makkers die zich daar al bevonden hadden het druk maar waren ook bedrukt. Ze hadden gehoord dat Edmée was verdwenen.

De scéne verplaatst zich. De Warrens zit droevig op het schip dat van Le Havre naar Amerika vaart. Dat wisten we al. Maar dan ontdekt hij Edmee die zich aan boord heeft verschanst! Dat wisten we ook al, maar nu weet hij het ook. Eenmaal aan wal in Amerika, onderweg naar de goudvelden wordt zijn gezelschap door Indianen overvallen. Als de Warrens de kans heeft om Sperwer, het jeugdige opperhoofd, te doden, doet hij dat evenwel niet. Er wordt vriendschap gesloten: *wampums* en sieraden bezegelen de verhouding. Het zal nog goed van pas komen.

De Warrens reist vervolgens naar San Francisco om de Sutter, die hij nog van vroeger kent, op te zoeken. Aan de hand van het verslag van de Franse gezant Duflot de Mofras doet Aimard uit de doeken wie de Sutter is. Dat deed hij in *De Goudkoorts* ook al, maar nu uitgebreider.

De Sutter, aldus Aimard, diende ooit bij de Koninklijke Garde onder de Bourbons en vertrok na de omwenteling van 1830 naar Amerika. Hij werd eigenaar van een pachthoeve aan de Missouri, maakte een ontdekkingsreis langs de Columbia-rivier, trok met drie Duitsers door het Rotsgebergte en vestigde zich later in wat San Francisco ging heten. Zwitser als hij van oorsprong was, had hij zijn bezitting Nieuw Helvetië genoemd. Alles liep goed, Indianenaanvallen werden met succes afgeweerd. Alles liep nog beter toen zijn timmerman, James William Marshall, een stukje geelachtige stof vond. Goud! Nergens konden de Sutter en Marshall nog heen zonder te worden bespied. Uiteindelijk vertrok de Sutter met onbekende bestemming om de rest van zijn levensdagen nog enige rust te genieten. De Franse gezant Duflot beschouwt de Sutter als de stichter van San Francisco. Einde van Aimards uitleg.

In San Francisco opent de Warrens een handelshuis onder de naam Mortimer, La Cigale en Cie. Hij reist een paar maal heen en weer naar Valparaiso, wordt raadslid van de gemeente San Francisco onder de naam Master Key en gaat naar Sonora om er een partij ossen in ontvangst te nemen. Het verhaal raast verder door een woestijngebied en houdt even halt bij de lieden die daar naar goud graven. Af en toe lijken de Warrens' avonturen op die van graaf de Raousset-Boulbon.

De Warrens gaat daarna terug naar San Francisco. Aimard licht zijn lezers nog eens in over deze stad. Ditmaal aan de hand van een citaat uit Ernst Frignets' *Histoire des progrès de l'un des Etats-Unis d'Amérique, Californië*. In dit citaat is sprake van een vechtpartij die erop uitloopt dat men de wapens van de *regulators* in beslag neemt en de heren in het gevang zet. Maar, *regulators* veranderden zich in politicians, een door en door Amerikaans woord. En, voorspelt Aimard:

Over vijftig jaren, wij houden ons daarvan ten stelligste overtuigd, zal het Engelsch, dat in de Vereenigde Staten reeds zoozeer veranderd is, vervangen worden door eene nieuwe taal, die zal ontstaan, geheel gevormd uit de duizenden dialecten die tegenwoordig in dit vreemde land gesproken worden.

Er is sprake, volgens Aimard, van een verbond tussen de *regulators* en uit de gevangenis van Sydney, Australië, voorwaardelijk vrijgestelden: moorden, plunderpartijen en een hele grote brand zijn hiervan het resultaat.

Terug naar Passe-Partout, nu Master Key genaamd; hij is Edmée kwijtgeraakt en wil haar terugvinden. De Warrens/Passe-Partout/Master Key wordt een brief in handen gemoffeld waarin staat dat Edmée zich in de *barroom* in Sydney-Coves bevindt, het hoofdkwartier van de bij de *regulatoren* aangesloten *desperados*. De Warrens erheen en komt Hermosa tegen. Hij weet de situatie ten goede te keren door zich van haar pistool meester te maken. Er zit voor Hermosa niet veel anders op dan de graaf te vertellen dat ze Edmée aan de Indianen heeft verkocht, om precies te zijn, aan Sperwer, het jeugdige opperhoofd. De graaf houdt wijselijk zijn mond en overvalt even later Marcos Prayos.

Inmiddels heeft de Parijse straatjongen Mouchette hulp georganiseerd: alle Onzichtbaren begeven zich naar Sydney-Cove waar de Warrens Prayos in bedwang houdt door met ene zijn knie op diens borst te knielen. Hermosa komt aanstormen en steekt in het voorbijgaan een dolk in de borst van Mouchette. Baron d'Entragues roept uit dat ze nu net haar eigen zoon heeft gedood ten bewijze waarvan hij papieren te voorschijn haalt die de afkomst van Mouchette, ooit gevonden en opgevoed door een groentevrouw uit de Parijse hallen, als zoon van kapitein Noël (ofwel de Warrens) en Hermosa bevestigen. Er is nooit sprake geweest van een dochter; het is een zoon, Mouchette.

In het verhaal blijft het onduidelijk waarom de Warrens niet wist dat hij een zoon had die Mouchette heette (dus geen dochter) en hoe het kwam dat Mouchette op straat door een groentenvrouw werd gevonden. Aan de andere kant, kinderen werden vroeger uitbesteed aan lieden die zich verder niet veel om hen bekommerden; het overkwam Aimard zelf ook.

In het slothoofdstuk wordt Prayos opgehangen en vinden we de Mauclercq terug aan de martelpaal bij de Sioux. Hermosa krijgt zijn schedelhuid in haar gezicht geworpen waardoor ze plots, vergrijsd als ze al was, ook nog krankzinnig wordt. Het wordt de Warrens tè droef te moede. Met één welgemikt schot bevrijdt hij de Mauclerq uit zijn betouwde veste waarna de Onzichtbaren om het eiland Alcatraz heen terug naar Frankrijk zeilden.

Zij hadden eindelijk de verschrikkelijk taak volbracht, die het "Hoofdbestuur" hun bij hun vertrek van Parijs opgedragen had. Zij brachten bovendien onmetelijke schatten mede, terwijl zij Californië misschien wel voor immer verlieten. Zij begaven zich met volle zeilen naar dat geheimzinnige eiland Amsterdam, dat aan het eind der wereld gelegen is, waar zij met ongeduld verwacht werden door de broeders, die zich aldaar uit alle oorden der wereld verzameld hadden. Hierop keerden zij naar Frankrijk terug om de taak van de hervorming der maatschappij, waaraan zij zich zoo edelmoedig toegewijd hadden, te hervatten.

Wat precies de verschrikkelijke taak was? Hermosa afstraffen? Wat ze met die onmetelijke schatten gingen doen? Het eiland Amsterdam? *Het Geheimzinnige Eiland* is één titel van Jules Verne, maar dat gaat niet over een eiland Amsterdam. In een van zijn andere boeken, *Les Enfant du Capitaine Grant*, wordt het eiland Amsterdam wel genoemd, maar volgens een schrijver uit de stad Amsterdam, Alfred van Cleef, die een boek schreef over het eiland Amsterdam, is wat Verne schreef over dat eiland fout.

Volgens Van Cleef haalt Verne het groepje eilanden in de Indische oceaan door elkaar. Het eiland St. Paul, volgens Verne, is in werkelijkheid het eiland Amsterdam ofwel St. Pierre en het eiland Amsterdam ofwel St. Pierre is St. Paul. Van Cleef is er zelf gaan kijken, net als de Franse graaf in *Vrij-Kogel*! Verder schrijft Verne dat deze eilanden in 1696 werden ontdekt door Willem Hesselsz. Vlaming uit Vlieland. Volgens Van Cleef zette Vlaming daar in 1696 voet aan wal maar was een zekere Del Cano degene die het eiland al in 1552 ontdekte. •

Serie 6
Koningen van de Oceaan

De Boekaniers   160
De Zeeschuimers   161
De Goudzoekers   161
De Hacienda del Rayo   162
Montbars de Verdelger   162

Net als serie 5, *De Onzichtbaren*, staat ook deze serie onder een naam bekend, *Koningen van de Oceaan (Les rois de l'Océan)*. Als zodanig staan de romans die hiertoe behoren in de *Librairie of Congress* echter niet beschreven. Deze uit vijf delen bestaande serie werd in 1865 uitgegeven, valt wat het tijdsbestek betreft waarin deze werd geschreven, tussen de series 5 en 7.

Aimard leidt deze serie in met een voorwoord bij het eerste deel ervan, *De Boekaniers*:

> **De gedachte waaraan dit werk zijn ontstaan te danken heeft is de volgende: Wij wenschten mannen, wier ruwe geestkracht, onverzettelijke wil en onversaagde moed gedurende langer dan tachtig jaren alle machten der oude wereld in bedwang gehouden hebben, niet zoozeer in hun eer herstellen als wel hen naar waarheid doen kennen. De boekaniers hebben door hunne daden het recht der vrijheid in het licht gesteld.**
>
> **De boekaniers zijn miskend geworden.**
>
> **Het is tijd dat over hen de waarheid aan het licht wordt gebracht en hunne geschiedenis aan ons vertoone wat zij werkelijk waren, - de belangelooze stichters van onze rijke Amerikaansche koloniën.**
>
> **Dit willen wij trachten te bereiken door het schrijven van dit verhaal. Den lezer zij het oordeel overgelaten of wij daarin al dan niet zijn geslaagd.**

In het algemeen is deze serie te beschouwen als een vrije navertelling van het werk van Oexmellin, die beter bekend staat als Exquemelin, de geschiedschrijvende chirurg die op zeventiende-eeuwse Franse piratenschepen diende. Afgezien van wat Aimard zegt over zijn redenen om deze serie op te schrijven, kan het zijn dat hij daartoe ook werd geïnspireerd door zijn vroege jaren bij de familie die hem adopteerde.

Volgens Sieverling gaat het verhaal dat deze familie zou afstammen van Jean Bart. Zoals eerder gezegd, op de hoek van de rue Plumet in Parijs waar de jonge Aimard met deze familie woonde, is nu nog altijd een Tabac/café Au Jean Bart. Aimard schreef vijf piratenboeken die hij volgens zijn gewoonte voorzag van de nodige historische achtergronden. Pas in het laatste boek van deze serie, onthult Aimard indirect waar hij de mosterd voor deze serie vandaan haalde:

> De expeditie, die tegen Panama ondernomen werd, was misschien de meest gewaagde en de meest buitengewone van al de expedities, die de vrijbuiters ooit ondernomen hebben.
>
> Nu ons verhaal op het punt is zich geheel en al te concentreeren in Panama, kunnen wij niet nalaten onze lezers een kort uittreksel van het krijgsdagboek van den marsch der vrijbuiters van Chagrès dwars over de landengte mede te deelen. Dit dagboek werd bijgehouden door den lateren geschiedschrijver Olivier Oexmelin die zelf vrijbuiter was en deel uitmaakte van de expeditie; het is in alle opzichten geheel en al der waarheid getrouw.

Omdat Exquemelins boeken nog altijd op de markt te leen of te koop zijn, wordt bij de bespreking van deze serie 6 volstaan met de eerste zin van ieder boek wat lezers hopelijk zal uitdagen om deze serie zelf aan een vergelijking met het werk van Exquemelin te onderwerpen.

De Boekaniers

IN HET HOF VAN FRANKRIJK

Hoewel de Seine geen grootere lengte heeft dan hoogstens acht honderd kilometers van Chanceaux waar zij haar oorsprong heeft tot aan Havre waar zij in zee uitmondt, en ondanks dien betrekkelijk korten loop, is die stroom toch eene der merkwaardigste van de gansche wereld; want sinds de dagen van Cesar tot de onze, is aan hare boorden de beslissing gevalen over al de groote sociale kwesties die den hedendaagschen tijd hebben beroerd.

De Zeeschuimers

DE GEKROONDE ZALM

De Vrijbuiters [...] Zij waren in het begin Fransche avonturiers, die hoogstens konden worden beschouwd als Zeeschuimers. Zij waren als roofvogels die van alle kanten kwamen aanvliegen [...] Zelfs door de Romeinen werden nooit zulke verwonderlijke daden verricht. Indien hunne staatkunde gelijk ware geweest aan hun onbedwingbare moed, dan zouden zij in Amerika een groot rijk hebben gesticht. (Voltaire.)

Den 17 October 1658 zaten 's avonds tusschen zeven en acht uur, een paar mannen aan een tafel in de groote zaal van De Gekroonde Zalm, de voornaamste herberg in het stadje Port-de-Paix, de gewone verzamelplaats van de avonturiers uit alle streken der aarde die door de begeerte naar goed en door haat tegen de Spanjaarden naar de Antillen waren gelokt.

De Goudzoekers

De 25 September 16 . . juist op het tijdstip dat de zon tot het zenith gekomen, hare gloeiende heete stralen loodrecht nederzond op den reeds half verschroeiden grond, voer een prauw door drie personen bemand, na veel moeite Kaap Coquibacoa om, zette haar koers langs de westkust van de baai van Venezuela voort, en bleef ten laatste vast zitten in het zand van den oever, bij de monding eener rivier zonder naam, na zich eerst doorgeworsteld te hebben tusschen doode boomen en zware waterplanten van allerlei soort, die op deze plek bijna totaal de bedding van dit armzalige stroompje verstopten.

De Hacienda del Rayo

WAARIN DE LEZER KENNIS MAAKT MET NO SANTIAGO LOPEZ EN ZIJNE FAMILIE.

Op vijf a zes uren, of misschien een weinig minder verren afstand van Toledo, de oude hoofdstad der Gothen, welke eerst na den ondergang van het Califaat van Cordova, de hoofdstad der Mooren, 200.000 inwoners te hebben gehad, er thans nog nauwlijks 25.000 telt, bevond zich, op het tijdstip dat onze geschiedenis begint, 1628, in een dal, dat weinig bekend was, eene boerenhoeve met ééne zijde tegen een rots gebouwd en omgeven aan de drie andere door een goed onderhouden doornhaag.

Montbars de Verdelger

WAARIN DE LEZER IN KENNIS GEBRACHT WORDT MET DE OMSTANDIGHEDEN, DIE AANLEIDING GEGEVEN HEBBEN TOT DEZE GESCHIEDENIS.

In het jaar 1664, toen de glorie van de Spaansche monarchie ten gevolge van het bijna spreekwoordelijk geworden wanbestuur zeer begon te verbleken en waaraan de in 1648 erkende onafhankelijkheid der Nederlanden niet weinig afbreuk had gedaan, was een andere beproeving voor het ongelukkige Spanje weggelegd.

De la Fontaine Verwey schrijft in *Uit de Wereld van het Boek* over Oexmelin:

> Van de Americaensche zee-roovers, het simpel verhaal van een weinig geletterd man, geldt wat van werken van grootser allure zelden getuigd kan worden: sinds de dag waarop het voor het eerst in druk verscheen, tot op heden heeft het onafgebroken belangstelling gevonden bij het lezend publiek van vrijwel alle beschaafde landen. Zelden is een boek zo gretig gelezen, zo dikwijls herdrukt, vertaald, bewerkt en (het onderwerp leidde ertoe!) geplunderd als Exquemelin's zeeroverskroniek. Het boek is niet alleen de bron waaruit een onafzienbare stroom gevloeid is van avonturenromans, feuilletons, stuivers- en prikkellectuur, kinderboeken enz.,

maar ook grote geesten vonden hier inspiratie voor werken die wel tot de officiële letterkunde behoren.

De la Fontaine Verwey geeft aan het eind van zijn relaas over Exquemelin en zijn voor het eerst in 1678 te Amsterdam uitgegeven werk een overzicht van literatoren die door de Americaensche zee-roovers beïnvloed zijn: Stevenson, Schwob, Mac Orlans, Vestdijk en tenslotte:

> onafhankelijk van de litteraire stromingen en de mode van de dag vloeit, nu al bijna drie eeuwen lang, gestadig door de onderstroming van de stiefkinderen van de letterkunde, waar ik in de aanvang op zinspeelde: de populaire boekaniersromans, de feuilletons, de kinderboeken waarbij zich nu ook films, hoor- en TV-spelen komen voegen.

Deze serie 6 mogen we denk ik onder de laatste populaire boekaniers categorie, dus wat doet het er toe hoe de schrijver heette, plaatsen. De la Fontaine Verwey hierover:

> Ja, zo geboeid heeft men De Americaensche zee-roovers gelezen, dat men er nauwlijks toe kwam zich af te vragen wie de auteur was van deze bestseller en wat er aan historische feiten in zijn verhaal stak. Daar is men eerst in deze eeuw aandacht aan gaan wijden. •

Serie 7
Verloren strijd

The Missouri Outlaws   165
Vrijkogel, of de Wolvin der Prairiën   169
De Spoorzoeker   177
Dona Flor   180

The Missouri Outlaws

The Good Ship Patriot.
On the 4th of August, 1801, a little after eight o'clock at night, just as the last rays of the setting sun disappeared behind the heights of Dorchester, gilding as they did so the summits of certains islands scattered at the entrance to Boston Bay, some idlers of both sexes, collected on Beacon Hill, at the foot of the lighthouse, saw a large vessel making for the harbour.

Dit boek heb ik niet in Nederlandse vertaling. Het schip kwam uit Brest: aan boord zit passagier Oliver aan kapitein Pierre Durand zijn levensgeschiedenis te vertellen. Hij werd geboren - in de Rue St. Honoré - in Parijs, naar een weeshuis gebracht en na zijn vierde levensjaar geadopteerd door een jong echtpaar dat zelf hun enige kind had verloren. Hij kwam met hen te wonen in de rue Plumet. Olivers stiefmoeder was een mooie vrouw en werd gefrequenteerd door een vriend die haar echtgenoot van een goede baan voorzag zodat die veel weg zou zijn. Oliver praatte zijn mond voorbij en werd daarom als maatje op een haringschuit naar zee gesluisd. Hij kwam erachter wie zijn echte ouders waren wat hem duur kwam te staan. Roddel en moordaanslagen werden zijn deel.

Met dit boek is, afgezien van de autobiografische paragrafen, van alles en nog wat aan de hand. Om te beginnen heb ik het alleen in een ingekorte Engelse vertaling van 111 bladzijden. *The Missouri Outlaws* (442 bladzijden) werd volgens de *Librairie of Congress*, voor het eerst door Amyot in 1868 gepubliceerd. Het vervolg op *The Missouri Outlaws* is *Vrij-Kogel*, dat in 1861 werd geschreven. *The Missouri Outlaws* is dus achteraf vóór *Vrij-Kogel* geplaatst. Het boek speelt rond 1801 in de buurt van de Canadese grote meren, in de buurt waar de Huron-Bisons zich ophielden.

Oliver zit zijn levensverhaal te vertellen aan kapitein Durand. Hij beschikt over een ruim krediet en krijgt van de kapitein wapens en paarden mee. Oliver roept: 'Je moet nu wel failliet zijn.' Hij schijnt het vrij normaal te vinden dat de kapitein hem met dure spullen overlaadt en gaat zijns weegs.

In het volgende hoofdstuk wordt het doen en laten van de kolonistenfamilie Dickson, Joshua, echtgenote Susan, zoons Sam, Harry en Jack en dochter Diane uit de doeken gedaan. Joshua's broer Samuel haalde de familie over met hem naar het noorden te trekken, naar het gebied van de grote meren om zich daar opnieuw te gaan vestigen. Aldus geschiedde.

Twee maanden later komen we Oliver weer tegen, ditmaal in gezelschap van de halfbloed Canadese jager, Bright-Eye (in de Nederlandse vertaling heet hij Vrij-kogel) die Oliver zijn levensverhaal vertelt. Zijn grootvader, Berger, (of het was diens vader; deze ingekorte versie van de *Missouri Outlaws* is dusdanig ingekort dat de genealogie niet goed meer is te volgen) trouwde met de Comtesse de Villiers, nam haar mee naar Amerika waar de gravin stierf, niet nadat ze haar echtgenoot had laten beloven hun zoon terug te sturen naar Canada. Die zoon trouwde daar met een zus van Kouha-Handa, een Huron-opperhoofd en nu kwam haar zoon, Bright-Eye/Pierre Berger/Vrij-kogel, Oliver tegen. Bright-Eye vertelt dat hij twintig jaar is en dat zijn zuster Angela ofwel Evening Dew, vijftien is. Even later horen ze een schot.

Op weg naar de kruitdampen ontmoeten ze Pierre's oom, de Huron chief Numank-Charake die Oliver een Indiaanse naam geeft, Bounding Panther (Springende Panter was de naam die de Comanches Aimard zouden hebben gegeven). Oliver geraakt met zijn companen in het Huronkamp waar net een *medicine-council* aan de gang was.

De maaltijd die werd weggeslikt met verschillende teugen Franse brandy was vrolijk en werd door grappen en geestigheden opgevrolijkt. Onder henzelf zijn Indianen altijd zo. Alleen in de

tegenwoordigheid van blanken, die ze haten, zijn ze ernstig, stil en stuurs en laten ze zich nooit gaan, behalve onder de invloed van drank [...] Het was de bedoeling noch van Bright-Eye, noch van Oliver om het jonge opperhoofd te haasten. De Indiaanse etiquette is op dit punt heel erg strict. Het is een bewijs van erg slechte opvoeding om vragen te stellen aan een opperhoofd en zelfs aan een eenvoudige krijger als het erop lijkt dat hij rust wil hebben.

Op een gegeven moment trekt opperhoofd Numank zijn medicijnpijp van tussen zijn riem en zegt:

De Blauwe Gaai heeft twee keer gezongen en om ons heen is iedereen in ruste. Willen mijn bleke vrienden slapen of naar de stem van een vriend luisteren?

Er zijn ernstige zaken aan de orde, de mooie Evening Dew is ontvoerd en er moet hoognodig tegen de Sioux opgetreden worden. De bleekneuzen geven te kennen te willen luisteren.

"Ik zal spreken, omdat mijn vrienden dat willen. Maar wat ik heb te zeggen is ernstig. Het zal geen gesprek zijn, maar een medicine-council [...]"

Numank stond op, boog naar de vier hoofdrichtingen, sprak wat onverstaanbare woorden, ging weer op zijn achterste zitten, stopte zijn pijp met morichee, een soort sacrale tabak dat alleen in plechtige ceremonies wordt gebruikt. Nadat hij wat in het vuur had verbrand als een offerande, nam hij een medicijn-stok en tilde daar een brandend kooltje mee uit het vuur in de kop van de pijp.

Het opperhoofd gaf een paar trekjes waarna hij, terwijl hij de kop nog in zijn hand hield, de steel van de pijp aan Bright-Eye voorhield. De jager nam een paar trekjes, net als Oliver toen die aan de beurt was; daarna kwam de pijp terug naar het opperhoofd en zo ging dat door tot het laatste restje tabak opgebrand was.

Daarna stond Numank-Charake op, boog weer naar de vier hoofdrichtingen van de hemel, schudde de as in het vuur uit en sprak.

"Wacondah, meester van het leven," zei hij, "u weet alles. Inspireer mijn woorden."

Volgende hoofdstuk. Settler Dickson scharrelt ergens rond in de buurt van zijn nieuwe hoeve en komt daar George Clinton, directeur van een groot bedrijf te Boston, tegen. Wat doet Clinton in de wildernis? Dochter Diane komt eraan. Clinton neemt de familie mee naar een optrek van hem en vertelt hen over zijn helper Charbonneau, een door de Indianen opgevoede Fransman. Charbonneau komt vervolgens op de proppen en neemt hen mee naar een blanke die hij zojuist ernstig gewond heeft aangetroffen. Oliver en Bright-Eye/Berger verschijnen ook op het toneel, op zoek naar Evening Dew. Bright-Eye herkent de gewonde, wil direct de lynchwet op de gewonde toepassen omdat deze Evening Dew had ontvoerd en bovendien is deze kidnapper ook nog de zoon van een koningsmoordenaar. Want, zijn vader Maillard was rechter tijdens het Schrikbewind. De gewonde heeft verschillende aliassen: Querehard, Sambrun, Mitchell. Het wordt ingewikkeld.

De gewonde blijkt zichzelf te hebben verwond en bleek ook niet de bedoeling gehad te hebben om Evening Dew te ontvoeren. Daarachter zaten een paar schurken die het hadden gemunt op het goud dat zich zou bevinden in de vallei waar de Dicksons zich hadden gevestigd. De vader van kapitein Durand die inmiddels ook kwam opdagen, bleek de vader van Mitchell = rechter Maillard 'gered' te hebben. Maillard zou ergens teruggetrokken als een Indiaan leven. Hebrard voegde zich nu bij het verscheiden gezelschap.

Hebrard was ook passagier op het schip van Durand en wilde dat Mitchell, als leider van een groep *outlaws*, pogingen in het werk stelde om de acties van de Mexicaanse priester Dolores, te steunen. De uiteindelijke bedoeling was het omver werpen van de Spaanse regering in Mexico, een missie die zowel de zegen van de Franse als Amerikaanse regering had. Clinton blijkt een agent van de Amerikaanse regering te zijn.[46]

Uit de gevoerde conversatie blijkt tevens dat de Mexicaanse Spanjaarden op hun hoede zijn voor infiltranten en zelf een netwerk van spionnen hebben uitgezet. Volgens Hebrard dient de spion, Oliver, die zich onder hen bevindt het eerst gegrepen te worden. Als Mitchell Oliver dood of levend weet te grijpen kan hij daarvoor een grote som geld krijgen.

The Missouri Outlaws eindigt nogal chaotisch: allerlei intriges worden zonder veel uitleg onthuld; waarom Evening Dew werd ontvoerd, waarom de settlement van de Dicksons in de as werd gelegd en hoe het kwam dat Evening Dew toch met Clinton trouwde. Over hoe het afloopt met de opzet van Hebrard om Oliver het liefst dood in handen te krijgen horen we alleen dat Hebrard naar het fort terugkeerde als een wijzere man en dat Oliver tot tevredenheid van een ieder had bewezen wie hij was. Als Hebrard teruggaat zegt Oliver:

Zeg tegen mijn familie dat ik me rustig zal houden zolang als zij mij met rust laten. Ga en laten we elkaar nooit meer ontmoeten.

---

46. De naam Clinton komt voor in de Tammany-literatuur. Rond 1801, in de tijd dus dat *The Missouri Outlaws* speelt, was George Clinton Gouverneur van de staat New York. Of Aimard hem of zijn neef, Clinton Jr., voor ogen heeft gehad, kunnen hebben, is niet duidelijk omdat ze beiden veel machtige vrienden hadden en bij de Tammany-beweging hoorden.

Aimard ziet kans om in dit boek zijn 'wetenschap' over Frans/Amerikaanse spionage tegen het Spaanse Mexico te spuien en nogmaals uit te wijden over zijn ervaringen met afgezanten van zijn familie.

Wat de herkomst van allerlei namen betreft, het ziet ernaar uit dat Aimard voordat hij aan *The Missouri Outlaws* begon, onder andere het reisverslag van Prins Wied nog eens ter hand heeft genomen. Daarin komen de namen Mitchell en Berger voor.

John C. Ewers schrijft in *The Blackfeet* dat David Mitchell bij de *American Fur Company* werkte en door zijn baas Kenneth McKenzie zes mijl boven de monding van de Maria Rivier een handelspost moest vestigen; Berger was daar de tolk.

Veel meer over Mitchell, McKenzie en Jacques Berger is te vinden in *Marginal Man*: Jemmy Jock Bird, geschreven door John C. Jackson.

Tom Mitchell, de leider van de *outlaws*, zou bij Aimard de zoon zijn van Maillard, rechter tijdens het Schrikbewind. Volgens de *Nouvelle Biographie Générale* heeft een zekere Stanislas Maillard (1745-dood na 1805) die eerst lakei van markies de Ste-Palaye en later soldaat was, 'tijdens de revolutie een zekere rol gespeeld.' Maillard bevond zich aan het hoofd van de troepen die de Bastille bestormde en bepaalde wie er wel en wie er niet onder de guillotine terechtkwam. Na in beschuldiging te zijn gesteld, werd hij in 1793 'vrijgelaten' en behield hij zijn positie bij de politie.

Vrijkogel, of de Wolvin der Prairiën

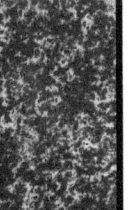

HET JAGERSKAMP
Amerika is het land der wonderen! Alles verschijnt er onder reusachtige vormen, die de verbeelding ontstellen en het verstand schier verbijsteren. Bergen, rivieren, meren en stroomen, alles is er op eene groote schaal en naar het verhevenst model ontworpen.

Drie mannen genieten van een maaltje aan de oever van de Mississippi: de bijna vijftigjarige halfbloed Vrij-Kogel (Bright-Eye uit *The Missouri Outlaws*), Charles Eduard de Beaulieu, een Franse jonker en zoon van een ultraroyalist, en diens nederige dienaar Yvon Kergollec.

Om Aimard maar gelijk te onderbreken. Een zekere Eduard de Beaulieu heeft in werkelijkheid bestaan. Ooit kreeg hij de nodige eerbewijzen van Koningin Marie-Thérèse en later vocht hij in het leger van Napoleon. Victor Hugo beschrijft het humeur van deze ultraroyalist tijdens een van de expedities van dat leger in *Mémoires d'Outre Tombe*, maar of de Beaulieu een zoon had die later in Amerika rondreisde? Tijdens een oorlog, de *Biographie Universelle* zegt niet tijdens welke oorlog, werd Eduards enige zoon voor zijn ogen door een kogel getroffen. Hierop had hij zijn soldaten als volgt toegesproken: 'Vrienden, nu geen tijd om te huilen, we moeten overwinnen.'

Terug naar het verhaal. Hoe en waarom waren die drie aan de oever van de Mississippi terechtgekomen? Vrij-Kogel was ooit in handen van Natah-Otan, een Piekan-opperhoofd, gevallen. In die situatie stelde Natah-Otan de dapperheid van Vrij-Kogel zo'n drie bladzijdes lang op proef. Graaf de Beaulieu kwam daar toevallig langs en bevrijdde de Canadese jager. Omdat graven nooit zonder hun dienaar reizen was Yvon Kergollec daar dus ook.

Na een hertenbout verorberd te hebben komen de plannen van graaf de Beaulieu ter sprake. Hij is vast van plan de oorsprong van de Mississippi te vinden. Vrij-kogel stemt van harte met dit voornemen in:

"Ja; wat men er ook van zeggen, mag, de Missouri is slechts de voornaamste tak van die rivier; de geleerde heeren zouden beter gedaan hebben met de zaak behoorlijk te onderzoeken, alvorens te verzekeren, dat de Missouri en de Mississippi twee afzonderlijke rivieren zijn."

"Wat denkt gij wel. Vrijkogel!" sprak de graaf lachend, "de geleerden zijn in alle landen hetzelfde; verschrikkelijk lui van aard, beroepen zij zich de een op den ander, of schrijven elkander na, en van dat eindeloos aantal leugens en dwaasheden, dat zij met de onbeschaamde verzekering harer juistheid in omloop brengen, en houden ook. Daar moet men wel op verdacht zijn."

In werkelijkheid is de vondst van de oorsprong van de Mississippi een ingewikkeld verhaal. In *A Pilgrimage in America* filosofeert Beltrami als volgt over de oorsprong van de Missouri: ondanks de reizen van Lewis en Clark, de reisverslagen van Brackenridge en Bradbury weten we nog steeds niet waar die rivier ontspringt. Kijk eens wat Schoolcraft deed in 1819: die wees Lake Cass aan als de oorsprong van de Mississippi zonder zich te bekommeren om het feit dat dit meer eerder al Lake Red Cedar heette. Verder was er Pike, die er in 1805 door de Amerikaanse regering op uit werd gestuurd. Pike dacht dat het Lake Leech was, maar die vergissing werd veroorzaakt omdat alles zo bevroren, zo vreselijk koud en wit was.

Beltrami's werk werd voor het eerst in 1828 in Londen gepubliceerd waardoor hij dus het moment suprême miste. In 1832 ging Schoolcraft op zoek en op 7 juli van dat jaar was het zover, kon hij noteren:

> **Het was een warme dag in juli en de zon scheen helder [...] Eindelijk zagen we op enige afstand onder ons water glinsteren. Onze gids [Ozawandib] verklaarde dat dat Lake Itasca was, de bron van de Mississippi. Toen we langs een lang draaiend pad naar beneden liepen, passeerde ik hem en was de eerste mens die haar oevers bereikte.**

Wat later merkt Schoolcraft op dat er restanten van kampvuren en beenderen verspreid lagen; op die plek was door Indianen getrouwd en gerouwd lang voordat hij dat draaiende pad naar beneden afliep. Schoolcraft noemde zich evengoed de eerste mens die de oevers van Lake Itasca bereikte.

Waarschijnlijk was Aimard op de hoogte van de pogingen om de Mississippi te vinden als hij bij monde van bovengenoemd reisgezelschap aanneemt dat Lake Itasca achteraf ook niet de bron van de Mississippi zou blijken te zijn. Het ziet ernaar uit dat Aimard het eens was met Beltrami's opvatting over studeerkamergeleerden. Beltrami maakt een opmerking over *mouffeta's*, een soort otters die een stinkklier onder hun staart hebben zitten, en dat de naturalisten denken dat hun urine zo stinkt. Beltrami:

> **Maar hierin vergissen zij zich, zoals zij zich zo vaak vergissen; een omstandigheid die mensen die de natuur alleen vanuit de beslotenheid van hun studeerkamer bestuderen, wel meer overkomt.**

Daarom dus, Beltrami's opinie over studeerkamergeleerden indachtig, is Aimards gezelschap van plan zelf die oorsprong te gaan zoeken maar de heren worden afgeleid door gedruis. Ze gaan erop af en treffen een *settlers* familie aan, de Brights, die door leden van 'drie roofgierige rassen, de Comanches, de Zwartvoeten en de Sioux,' achterna wordt gezeten.

John Bright lijkt ontleend aan Schoolcrafts beschrijving van *settler* Bright, die reist 'met de baard over de schouder.' Dat is een Spaanse uitdrukking en wil zeggen dat je reist en tegelijkertijd bang bent achterna gezeten te worden. Af en toe kijk je dan achterom waardoor je baard over je schouder komt te hangen.

De *settlers* worden gered maar Vrij-Kogel en de graaf geraakte nu in handen van Natah-Otan. Dit is een Blackfeet die net als de edelman de Beaulieu echt heeft bestaan. Toen Prins Wied op 29 augustus 1832 getuige was van een vechtpartij tussen de Cree, de Assiniboines en de

Blackfeet, noteerde hij - zie *Early Western Travels* - dat de ene na de andere gewonde hulp kwam zoeken op de binnenplaats van het fort:

> Otseque-Stomik, een oude ons bekende man werd door een kogel in zijn knie gewond. Een vrouw sneed die eruit met een pennemesje terwijl hij tijdens die operatie geen enkel blijk van pijn gaf. Natah-Otan, een knappe jongeman, die we tijdens ons bezoek aan Kutonapi leerden kennen, leed hevig aan ernstige verwondingen.

Aimard geeft zijn eigen visie op de geschiedenis van Natah-Otan en stapt daarvoor even terug in de geschiedenis. Sperwer, een door zijn stam verbannen Indiaan, zwierf door het woud. Onderweg trof hij een blanke aan die uitgedroogd en op sterven na dood lag te gaan. Ondanks zijn hekel aan blanken voorzag Sperwer hem van water. Samen trokken ze verder om door een Peiganstam te worden geadopteerd. Sperwer trouwde daar en gaf zijn zoon, de kleine Natah-Otan, ter opvoeding aan de Witte Bison, de geredde blanke.

Inmiddels wordt er druk onderhandeld, de graaf en zijn bediende zijn namelijk nog steeds gevangen. Natah-Otan belooft de graaf dat hij de familie Bright verder met rust zal laten als de graaf hèm wil helpen in een andere onderneming. Maar er is meer gaande. Er is sprake van een waanzinnige blanke vrouw, een gelaat van een minder bruine kleur, 'die een ander menschenras doet vermoeden.' Ze zwerft door de bossen met Roode Wolf, een zich tekort gedaan voelend onderopperhoofd, die samenzweert tegen de Piekans. Hun gesprek gaat verloren in het gejank van een tijgerkat die met een slang aan het vechten is.

Aan het eind van deze strijd liggen beide dieren dood op de grond. Uiteindelijk blijkt dat Natah-Otan ooit de echtgenoot van de 'waanzinnige' heeft gemarteld, dit terwijl haar zoontjes langzaam werden gebraden voor de ogen van haar man aan de martelpaal. Na afloop van deze braderie had Natah-Otan haar dochtertje meegenomen om door hem als zijn eigen dochter, Liaanbloem, grootgebracht te worden. De van man en kinderen beroofde vrouw zwierf daarna in zichzelf mompelend rond, soms verdwijnend en soms verschijnend, 'altijd even somber en treurig met verwilderde blikken en woeste gebaren.'

Aimard lijkt hier een Indiaans rouwproces voor ogen te roepen. In *Speaking of Indians* beschrijft Ella Deloria de rouw van een vrouw die in de oorlog haar zoon verloor:

> In haar intense droefenis keerde ze terug naar een oeroude gewoonte, maakte zichzelf onappetijtelijk door haar haar af te knippen, haar oudste kleren aan te trekken en onophoudelijk klagend door de heuvels te trekken.

Roode Wolf gaat terug naar zijn stam met de huid van de tijgerkat. Aimard legt uit:

De Zwart-Voeten vormden gedurende het tijdvak, waarover onze historie loopt, een machtige natie, verdeeld in drie stammen, die allen dezelfde taal spraken.
Vooreerst de stam der Siksekaï of eigelijk gezegd Zwart-Voeten, zooals hun naam in het oorspronkelijke reeds aanduidt. Vervolgens de Kenhas of Bloed-Indianen. Eindelijk, ten derde, de Piekans.

Eerst telden ze, aldus Aimard 25.000 zielen, maar nu veel minder zielen vanwege de kinderpokken. Ze hadden hun jachtvelden in de prairiën tot aan het Rotsgebergte en tussen de drie vertakkingen van de Missouri, de Gallatin-, de Jefferson- en de Madison-Rivier. Over de Piekans weet Aimard nog te vertellen dat ze handel drijven met Amerikaanse Pelterijen en de Hudson-Bay Maatschappij, dat ze behendig zijn in het stelen van paarden (allemaal waar) en vooral gevreesd zijn voor hun wreedheid en verregaande trouweloosheid.[47]

Aimard weet nog iets te vertellen over de conflicten tussen de Kenhas (dat moet zijn Blood of Kanai) en de Sassis-Indianen.[48] Er zou een Kenha-vrouw ontvoerd zijn geweest door de Sassis ondanks de tegenstand van de Piekans die daarop een aantal Sassis-hutten binnenvielen en iedereen doodden. Ook dit verhaal is overgenomen uit Wieds reisverslag. Aimard vergeet hier zijn bekende voetnoot '1) Dit is historisch' te plaatsen.

Aimard beschrijft vervolgens een struisvogeljacht in de buurt van Fort Mackenzie, zegt dat deze dieren ten tijde van het verhaal nog talrijk waren, ook wel als huisvogels werden gehouden, dat de jacht erop een van de grootste vermaken van Indianen en jagers was, dat ze

---

47. Merkwaardig. *Vrij-kogel* speelt in 1834. Eerder in 1792-1793 reisde er een Engelsman, Peter Fidler, in opdracht van de Canadese Hudson's Bay Company door het gebied dat nu Zuid-Alberta heet in gezelschap van Blackfoot-Indianen. Na een tocht van vijf maanden waarbij hij bijna iedere dag aantekeningen maakte over o.a. de gewoonten van alle Indianen die hij daarbij tegenkwam is de eindconclusie van Fidler: 'De Indianen behandelden ons op een erg gastvrije en vriendelijke manier.' Veel vroege lectuur over Indianen was van missionarissen en die hadden er nogal eens een handje van om Indianen als wilden en barbaren af te schilderen. Dat was onder andere bedoeld om hun achterban/thuisfront tot financiële steun te bewegen.
48. De Sassis zijn de Sarcee, Athapasca-indianen, een aan de Navahos verwante stam. Tegenwoordig noemen ze zichzelf Tsuu T'ina, wat aardemensen betekent. Het Tsuu T'Ina-reservaat ligt tegen de stad Calgary aan. Toen hier in 1877 Treaty Seven (een reservaat, gratis medische zorg, onderwijs en vijf dollar per jaar voor de Indianen, overdracht van de rest van het grondgebied aan de blanken) werd gesloten met de drie Blackfoot-stammen (Blood, Siksika en Peigan) hielden de Sarcee en de Stonies zich in deze contreien op. En daarom zijn er nu nog altijd vijf reservaten in Zuid-Alberta.

'verheven en keurig' smaken en dat ze tegenwoordig door ontginningen door bosbrand en bijl wel weggetrokken zullen zijn. Hij vergelijkt deze in Europa weinig bekende dieren met de Nandus van de pampus in Patagonië. In de rivier staan flamingo's mooi te zijn en zwemmen kaaimannen hongerig rond. Fort Mackenzie bevond zich toen in een gebied dat nu Montana heet, niet ver van de grens met Canada. Het is duidelijk dat Aimard in dit boek de Zuid-Amerikaanse flora en fauna projecteert op Noord-Amerika.

Vrij-Kogel raakt in gesprek met graaf de Beaulieu over Natah-Otan die Frans, Engels en Spaans blijkt te spreken en zelfs van horloges en zwavelstokken afweet. Natah-Otan is geen Indiaan meer, maar meer een Europeaan. Opgevoed door Witte Bison groeide hij op met diens verstand en verdorvenheid. Dat alles verwart Vrij-Kogel. Dan komt Liaanbloem ter sprake, het dochtertje van de waanzinnige vrouw. Het meisje is een uitermate bekoorlijke vrouw geworden. Toen ze drie jaar oud was, werd ze door Natah-Otan bij de stam binnengebracht. Aimards lezers weten al onder welke omstandigheden.

Een volgende scene speelt zich af in de hut van de Witte-Bison. Natah-Otan weet niet goed wat hij met de wijsheid van zijn blanke stiefvader aanmoet.[49] En dan is daar zijn band met Vrij-Kogel die tegenwoordig in gezelschap is van iemand [de Beaulieu] van wie hij in de boeken van Witte-Bison een foto heeft zien staan. En dan heb je nog die waanzinnige vrouw die, uit op wraak, over de prairie is blijven zwerven. Ze is de moeder van het meisje dat hij heeft opgevoed maar dat hij nu stiekum liefheeft. En dan en dan en dan en dan; Natah-Otans gemoedsleven is op drift geslagen. Witte-Bison vermaant hem:

> Ik zeg u vooruit, die gemoedsbezwaren zullen u ten gronde richten; de man, die op zich neemt, anderen te regeeren, moet versteend zijn en van de menschelijkheid niet anders bewaren dan den schijn; zonder dat, verstikken zijn plannen in de kiem, en zijn vijanden jouwen hem uit; wat de grootste genieën vaak te gronde heeft gericht, is dat zij nooit wilden begrijpen, dat zij voor hunne opvolgers wreken en niet voor zich zelfen.

Deze Schrikbewindtheoriën brengen Natah-Otan nog meer in verwarring. Evengoed gaat hij door met het uitvoeren van de plannen

---

49. Het is opmerkelijk dat de explorers Lewis en Clark in 1805 een blanke man bij de Peigans ontwaarden, aldus Jackson in *The Piikani Blackfeet*. Overigens, tijdens hun ontdekkingstocht door Blackfeet-land werd een Blackfeet doodgeschoten. Sindsdien stonden de Blackfeet, vanwege hun reactie daarop, ongunstig bekend en werd de Blackfoot-naam voor Amerikanen *Long-Knives*. Blackfeet is het gedeelte van de stam in Montana; Blackfoot is het gedeelte van de stam in Canada en de naam van de taal.

die hem werden ingegeven. Witte Bison heeft een plan, om de graaf, die op dat moment met Vrij-Kogel zijn gevangene is, voor Keizer Montezuma te doen doorgaan en hem aan het hoofd van de verbonden naties te stellen. Dit, nadat de Indianenstammen de dwingelandij van de Amerikanen vernietigd zouden hebben. De graaf wijst Witte-Bison erop dat hij niet zo ver van huis gegaan is, om zich met staatkunde te bemoeien:

> De banneling kon nauwelijks zijn toorn bedwingen.
> "Ongelukkig is uw wil niet vrij. Gij zijt hier om onze voorwaarden te hooren, en niet, om ons de uwen op te leggen, gij moet die aannemen of sterven"
> "O, ho! Gij bezigt altijd nog uwe oude middelen, zoo 't schijnt."

Vrij-Kogel spoedt zich naar een einde. Een confrontatie van Liaanbloem, haar waanzinnige moeder en Natah-Otan, de man waar ze als van een vader van houdt, wordt gevolgd door de voorbereidingen voor de aanval op Fort Mackenzie. De majoor, die daar de scepter zwaait, is de broer van de waanzinnige. Net als de blanke jagers die zich in de omgeving ervan ophouden weet hij zich van alle kanten ingesloten:

> De mogelijkheid tot vestiging en uitbreiding der blanken in Amerika berustte grootendeels op de verdeeldheid, die zij tusschen de oorspronkelijke volken van dit uitgebreid gebied hadden gezaaid; alom, waar de Roodhuiden vereenigd bleven, hebben de Europeanen schipbreuk geleden, getuige de Araucanos in Chili, welke kleine maar dappere republiek tot op dezen dag hare onafhankelijkheid heeft weten te bewaren.

Heel even gaat het goed, die overval op Fort Mackenzie. Zowel in het feitelijke verslag van Prins Wied als in *Vrij-Kogel's* fictie. Een goed leesbaar, op Wied's *Early Western Travels* gebaseerd verslag is ook te vinden in *The Blackfeet, Raiders on the Northwestern Plains* van Ewers. Minder op Wied gebaseerd is het verslag in *The American Fur Trade of the Far West* van Chittenden.

De strijdbijlen doen hun werk. Blank en rood valt bij bosjes levenloos ter aarde maar dan, op het moment dat de strijd hervat diende te worden, roept Natan-Otan:

> "We zijn verloren."
> "Verloren!" herhaalde de Witte-Bison, "wat is er dan gebeurd?"
> "Wat er gebeurd is! De zeshonderd man, die wij hier hebben zijn smoordronken, en onze overige bondgenooten wenden de wapenen tegen ons; zoo hebben wij niets te wachten dan te sterven."

Er wordt nog wat doorgevochten, maar de strijd is hiermee beslist en eindigt als Witte- Bison en graaf de Beaulieu op het punt staan te duelleren.

"Ja," hernam het ex-lid der Conventie, "een strijd op leven en dood; het zijn geen twee menschen, die hier elkander bestrijden zullen, maar twee beginsels; ik haat uwe kaste, gelijk gij de mijne."

Op het moment waarop de twee tegenstanders hun wapens oprapen wordt Witte-Bison door Yvon, de Bretonse knecht van de Beaulieu, met een kogel door het hoofd geraakt. Werd Witte-Bison, de vroegere volkstribuun, neergelegd door iemand voor wiens kaste hij ooit op de barricaden stond? Dat dacht ik eerst. Waarom vaart Aimard niet even uit over die ondankbare Yvon?

De blanke, die door Sperwer werd gered en verder als Witte-Bison door het leven ging was Billaud-Varenne, legt Aimard in een naschrift uit. Hij en Collet waren door de Nationale Conventie naar Sinnamari in Frans-Guyana gedeporteerd en daarvandaan ontsnapt. Collot overleefde dit niet, en, besluit Aimard: 'De geschiedenis van zijn landgenoot hebben wij u juist verteld.'

Billaud-Varenne, volgens Loomis in *The Terror of Paris*, was een mislukte toneelschrijver. Hij was ervóór dat het Comité van Publieke Veiligheid meer macht kreeg. En het was dìt comité, dat de straten rond de guillotines in Parijs met blauw bloed, rood deed kleuren. Billaud-Varenne keerde zich pas tegen Robespierre tijdens de allerlaatste vergadering omdat Fouché hem had wijsgemaakt dat hij op Robespierre's lijst voor de hakbijl stond. Dat zal de reden zijn geweest dat Yvon, de volkstribuun, zonder door Aimard tot de orde geroepen te worden, de Witte-Bison kon neerschieten.

Vrij-kogel gaat over 'wetenschap', de beginselen van de Franse revolutie, Indiaanse cultuur, Zuid-Amikaanse flora en fauna, liefdesperikelen, opvoeding, standsverschillen en de strijd tussen autoch- en allochtonen. *Vrij-kogel* is zoiets als een blauwdruk van de wereld van Aimard, van Prins Wied, maar ook die van de Indian Agent Schoolcraft.

In de inleiding meldde ik al dat ik op het spoor van deze Indiaanse agent was gekomen door de opmerkingen over de oorsprong van de Mississippi. In zijn memoires schrijft Schoolcraft over het advies dat hij de immigrant Bright gaf en wijdt hij een paar dichtregels aan Charlotte, de dochter van een Chippewa, die in zijn gezin was geadopteerd en op haar vijftiende aan tbc overleed:

A forest flower, but few so well could claim
A daughter's, sister's, and a Christian's name.

Een *forest flower* dus. De naam van het blanke meisje dat in een Indiaanse stam wordt geadopteerd is Liaanbloem, (Fleur-de-Liane in de Franse versie) een naam die verwijst naar een bosbloem. In de Engelse vertaling is het *Prairieflower* geworden. Schoolcraft maakt af en toe melding van een Indiaan, Wabisshke Penai ofwel White Bird die een blanke redde. Dat was Gouverneur Cass die tijdens een expeditie in 1826 was afgedwaald. Voor de stam van White Bird deed dit de deur dicht. Eerder, in 1821 had White Bird de blanken gewezen waar ze koper konden vinden en dan vijf jaar later redde hij een blanke. 'Het had geleid tot zijn migratie verder naar het westen toe,' noteert Schoolcraft.

In *Vrij-kogel* is het de reeds uit zijn stam verbannen Sperwer die een blanke redt, een blanke die achteraf gezien uit zijn Franse stam was gezet. Sperwer werd tegelijk met Springende Panther verbannen. Van Springende Panther werd nooit meer iets vernomen, evenmin als van de compaan van de blanke Billaud-Varenne. In het begin van het boek wordt er een hoofdstuk gewijd aan De Banneling, dat is aan Sperwer. Aan het eind van het boek wordt Witte Bison met de Banneling aangeduid.

Witte Bison, de geredde blanke uit Vrij-kogel, woont in een hut met ruw nagemaakt Europees meubilair, boeken, bestek en curiosa. Dit interieur doet denken aan Schoolcraft's beschrijving van de hut van Sassaba (voetnoot van Schoolscraft: **The word means finery*), een Indiaan die bij voorkeur rondliep in de huid van een grijze wolf, die dol was op Europese meubels, kledij, en er in zijn hut zilveren lepels, vorken en messen, een servies een theeblad en een paraplu op na hield.

De Spoorzoeker

 **Verplaatsen wij ons, tegen het einde van Mei 1855, in een van de minst bezochte streken der onmetelijke prairiën van het Verre-Westen, op korten afstand van de Rio Colorado-del-Norte, aan welke rivier de Indiaansche stammen, in hunne beeldrijke taal, den naam hebben gegeven van: Gouden golvenstroom zonder einde.**

Het was diep in de nacht; de maan, de wind, de duisternis wat al dies meer zij wordt door Aimard uitvoerig beschreven, maar dan:

Eensklaps kraakte er in de struiken een dof geritsel [...] Uit de gemaakte opening kwam een nieuwgierig menschenhoofd te voorschijn, met schitterende oogen, als van een wild dier, die in alle richtingen onrustig rondkeken. Na eenige seconden [...] sprong hij opeens naar buiten.

Het zou te verwachten zijn dat iemand die dusdanig uit de struiken opduikt een Indiaan à la James Fenimore Cooper is, edoch, Aimard parodiëert:

zijn jagerscostuum en vooral zijn lange blonde haren en sterk sprekende gelaatstrekken [maakten] hem terstond kenbaar als een dier stoutmoedige Canadeesche woudloopers, wier ras met iederen dag zeldzamer wordt en weldra geheel dreigt uit te sterven.

De naam van dit specimen van een uitstervend ras heet Loervogel, dit vanwege zijn spiedende blik. Hij is in gezelschap van Wilde Roos en haar broer Machsi-Karehdee, opperhoofd van de Bison-Comanches. Aan zijn hoofdtooi te zien is de broer ook lid van de bende van de honden. In het Engels zou er staan: lid van de *Brave Dog Society* wat toch weer anders overkomt dan 'bende van de honden.'

Loervogel en broer en zus babbelen een aantal bladzijden vol, totdat Aimard de scène verplaatst naar een caravan vol avonturiers die zich drie mijl verderop een weg door het bestruikte landschap ploegt. Aanvoerder is Miquel Ortega, een zesentwintigjarige jonkman die onderweg ene Stefano Cohecha tegenkomt. De ontmoeting is koel te noemen. Als Cohecha weer verder op pad gaat, wordt hij begluurd door Ortega's knechtje, Domingo, die even later Cohecha in gesprek met Vrij-Kogel ziet. Maar de glurende Domingo wordt gesnapt en gedwongen de geheimen van Ortega's caravantransport te onthullen.

Een ontmoeting met de Apache-hoofdman Roode Wolf volgt. Zijn stam had ooit een Comanche-nederzetting overvallen en daarbij Wilde Roos ontvoerd. Later wist haar broer haar weer terug te krijgen naar haar eigen stam, maar nu wil Roode Wolf haar terug.

In de loop van het verhaal blijkt dat Loervogel en Vrij-kogel elkaar al vele jaren kennen en dat Vrij-kogel nu toch echt oud begint te worden. De Indianen spreken Vrij-kogel aan met het Grijze Hoofd en Vrij-kogel mag graag herinneringen ophalen waar zijn omgeving niet erg van is gediend omdat er geen eind aan lijkt te komen:

terwijl hij zijn pijp stopte, over die grap zal ik lang moeten lachen, zij is bijna zoo fijn als die ik de Pawnies speelde, in 1827, in Opper-Arkansas; ik was toen nog jong en had nauwelijks eenige jaren in de prairieën rondgezworven [...] maar ik herinner mij wel [...]

> Loervogel wist maar al te goed, wanneer Vrij-Kogel iets begon te vertellen, dat er niet veel kans bestond om hem in zijn verhaal te stuiten; [...] zijne vrienden bekend met dit zwak, ontzagen zich nooit om hem in de rede te vallen en zoodoende aan zijne wijdloopige vertelzucht te ontsnappen; evenwel moeten wij tot eer van Vrij-Kogel zeggen, dat hij deze stoornis niet kwalijk nam; met dien verstande echter, dat hij geen tien minuten daarna den draad van zijn verhaal weder opvatte.

Aimard gaat 360 bladzijden lang door over ontvoerde maagden, een doodgewaand zusje, een Indianenoorlog en een verloren broeder. Af en toe treedt hij uit zijn betoog om het een en ander toe te lichten

Over Cooper's romanfiguur Uncas, zegt hij dat die niet de laatste held der Delawaren was en dat er nog wel een paar over zijn. Ook moet het van zijn hart dat alle schranderheid van Uncas ten spijt dat:

> de Indianen op het gebied der Vereenigde Staten, slechts kinderen zijn in vergelijking met de Comanchen, de Apachen, de Pawnies, want de Amerikaanse Indianen hebben nooit een machtige staat gevormd in tegenstelling tot de die in Mexico die nog overblijfsels hebben van een vroegere beschaving. Die waren gedwongen hun krachten te bundelen om de Spanjaarden het hoofd te bieden. In Amerika konden ze leven naar "de luimen zijner beperkte behoeften."

Het is een lang betoog dat uitmondt in de stelling dat de Europeanen gedurig veld winnen onder de Roodhuiden maar:

> als dit zoo voortgaat, zullen er wellicht geen honderd jaren meer verloopen eer deze half beschaafde vrije Indianen, - die in hun vuist lachen over den verwarden toestand en onderlinge oorlogen der hun omringenden kleine republieken, of van den wankelenden kolossus der Vereenigde Staten die hen bedreigt, - hun natuurlijken rang in de wereld hernemen, en alsdan het hoofd hoog opsteken. Zulk eene uitkomst ware niet meer dan billijk, want het zijn heldhaftige menschen, rijk aan natuurlijke gaven, bekwaam, welgezind, ondernemend en tot allerlei groote dingen instaat.

Als bewijs van bovenstaande stelling voert Aimard aan dat de beste geschiedenis van Zuid-Amerika die tot nu toe het licht zag, geschreven werd door de Inca, Garcilasso de Vega.

De laatste scene in *De Spoorzoeker* beschrijft een aanval van Apaches op een *presidio*. Tegen dat Loervogel en Vrij-kogel er arriveren barst de strijd nog eens los, verschijnt het afschuwelijke hoofd van een Apache met woeste blik boven de patio. Na twee bijlslagen van Loervogel rolt dit hoofd, nog steeds grijnzend voor de voeten van Don Miquel.

Dit boek eindigt met een BESLUIT. In een hoek liggen verminkte gevangenen, de Comanches houden een aantal gevangen Apaches in bewaring, de avonturiers verzorgen hun wonden, andere graven kuilen om er de doden in te begraven.

Getroffen door een kogel van don Estevan, een blanke meisjesmoordenaar, haalt Vrij-kogel met een glasachtige blik zijn laatste herinnering op:

"Waar is Vliegende-Arend?" [vraagt Vrij-kogel]
"Hij vervolgt de Roodhuiden." [antwoordt Loer-vogel]
O! Hij is een dappere ziel; ik heb hem als kind reeds gekend in 1845, ik herinner mij nog, ik kwam van . . ."

Hij zweeg. Loer-Vogel, die zich over hem had gebogen om de laatste woorden, die al zwakker en onduidelijker werden, als uit zijn mond op te vangen, zag hem aan.

Hij was dood.

Kort hierop geeft ook Don Mariano, krampachtig bewegend, achterover neervallend met een laatste snik de geest. Loervogel (vertaling van de naam Bon-Affût) trok met gebroken hart verder en Leo de Torres kon hem nooit meer vinden.

Dona Flor

Men schreef den 12en Juni 1864 en 't was tusschen vijf en zes uur 's avonds, toen een ruiter, die op een prachtigen mustang met fijngevormd hoofd, vurig oog en stalen spronggewrichten was gezeten, stapvoets een weg, of liever gezegd, een breed voetpad volgde, dat onder het maken van duizend bochten en kronkelingen van Medellin naar Paso de Ovegas, op den weg van Vera-Cruz naar Jalapa voert. Een kostbare revolverkarabijn hing aan den zadelboog en een reebok lag dwars over het kruis van den viervoeter, wien de teugels op den hals rustten.

De ruiter met zijn statige, trotsche gestalte was ongeveer vier- of vijfen-twintig jaar oud en droeg het zoo rijke en tevens zo schilderachtige costuum van de *rancheros* van Bajio zoo bevallig en zoo los als alleen een Mexicaan dit kan. Zijn bleek, fijnbesneden, mannelijk gelaat werd door de laatste stralen van de ondergaande zon verlicht en had iets bijzonder openhartigs, vermetels, en voornaams in zijn uitdrukking.

Op zeker oogenblik verduisterde een wolk van droefgeestigheid dat zachte, aantrekkelijke gelaat en gaf het de onmiskenbare uitdrukking van smartelijke gelatenheid.

De bittere gedachten in het fijngevormde hoofd van de trotse ruiter werden ruw onderbroken door het lawaai van vier ritmeesters van het derde regiment Franse jagers die door twintig *guerilleros* worden overvallen. De ruiter snelt te hulp. De Franse ritmeester Jakhals betuigt hem daarvoor zijn dank welke op ietwat rotsige bodem valt: de Fransen voeren immers oorlog tegen zijn land. De bittere bleke Mexicaanse ruiter, don Horacio Vivanco de Bustamente, ontdooit evenwel en nodigt de overlevende Fransen uit mee naar zijn huis te komen. De Bustamente herkent zijn gast: het is Henri Gaston Armand, graaf de Bussy d'Amboise, prins van Clermont, en hij weet ook dat deze prins eerder in Algerije diende.

Hoofdstuk II voert terug naar de tijd van Columbus. Aan boord van de *Santa-Maria* bevond zich een edelman uit Huelva, ene don Pedro Vivanco de Bustamente. Als er wordt gemuit neemt Pedro het voor Columbus op en dan is er nog sprake van een duel – het boek is hier wat ongelukkig ingekort – Columbus ging weg en kwam weer terug met een genadebrief. Weer later kreeg Vivanco van Ferdinand Cortez het opperbevel over de nieuwe stad, Villa Rica.

De Vivanco's werden steeds rijker; op een gegeven moment kende de familie twee hoofden: Ignacio die, na zo'n 400 omwentelingen voor de liberalen, de partij van Juarez koos, en Matias die voor beide zijden koos. Matias was tot overmaat van ramp met nicht Carmen d'Aquilar in het huwelijk getreden maar naar men zei, had het meisje haar zinnen eigenlijk gezet op Ignacio. Carmen stierf vroeg en liet een achtjarig zoontje, Horacio, na. De broer van Carmen, Tiburcio, trouwde ooit met Linda de Salaberry en die hadden een zoontje Carlos en een dochtertje Flor. Horacio wordt in het gezin van Tiburcio en Linda grootgebracht. (de Salaberry? Die naam noemt Aimard ook in het verhaal over zijn geboorte in *De Kaperkapitein*.)

Als oom Ignacio terugkeert uit Europa, zoekt hij zijn neefje op en zet ook wat geld op diens naam vast. Matias neemt het vaderschap niet echt serieus op en ondergaat de twee bezoeken die zijn zoontje hem per jaar aflegt lijdelijk. Horacio gaat zich aangetrokken voelen tot zijn nichtje Flor.

Door het boek heen wordt er, vanwege de Franse bezetting, door Fransen en Mexicanen geregeld geweervuur uitgewisseld. We zitten in de periode dat Ferdinand Maximilian von Habsburg (1832-67) daar van 1863 tot 1867 tevergeefs de scepter zwaaide. Aangekomen op bladzijde 209 worden er door de Fransen een paar lieden gevangen genomen, nee, het zijn geen *guerilleros*, maar *cabballeros*, welbekende clericalen en trouwe onderdanen van keizer Maximilian. Ze zeggen de liberalen te haten en, maar worden onderbroken.

"Welnu?" vroeg Morin.

"Een stuk of wat Mexicaansche ruiters hebben Belhumeur en le Tondu, onze twee veldontdekkers, benevens drie andere kameraden, die bij het passeeren van den chaparrala gevallen en door ons voor dood gehouden, waren, naar hier teruggebracht." [...]

"Welnu, dat is zonderling! Laat die mannen eens binnenkomen."

De mannen komen binnen. Morin zegt blij te zijn ze terug te zien, daar niet op gerekend te hebben.

"En ik evenmin," gaf Belhumeur, een zeer dappere en als woudlooper zeer beroemde voormalige jager, ten antwoord.

Ik denk niet dat iemand had gedacht Belhumeur (de naam is hier niet met Goedsmoeds vertaald) nog eens te zien optreden. Elf jaar eerder, in 1855 in *De Spoorzoeker*, sprak hij zijn laatste woorden uit met een glasachtige blik. Misschien was dat Aimard door het hoofd geschoten.

Tussen de liefdes-, de familie- en de oorlogsperikelen door vangen we af en toe glimpsen op van politiek Mexico:

> Met het nieuwe keizerrijk is niemand ingenomen. Het is de antipathie van het volk; en alleen de vrees voor onze bajonetten maakt, dat het voor 't oogenblik wordt geduld. In al de provinciën steken de cabbaleros het hoofd weder op.

Aan het eind van het boek trouwen Horacio en Flor en keert de graaf de Bussy terug naar Frankrijk:

> Tot verbazing van een ieder nam graaf de Bussy, in Frankrijk teruggekeerd, in weerwil van de schone toekomst, die hem verbeidde, zijn ontslag uit den dienst, trok zich naar zijn goederen terug en bleef daar tot het rampjaar 1870 in de strengste afzondering leven.
>
> Toen greep hij weer naar het zwaard en streed als een held, tot hij bij Coulmiers, terwijl hij aan 't hoofd van zijn regiment op een Pruissisch carré chargeerde, een doodelijke wonde bekwam en met den naam van Flor op de lippen den laatsten adem uitblies.

Dona Flor is een geromantiseerde oorlogsroman, is historisch gezien het slot van de Mexicaanse serie, waaraan het maar met een heel dun draadje is verbonden. Eigenlijk alleen omdat Belhumeur/Goedsmoeds, de eertijds beroemde Canadese jager, tegen het eind van het boek uit de dood verrijst om nog eens een paard te parkeren. •

Serie 8
Aimard over zijn familie

Grijsoog   185
Majoor Delgrès   190
Te Land en te Water I
De Kaperkapitein   192
Te Land en te Water II
De Bastaard Eerste Deel   196
De Bastaard Tweede Deel   200

Grijsoog[50]

Wie Grijsoog is.

Men heeft het den Franschen meermalen, met zekeren schijnen van waarheid, tot een verwijt gemaakt, dat zij de geschiedenis van hun eigen land veel minder goed kennen dan die van de volken van vroeger en later tijd.

Omdat, volgens Aimard, haast niemand evenmin iets van de geschiedenis van de 'zoo geminachte koloniën' bekend is verhaalt hij over Guadeloupe. Het is 4 mei 1802 ofwel op 'den 13en Floréral van het jaar X.' Er bestond ongerustheid op Guadeloupe vanwege het decreet van de Conventie van den 18en Pluviose van het jaar II waarbij de 'zwarten' werden vrijverklaard.[51] Hoewel, dat decreet was dan wel uitgevaardigd, maar werd door volksvertegenwoordiger Hugues niet uitgevoerd, was een dode letter gebleven.

Aimard schetst vervolgens een carnavaleske samenleving waarin druk wordt samengezworen. Er is sprake van een rijke plantersfamilie, de la Brunerie, waarvan ooit de patriarch was verdwenen. Een aantal zwarten beraamt moord op Renée, dochter van de huidige planter, bij wijze van wraak op de rattenjager, Grijsoog. Deze verscheen ooit op het eiland, joeg er aanvankelijk met zijn honden op ratten, later op

---

50. *Grijsoog* en het vervolg daarop, *Majoor Delgrès*, staan in de originele Franse uitgave bekend als *Les Chasseurs des Rats I et II* en werd rond 1876 uitgegeven.
51. Wright geeft in zijn proefschrift over de Franse politiek in de jaren 1789 tot 1900 een meer bekende jaartelling; dit decreet op 25 augustus 1792 uitgevaardigd.

Marrons. Dat zijn 'zwarten' die zich na het conventiebesluit in de bergen hadden teruggetrokken en vandaar uit guerilla voerden omdat het besluit, hen vrij te laten, niet werd uitgevoerd.

> Door een half dozijn bijzonder kleine honden met steile ooren, een uitstekende lucht, vurige oogen, ijzeren spronggewrichten en stalen spieren gevolgd, bezocht hij dan de plantages en begon een verdelgingsoorlog tegen de ratten [...] en toen er haast geen ratten meer waren [...] Zijn rattenvangers begon hij nu op het opsporen van weggeloopen negers af te richten, en hij zelf werd ditmaal niet langer ratten- maar slavenjager.

Dit verhaal berust, helaas, ook al weer op een historische situatie. Die honden waren zwart en kwamen uit de Antillen. Niemand die daar op lette, zoals niemand er iets van dacht dat honden op negers jaagden, aldus Anna Seghers in *Wiedereinfuhrüng der Sklaverei in Guadeloupe*.

Aimard schrijft over 'zwarten' die als ratten in hun holen werden opgejaagd waardoor ze eigenschappen van wilde dieren, van jaguars ontwikkelden. Wat hier opvalt is het ontbreken van enige kritische noot. Het is lang geleden dat Aimard in *Zwervers op de Grenzen* de vrijgekochte negerslaaf Quonium afschilderde als groot, welgemaakt, fraai gevormd oprecht, wiens open oog:

> teekende schranderheid en ernst, en al was zijne kleur van het schoonste zwart, eene kleur die in Amerika, het zoogenaamde: "land der vrijheid" als onuitwischbaar stempel der dienstbaarheid wordt gebrandmerkt, scheen deze man niet geschapen voor slavernij en ademde zijn gansche voorkomen die zucht naar vrijheid en naar onbelemmerde wilsuiting, die God ook aan de gekleurde menschenrassen heeft ingeschapen, hetwelk alleen het blinde vooroordeel der blanken hun vruchteloos poogt te ontzeggen.

Aimard wordt oud. Hij vergeet dat Vrij-Kogel en Belhumeur al dood zijn en nu wordt hij ook nog racistisch. Hij woont nu al jaren in Frankrijk. Wat hij geregeld beweert in zijn werk, dat de beschaafde samenleving corrumpeert, gaat nu ook voor hemzelf op.

De moord op de mooie Renée wordt op het nippertje voorkomen. Het leven gaat door, bezoek loopt in en uit. Politiek is het een rommeltje op het eiland. De afschaffing van de slavernij had al voor de nodige ongeregeldheden gezorgd. De Britten proberen de leider van de zwarte opstandelingen, majoor Delgrès, over te halen het eiland aan hen over te doen.

Delgrès is een somber, ontevreden persoon met een bittere glimlach op de lippen. Voor samenwerking met de Fransen die de slavernij weer willen instellen voelt hij niet. Aan zijn eigen missie, zelfbestuur voor de zwarten, 'dat diepgezonken ras,' twijfelt hij. Er is nog een optie: het eiland overdoen aan de Britten. Hij ontvangt iemand die dat plan, met het pistool op de borst, met hem wil bespreken.

"Tous," zei de man met doffe stem, terwijl hij zijn pistool bedaard op de borst van zijn bezoeker richtte.
"Saint." gaf Delgrès onmiddellijk ten antwoord.
"L'ou," hernam de eerste.
"ver," zei de majoor.
"Ture," sprak de ander weer.
"Re," besloot Desgrès. Er volgde een pauzen, waarin de beide mannen van uit de verte ... maçonnieke teekenen met elkander wisselden. Vervolgens hernam de heer des huizes, nog steeds op denzelfden doffen toon en als 't ware alsof hij een van buiten geleerd lesje opzeide:
"Li"
"Ber," liet Delgrès er dadelijk op volgen.
"Té," zei de magere man.
"Ou," hernam de mulat.
"La," vervolgde de reus.
"Mort," antwoordde de majoor en tevens bracht hij den voor- en middelsten vinger van de rechterhand aan zijn linkerslaap.
Dat dubbele paswoord, dat eenvoudig beteekende: "Toussaint Louverture - vrijheid of de dood," eenmaal tusschen de twee mannen gewisseld scheen het onderzoek blijkbaar afgeloopen, want de onbekende liet den haan van zijn pistol neer en stak dit laatste zonder verdere complimenen in den zak.

In de *Widereinführung* van Anna Seghers komt Generaal Toussaint Louverture, de man die in 1801 door Napoleon tot gouverneur van St. Dominique werd benoemd, als volgt in beeld:

> Generaal Toussaint Louverture verbeeldt zich dat hij de Republiek kan bedriegen. In zijn eerzucht dacht hij het eiland Haïti onafhankelijk te kunnen verklaren en dan als despoot en tiran zijn zwarte broeders, zonder het toezicht van de Republiek het slavenjuk weer af te dwingen.[52]

De magere man die 'Té' zei, was William Crockhill, die Delgrès namens de Engelse regering een voorstel kwam doen: de Fransen verdrijven en voor de som van zeven miljoen en vijftigduizend francs de komende jaren het beschermheerschap van de Engelse regering erkennen.

---

52. Vgl. Neruda 1950, 750.

Delgrès gunt de bevolking van Guadelooupe echter noch een Frans, noch een Engels slavenjuk. Sterven is misschien wel het beste. Tezelfdertijd is er sprake van het arriveren van een Frans eskader onder bevel van Kolonel Richepanche dat orde op zake zal komen stellen. Het conventiedecreet is weer ingetrokken; de slavernij zal weer worden ingevoerd. Anders dan de Europese slavenvrienden denken, hebben slaven het echt zo slecht nog niet, aldus Aimard, die dit boek ver na 1848 schreef, toen de slavernij op Guadaloupe echt en voorgoed was afgeschaft.

Iedere Creool had één vertrouwden neger die bij hem in de kamer sliep, maar nu zijn wij ervan overtuigd, dat alles veel slechter gaat dan voorheen.

Aimard refereert hier naar de *Amis des Noirs* waarmee de plantersclub van Moreau de Saint-Méry, lid van de *Loge des Neuf Soeurs*, was geaffiliëerd. Volgens Ernest Wright in zijn proefschrift *French Politics in the West Indies* waren deze Vrienden van de Zwarten niet zozeer voor de afschaffing van slavernij dan wel voor de afschaffing van de slavenhandel en voor een betere behandeling. Afschaffing van de handel kon volgens deze Vrienden op den duur dan wel burgerrechten opleveren.

Aimard onderbreekt zijn betoog over Delgrès' liefde voor Renée met een lange uiteenzetting:

Daar dit werk ten doel heeft den lezer met de zeden en gewoonten, die in het begin der XIXe eeuw op de fransche Antillen in zwang waren, te doen kennis maken, zouden wij onze taak niet ten volle hebben vervuld, als wij de gronden, die tot deze noodlottige scheiding [van bovengenoemde geliefden] en zoo in allen deele betreurenswaardige scheiding hebben aanleiding gegeven, lieten rusten. In de koloniën, die Frankrijk in den Atlantischen Oceaan bezit - Martinique en Guadeloupe, b.v. - kan de bevolding in drie duidelijk van elkander afgescheiden klassen van menschen worden verdeeld, namelijk in blanken, zwarten en mulatten. Deze drie soorten worden door de negers, die bijzonder groote liefhebbers van kernspreuken, op de volgende wijze gekenschetst: "De blanke is het kind God: de zwarte is het kind des duivels; de mulat heeft geen vader."

Aimard gaat diep in op de rassenverschillen, en passant noemt hij nog de 'sterke lucht van Joden' en vergelijkt die dan in gunstige zin met die van den neger, 'een slecht ontbolsterd wezen met bespottelijke, monsterachtigen voeten die een godsdienst belijdt die een aaneenschakeling van kinderachtigheden is.' Een tiental jaren in Frankrijk moet Aimards aanvankelijk liberale geest aardig hebben ontbolsterd. Hij vervolgt:

> **De slavernij werkt nadeelig en is zondig tevens. Wij zijn het met de staathuishoudkunde, met de wijsbegeerte, met de zedekunde eens, dat wij haar moeten verwerpen en verbieden. Zelfs erkennnen wij, dat de slaaf het recht heeft zijn vrijheid door al de middelen, die hem ten dienste staan, terug te winnen, maar wij dulden niet - omdat het in de strijd met de waarheid is - dat er verzinsels worden uitgestrooid van negerinnen, van jonge meisjes, die zuchten en weeklagen omdat zij aan de zoete beloften van liefde van haar minnaars uit de woestijn ontrukt en aan de gehate banden eens barbaarschen meesters overgeleverd werden. Dit laatste is bepaald onwaar. Wie dergelijke dingen verelt, doet het met boos opzet of - weet van de fransche koloniën niets.**

Hierna volgt nog een lang betoog dat erop neerkomt dat volbloednegerinnen uit Afrika de man die hen in huis neemt toebehoren en dat, als er uit geheimzinnige avontuurtjes kinderen worden geboren, deze altijd een brandmerk zullen dragen die hen, al zijn ze nog zo schrander, onverbiddelijk buiten de maatschappij sluiten. Het is bijna alsof hij zichzelf troost met het idee dat hij weliswaar onwettig, maar toch uit blank en blank is geboren (en inmiddels een succesvolle schijver). Het is rond 1876 als Aimard dit allemaal uit zijn pen laat vloeien.

Aan de andere kant is het ook zo dat Aimard vervolgens de 'mulat' Delgrès aan het woord laat die onder andere de bijbel erbij haalt om aan te tonen dat Adam net zo goed zijn als haar stamvader is. In de hierbovenbesproken Indianenboeken is Aimard als auctoriale verteller degene die vooroordelen rechtzet - In *Grijsoog* is het net andersom.

Dan komt Richepance zijn opwachting bij Renées vader maken. Hij had Renée een paar maal in Parijs ontmoet waar ze voor haar opvoeding een paar jaar in een klooster had gezeten en in de weekends bij een tante, een kennis van Richepanche.[53] Helemaal goed valt dat niet, want Renée was al aan haar neef beloofd.

De strijd die uiteindelijk ontbrandt tussen Delgrès, die het eiland vrij van slavernij wil houden, en Richepance die dat ongedaan komt maken, is er een van wreedheden zonder weerga. Aimard bevoetnoot verschillende scenes, onder andere met '1) Historisch; zie: *Mémoire par le général Pélage, deel I, bladz. 274 enz.*'

Als er op het laatst 'tweehonderd negers' ergens een ravijn in worden gesmeten wordt het Aimard toch weer te bar.

---

53. Antoine Richepanse werd in 1801 door Napoleon tot gouverneur van Guadeloupe benoemd. Een jaar later stierf hij aan gele koorts (wikipedia).

"Leve de Republiek," juichten de overwinnaars op het bergvlak, terwijl zij hun wapenen vol geestdrift boven het hoofd zwaaiden.

Wij moeten hier onmiddellijk bijvoegen, dat de Republiek zoomin met dit afschuwelijke gevecht als met de wreedheden, die in dien kortstondigen doch bloedigen oorlog werden gepleegd, iets had te maken. Alleen de Eerste Consul is tegenover de geschiedenis verantwoordelijk voor de noodlottige gevolgen van het cijnische besluit, waarbij hij op het zoo menschelijke decreet van de Nationale Conventie terugkwam en menschen, die reeds tien jaar lang de vrijheid genoten, weer tot slavernij doemden.

Michael Bradley schreef dat de op Martinique geboren Joséphine de Beauharnais, later echtgenote van de Eerste Consul Napoleon, connecties had met de Caraïbische planterskringen en dat het besluit om de slavernij weer in te voeren op haar instigatie was.

Zoals hierboven gezegd - Aimards moeder werd op St. Dominique geboren, hetgeen zijn interesse in de geschiedenis van het Caraïbische eilandenrijk zal verklaren.

Majoor Delgrès

Al de hooge bergen, die zich midden door het eiland Guadeloupe uitstrekken, en naar wier toppen het terrein zich, van het strand af, langzamerhand met uitgestrekte, prachtige terrassen als een voor reuzen gebouwde trap verheft, zijn in lang vervlogen eeuwen geduchte vulkanen geweest.

De Soufrière, een berg op Guadeloupe, raast, kookt en ziedt nog altijd, noteert Aimard. In haar onmiddelijke omgeving houden zich slechts gevluchte slaven, lijsters en konijnen op.

Of die berg niet erg genoeg is, meent een van Delgrès' mannen Renée te moeten ontvoeren. Een en ander leidt tot wanhopige speurtochten, lange dialogen van Renée met de echtgenote van de ontvoerder en uiteindelijk tot een confrontatie van Renée met Delgrés waarin Aimard zijn racistische visie op blank en zwart nog eens op een rijtje zet.

Als het tussen een treffen komt tussen de mooie Renée en de mulat Delgrès houdt deze laatste een betoog van een paar bladzijden: hebben we niet aangetoond dat we dit en dat kunnen en hier en daarin slagen. Het is een emotioneel betoog dat Renée's trotse gelaat langzaamaan verzacht en een uitdrukking van liefelijkheid en roerende goedheid doet aannemen.[54] Ze reikt de geknielde mulat de hand en vraagt hem op te staan. Aan het einde van de scène zit Renée te mijmeren. Aimard vraagt zich af wie er bij machte is te raden,

> wat er in 't hart van een vrouw of, liever gezegd, van een jong meisje omgaat, vooral wanner dat meisje zestien jaar is en wanneer zij het geheimzinnig kloppen van haar hart voor de eerste maal verneemt?

Later, als Grijsoog weer verschijnt volgt er nog een lang gesprek tussen Delgrès, de redder en de maagd. Dat Renée niet voor hem weggelegd is, dat de strijd tevergeefs zal zijn, het zwarte ras nog niet rijp is voor de vrijheid, dat hij tegen het volksrecht in parlementariërs gevangen houdt, dat is nog niet alles. Weer dat radeloze: 'Doe het dan toch voor degenen die je liefhebben,' suggereert Renée. Delgrès barst los,

> "O, mejuffrouw, zonder dit te willen, scheurt u een vreeselijke wonde open, die nog steeds op den bodem van mijn hart bloedt. Ik ben een van die mannen, van die paria's van het menschdom, die reeds bij hun geboorte het noodlottige brandmerk dragen, wier leven slechts één langdurige foltering is, die verlaten en door allen gehaat, met moeite hun levensvore trekken hier op aarde en die bestemd zijn geschandvlekt en veracht te sterven, nadat zij verfoeid en misleid waren tijdens hun leven! De vurige kussen eener moeder! - Nimmer hebben ze mij in mijn prille jeugd getroost. Zonder dat ik iemand naast mij had zelfs de vrouwen, die engelen, die voor ieders smart een traan, voor iedere vreugde een glimlach over hebben - die troostende engelen, die God in zijn almachtige goedheid aan de mannen heeft geschonken om hen gedurende den langen strijd des leven ter zijde te staan, zijn vol ontzetting van mij gevlucht, zonder dat een enkele mij een medelijdenden blik toewierp of mij toeriep: 'Gij moogt hoop voeden!'"

Grijsoog en *Majoor Delgrès* werden in 1876 gepubliceerd, zes jaar na de Frans-Pruisische oorlog. Over die oorlog heeft Aimard een aantal romans geschreven die niet goed werden ontvangen; ze gingen dan ook over een verloren strijd. Volgens Sieverling reageerde hij hierop door te schrijven over een strijd die wel succesvol was. Veel moeite om

---

54. Over Delgrès: Louis Delgrès werd in 1766 geboren. Zijn moeder was blank, zijn vader een zwarte Guadeloupeaan. In 1791 werd hij sergeant in het leger. In 1794 namen de Engelsen hem gevangen na de inbeslagname van Martinique. Hij werd naar Frankrijk gedeporteerd, keerde terug naar de Antillen waar hij in 1799 troepen tegen Napoleon opzette. Daarna streed hij tegen Richepance en uiteindelijk pleegden hij en driehonderd van zijn mannen zelfmoord onder de kreet: Leven in vrijheid of sterven? (www.atout-guadeloupe.com - bekeken in 2009)

er een roman van te maken, of om pseudoniemen te verzinnen voor de hoofdrolspelers, nam hij niet meer.

De strijd in Guadeloupe komt tot een beslissing als de plantage Anglemont wordt opgeblazen, mèt de plantage al Delgrès' mannen en twee van Richepanche's medeminnaars. Renée en Richepanche treden niet lang daarna in het huwelijk. Tijdens die gelegenheid wordt er door omstanders gesteund: 'OOHH wat is ze mooi.' Mama Sumera reageert met:

> "He, he! Beste kind, schijn bedriegt. Kijk eens hier. Dat mooie meisje daar werd door drie mooie, rijke, jonge mannen bemind. Twee hunner zijn ginds, bij Anglemont, gevallen en den derde zie ik het lijkkleed reeds om de schouders hangen. Ook die sterft spoedig. Zij zal hem dooden. Och, wat een ellendige wereld is het toch."
>
> Eensklaps slaakte de oude heks een gil van pijn en woede. De kolf van een geweer was met volle kracht op een harer lompe voeten neergekomen.
>
> "Weg, ouwe tooverkol! Vervloekte heks! Ga ergens anders heen met je gekras, leelijke raaf, die je bent!" riep Rattenjager met fonkelende blik.

Rattenjager weten we inmiddels, is de patriarch van de familie de la Brunerie. Ooit vluchtte hij omdat hij protestanten gastvrijheid had verleend. Waarom hij wordt afgeschilderd als een meedogenloze slavenjager laat Aimard in het midden. Ondanks Rattenjagers verzet tegen de voorspelling van Sumera stierf Richepanche in de officiële geschiedschrijving een jaar later aan de gele koorts.

Te Land en te Water I[55]

De Kaperkapitein

Een verstooteling.

De Puerta del Sol in Madrid is sedert onheugelijke tijden de plaats waar de leegloopers en nieuwsgierigen samenkomen. In den tijd toen het navolgende verhaal voorviel, was zij een klein, modderig plein bijkans midden in de stad, gevormd door dat de straten Carretas en La Montera de straat Alcala kruisten.

---

55. In Frankrijk is *Te Land en te Water I en II* uitgegeven onder de serietitel: *Par mer et par terre*.

Met de rest van de inleiding van *De Kaperkapitein* zijn we hierboven al bekend geraakt. In 952 was Madrid nog maar een ellendig dorp maar dat werd allengs beter. De muzelmannen werden in 1085 verjaagd door don Enrique Pacheo Tellez de Salaberry die daarop het Alcazar van koning Alfonsus VI ter beloning kreeg. In 179. is dit paleis het toneel van een onwettige geboorte. Omdat de vader, de hertog van Salaberry-Pasta, tijdens de moeilijke uren van zijn minnares 'Dierbare Angela' mompelt komen we de voornaam van Aimard's moeder aan de weet. En haar achternaam, Rosvego (Angela klopt niet, en de achternaam was Rovigo). Angela was de echtgenote van de graaf van Rosvego, de politiechef van Madrid (de echte bedrogen echtgenoot zat in die tijd geïnterneerd in Graetz).

Met het vervolg zijn we ook bekend: een gesprek tussen twee matrozen, één van hen is Olivier die uit dienst werd ontslagen. Een admiraal kwam dit Olivier mededelen en voegde er aan toe dat er aan dit ontslag onbegrijpelijke voorwaarden waren verbonden. Olivier mocht de eerste tien jaar geen voet meer in Frankrijk of Spanje zetten. Tien jaar? Hij mocht eigenlijk nooit meer terugkomen.

Dan komt de heer Maraval, een bankier, langs. Olivier blijkt over een onbeperkt krediet te beschikken, dus over de mogelijkheid een schip te kopen, wat hij doet. Het schip wordt door de bankier van zijn vader uitgerust met linnengoed, kleren, uniformen, wapens en een uitgelezen boekerij want: 'Ik weet dat gij veel van lezen houdt.'

Dat is zo, Aimard verwijst nogal eens naar zijn lectuur. In één van zijn boeken beweert hij altijd Montaigne en *In Navolging van Christus* bij zich te hebben. Deze hele passage doet denken aan wat Victor Hugo in *Mémoires d'outre-tombe* over de uitrusting van Napoleon schreef. Die had altijd zijn bibliotheek bij zich waarin zich zeker altijd Ossian, Werther, *La Nouvelle Héloïse* en het Oude Testament bevonden. 'Wat de chaos in het hoofd van Napoleon aangeeft,' aldus Hugo.

Aimard houdt het simpeler, hij heeft meer te doen dan te lezen alleen. Hij moet uitzoeken wie hij is. Tijdens een bezoek aan een stierengevecht, leunende tegen de zijwand van de koninklijke loge wordt hem toegefluisterd dat de zestige jarige heer met het sneeuwwitte haar de graaf de Rosvego is en de mooie vijfenveertige jarige dame naast hem diens vrouw, de gravin de Rosvego. Aimards alter-ego, Kapitein Olivier, probeert iets uit te lokken. Luidkeels zegt hij,

> En toch dokter, vergist ge u; ik ken een zeer aanzienlijke dame, wie zulk een avontuur overkwam, geheel gelijk aan dat waarover we zoo pas spraken. Het was - wacht, laat ik mij bedenken - het was in den nacht van 13 op 14 October, in de straat Alcala te Madrid, ten huize van dokter Jose Leganez [...].

> De gravin op wie hij hardnekkig zijn oog gevestigd hield, was bleek, hijgende, met de oogen half gesloten, tegen haar stoeleuning gezakt.

De sneeuwwit gehaarde echtgenoot vraagt zijn bleke in elkaar gezakte echtgenote of ze zich wel voelt. Zij doet haar flauwte af met een smoesje over angst voor een van de stierenvechters, maar 'uit haar oogappel schoot zulk een straal vol haat dat de jonge man, zonder het te willen begon te rillen en het hoofd afwendde.'

Verderop in het boek gaat Kapitein Oliver door zijn medeopvarenden uitvoerig over zijn leven in te lichten. Van zijn dertiende tot zijn twintigste zou hij onder de naam Springende Panter bij de Comanches hebben gewoond (dat moet dus ergens na 1838 plaats gevonden hebben, na zijn desertatie). Na een stammenstrijd werd hij door de arts die hem ooit ter wereld hielp, en daar toevallig met een gezelschap rondreisde, bloedend onder een balk gevonden. Springende Panter/Aimard sloeg er toen in bewusteloze toestand af en toe wat Frans uit. De arts reisde naar Boston om de Franse consul, Lugox, van zijn bevindingen te verwittigen. Deze ging met hem mee terug. Toen Springende Panter zijn ogen opensloeg zag hij de man bij wie hij als kind in huis woonde. Lugox herkende hem niet.

'Ik woonde bij u in de Plumetstraat, later verhuisden we,' hielp Springende Panter hem herinneren. Zou Aimard daarom in de Parijse serie zo hebben uitgeweid over de eigenaar van de kroeg, de Gekroonde Plumet? Het is overigens pathetisch. Zijn vader erkende hem niet en zijn stiefvader herkende hem niet.

Lugox, legt Aimard uit, was in een baan buitenslands terechtgekomen. Dat gaf Hébrard, de bankier van Sébastiani, de gelegenheid zich regelmatig met de mooie achtergebleven echtgenote af te zonderen. Lugox was, zonder ooit gescheiden te zijn, in Boston met iemand anders getrouwd. Toen hij stiefzoon Olivier later tegenkwam lichtte Lugox hem in over diens biologische achtergrond. De koude kille man was aardig geworden.

Aimard vervolgt over zijn loopbaan, onder andere over de periode dat hij kapitein was op een slavenschip.

> Het leven op een negerschip is in strijd met alle gewone toestanden. Ik verdedig den slavenhandel niet, verre van daar; die onzedelijke handel boezemt mij afkeer in, en ik hoop dat hij vroeg of laat verdwijnen zal. Maar ik was er eenmaal in betrokken en wil u zonder overdrijving uitleggen, wat die handel is, onder wat omstandigheden hij gedreven wordt en in hoever de negerhalers schuld hebben.
> In Afrika is een slaaf het gewone geld, men kent er geen ander. De koningen verkopen hun onderdanen en brengen ze zelf

naar de kust. Deze worden als slaven geboren en hebben op de Amerikaansche plantages een oneindig verkieslijker leven dan onder hun inlandsche koningen. Zij erkennen dat zelf. De kapiteins op de negerschepen denken er niet aan hun menschelijke lading te mishandelen; integendeel, zij behandelen die met groote zachtmoedigheid en verzorgen ze met de nauwlettendste zorg,[...] zij doen natuurlijk hun best, om de slaven in goeden welstand te houden en er zoo doende een goeden prijs op de Amerikaansche markten voor te maken [...] Dikwijls waren onze loodsen aan de kust vol slaven, die van 's morgens vroeg tot 's avonds laat lachten en zongen en slechts een wensch hadden: zo spoedig mogelijk scheep te gaan; zoozeer vreesden zij weer in handen van hun eersten meester te vallen.

Tijdens één van zijn tochten zou hij verliefd geworden zijn op Dolores, de dochter van een Peruaanse mijnbezitter, en later een paar jaar in Peru/Chili rondgezworven hebben om zijn geliefde terug te vinden. Dat lijkt op de zoektocht van Raousset die ook een geliefde in Chili terugvond. Ook Dolorès wordt gevonden. Verzekerd van haar liefde gaat Olivier weer een paar jaar scheep. Als kapitein gaat het hem financieel voor de wind: 'genomen' schepen doet hij voor een goede prijs van de hand en wat zijn bemanning betreft:

Opmerking verdient het dat die dappere mannen, op raad van Olivier, in plaats van hun geld in uitspattingen te verkwisten, den consul belastten het naar Frankrijk aan hunnen families over te maken.

Kapitein Olivier blijft hierbij niet verder stilstaan want het volgende plan was om voor de kust van Zuid-Amerika te gaan kruisen. Aimard zou Aimard niet zijn als hij af en toe wat mijmert over de politiek, ditmaal die in Zuid-Amerika. Eerst had je de opstand van de Engelse volksplantingen tegen het moederland, dan de onafhankelijkheid van de Verenigde Staten waarop de ogen van de Spaans-Amerikaanse creolen open gingen. Ze vroegen zich af of ook zij niet het recht op vrijheid hadden. Het antwoord liet zich niet wachten:

De Fransche omwenteling van 1789 besliste die vraag ten gunste der vrijheid. Zij deed niet alleen alle tronen van Europa waggelen, maar vond zulk een weerklank in Amerika, dat alle koloniën er door beroerd werden en op hare beurt, van Kaap Hoorn tot aan de grenzen der Vereenigde Staten van Noord-Amerika, zwoeren te sterven of vrij te worden. Sedert een jaar was de onafhankelijkheid van Chili voorgoed verzekerd, ten gevolge van den beroemden slag bij Maypu.

Chili werd in 1817 al onafhankelijk. *De Kaperkapitein*, autobiografisch als het is, speelt echter ongeveer twintig jaar eerder dan met de werkelijkheid overeen komt.

Uiteindelijk trouwen Olivier en Dolores. Het schip wordt een beetje verbouwd; Dolores krijgt er een eigen optrek in. Na een paar jaar wordt de verbintenis met een zoontje, Napoleon, gezegend.[56] Over die naam legt Aimard uit:

> Waarom Napoleon? In dien tijd vervulde de groote naam van den ongelukkigen veroveraar van Europa de geheele wereld; de martelaar van St. Helena, zooals men hem noemde, nu hij nauwelijks een paar jaren dood was, had iets goddelijks over zich. Alles wat men tegen het oude bestuur had, diende om den keizer, den held des nieuweren tijds, met schitterender kleuren te malen. Met zekere opzet had men de werkelijke geschiedenis van den held vergeten, om uitsluitend aan zijn roem te denken en hem met een stralenkrans te omgeven. De tijd waarin zijn verdiensten en dwalingen rechtvaardig beoordeeld konden worden, was nog niet aangebroken. De naam Napoleon vertegenwoordigde in de oogen van velen, die opgetogen, verblind en bijgevolg kortzichtig en misleid waren, den nieuwen tijd met al zijn glans en met alle vrijheden die aan de volkeren ten deel waren gevallen. Dat was de reden waarom de zoon van Olivier en Dolores, evenals een breede schaar andere kleinen in alle deelen der wereld, dien naam Napoleon ontving.

Toen de kleine heerser wat groter werd en de moederlijke zorg niet meer zo nodig had gaven ze hem aan de grootouders ter verdere opvoeding en kon Oliviers plan tot rijping komen: een reisje naar Italië, het land dat Dolores altijd al zo graag had willen zien.

Te Land en te Water II
De Bastaard Eerste Deel

Door Italië naar Zwitserland.

Genua is een stad, rijk aan bewonderenswaardige gedenkteekenen en historische herinneringen van allerlei aard; zij geeft den vreemdeling een indrukwekkend beeld van hetgeen de eeuwenoude beschaving in Europa heeft voortgebracht. Deze stad was

---

56. Volgens het artikel in de *New York Times* van 9 juli 1883 had hij rond 1870 een dochtertje 'waar hij de hele dag mee op zijn arm door Parijs liep.'

daarom de eerst waar de Zuid-Amerikaansche kaperkapitein Olivier Charles Madray zijn geliefde echtgenoote Dolores den Europeeschen bodem liet betreden.

Olivier en Dolores werden vergezeld door Oliviers vriend Ivon Lebris en in Genua voegde zich de heer José Maraval, een Franse bankier, één van Oliviers oudste vrienden bij hen. Het duurt evenwel niet lang of Olivier voelt zich bespied. Op een avond besluit hij zijn vervolger te achtervolgen en te confronteren. Dat lukt. De verspieder stelt hem min of meer gerust en leidt hem naar een huis, waar Oliviers moeder, Angela Rosvega, op sterven ligt.

Op dit punt aangekomen geeft Aimard op een aantal pagina's weer wat zijn gevoelens voor zijn moeder zijn. Het is zijn moeder niet:

Nee mevrouw, dat is zoo niet, dat zou niet kunnen zijn. Met welk recht eischt gij bij mij dien heiligen naam, die u niet kan toebehooren? Gij weet wel, mevrouw! Men is geen moeder, omdat men, door hartstocht meegesleept, zonder het te willen, een kind ter wereld brengt, een ongelukkig wezentje, dat men bij de geboorte zou willen smoren om eigen tekortkomingen te bedekken.

Bij monde van kaperkapitein Olivier raast Aimard nog een paar bladzijden door over vrouwen die hun babies afstaan, maar het baat de stervende niet. Thuisgekomen krijgt Olivier een zenuwtoeval die hem vijf weken op bed doet doorbrengen. Daarna gaan hij, Dolorès en de heer Maraval naar diens huis in Cadiz waar zich meer bezoek aandient, Carlos de Santona. Tegen dat de logeerpartij voorbij is, is er een allerhartelijkste verstandhouding met de Santona ontstaan. Deze wil dan ook niets horen over wat Olivier zegt namelijk dat ze elkaar wel nooit meer zullen terugzien.

Terug in Zuid-Amerika staan de politieke verhoudingen op tilt. Het wordt tijd dat de Spanjaarden, die alleen nog een post in Callao hebben, van dit continent worden gejaagd. Oliviers kaperschip wordt ook ingezet en omdat Dolorès niet alleen wil blijven mag ze mee. Dolorès is het 'enigste eigen bezit' van Olivier. Hier vergeet Aimard even dat er ook nog een zoontje Napoleon is. Met aan zekerheid grenzende waarschijnlijkheid is het huwelijk met ene Dolorès een literaire vrijheid in dit tamelijke autobiografische boek.

In het heetst van de strijd met de Spanjaarden krijgt Dolorès een stuk verschansing over zich heen. Ze sterft ter plekke en Olivier loopt een akelige beenwond op.

Trouwe dienaar Ivon Lebris vindt een Comanche Indiaanse die de wond bekijkt. Bij die gelegenheid geeft Olivier haar antwoord in de

Comanche-taal en laat hij haar zijn tatouage op zijn bovenarm zien. Een schedel met twee gekruiste beenderen eronder,

> waaronder twee kleine dwarsbalken waren geteekend; hooger op rechts was een open halsband van beereklauwen afgebeeld. Die halsband was veel hooger geplaatst dan de andere figuren. "Mijn zoon is een groot krijgsman," zei de Indiaansche met diepe stem. "Mayava zal hem redden, zij zal den Springende Panter aan zijn broeders de Comanches teruggeven. Mijn zoon moet drinken, hij heeft behoefte aan slaap."

Wanneer, eenmaal genezen, Olivier hoort dat Mayava terug wil naar haar volk biedt hij aan haar te brengen. Na enige dagen hartverscheurend op Dolorès' graf te hebben geweend en gesnikt was hij voorbereidselen tot zijn vertrek gaan maken. Lebris mee, in de veronderstelling dat ze waar dan ook heen zouden gaan. Olivier had met Mayava afgesproken haar terug te brengen naar haar volk, de Comanches.

Aangekomen in Santa-Buenaventura zegt Oliver tegen Lebris dat hij Mayava terug zal brengen naar haar volk en over tien dagen terug zal zijn. Na een aantal dagen krijgt hij vervolgens een brief waarin Olivier aankondigt niet terug te zullen komen, en met welke brief hij naar Europa afzeilt.

Daar aangekomen, bij Maraval, hoort hij dat de Santona in dezelfde slag tussen Spanjaarden en Zuid-Amerikanen twee zoons heeft verloren. Lebris wil Olivier gaan zoeken; Maraval biedt aan Lebris te vergezellen bij verdere zoektochten in Amerika en dit wordt toegejuicht door De Santona die net weer op bezoek is.

Inmiddels arriveren Olivier en Mayava bij een Atapelt of winterdorp van 'den stam, waartoe Mayava behoorde.' En dan wordt het vreemd!

Aan de gedaante van de callis of hutten en van de loodsen herkende Olivier met den eersten oogopslag, dat de bevolking van dit dorp behooren moest tot de groote en krijgslustige natie der Zwart-voeten of Kennas die gewoonlijk door de jagers en woudloopers Bloed-Indianen worden genoemd. Hun Totem, dat wil zeggen hun wapen, dat een bever voorstelt en op een hertevel was geschilderd, als wimpel aan een lange staak gebonden, bewees dit ten duidelijkste.

Hier gaat Aimard duidelijk de mist in. Tot nu toe was Mayava een Comanche Indiaanse en nu behoort ze tot de Bloed-indianen. Edoch, Bloed-indianen hebben geen sociale organisatie in de vorm van Totems, woonden rond die tijd niet in Californië en hadden ook geen hutten. De Blood of Kanai, zoals die Blackfoot-stam heet, trok rond 1800 in kleine *bands* of *clans*, achter de bisons aan en als ze zomers met de andere Blackfoot-*clans* of *bands* samen kwamen, dan was dat in enorme tenten- of tipikampen, maar dat was altijd ergens ten noorden van de Yellowstone River. Zoals helemaal aan het begin van dit boek gezegd, Aimard is duidelijk nooit zover noordelijk geweest. Tegen dat hij *De Bastaard* schreef, moet hij nagelaten hebben het werk van Prins Wied nog eens na te lezen!

Waar waren we? Ja, in het dorp van de 'Bever-Kenna's' waar Olivier een 'dochter' van deze stam terugbrengt, omdat ze in de 'zalige vlakten van Eskennane' een nieuw leven wil beginnen (Rond 1800 gaven Blood-indianen de voorkeur aan de Sandhills, dat is in het zuiden van de provincies Alberta en Saskatchewan. Later veroorzaakte kerstening dat de een naar de hemel en de ander naar de Sandhills wilde).

Een lid van de Blood was zo vriendelijk de Comanche Blauwe Wolk op te halen. Na een paar dagen van feesten en vieren trok Olivier met hem mee om zich na enige tijd buiten het Comanche-kamp te vestigen en zich daar in eenzaamheid over te geven aan de herinneringen aan Dolorès. Af en toe troostte hij zich met het lezen van een paar bladzijden van de *Essais* van Montaigne en zo vloeide zijn leven voort. Tot hij door een wonderlijk toeval zijn oude maat Belhumeur weer ontmoette, een paar jaar met hem jaagde, vernam dat er mensen waren die blijkbaar iemand zochten.Olivier hoort dan ook dat er een aanval op blanken van Apachen en blanke rovers op handen is en dan zou er nog van een Sioux/Blackfeet opstand sprake zijn.

Dit alles omdat de Indianen dachten dat deze lieden Amerikanen waren, uitgezonden om hun land op te meten, hen naar het noorden te verdrijven en . . . en . . . . Of, dacht Olivier hoopvol, zouden ze hèm zoeken? Olivier besloot om het gezelschap zelf op te zoeken om te voorkomen dat ze in een of ander spervuur terecht zouden komen.

Hierboven zagen we Belhumeur in *Dona Flor* nog eens een paard wegzetten. *De Bastaard* is na *Dona Flor* geschreven en qua tijd voor *Dona Flor* geplaatst - om het eenvoudig te maken, zoals we zullen zien in het volgende deel, moet wat het autobiografische deel betreft gedacht worden aan het eind van de veertiger jaren van de negentiende eeuw. Wat de politiek aspecten betreft, rond de achttiende/negentiende eeuwwisseling, Aimard deed zijn uiterste best om een en ander te verhullen.

De Bastaard Tweede Deel

Hoe Blauwe-Wolk mijnheer Maraval te hulp kwam.

Olivier luisterde nauwlettend totdat hij den heengaanse niet meer kon hooren. Zoodra het geluid van de zich verwijderende voetstappen ophield, wreef hij zich vergenoegd in de handen.

"En nu te paard!" zei hij tegen Belhumeur.

"Wat! Te paard?" riep deze ontsteld. "Om wat te doen?"

Om een bezoek te brengen aan onze vrienden, de Buffel-Comanches."

"Hoe nu! Kent gij die dan?"

"Dat zou ik meenen!" zei Olivier lachende. "Ik ben een aangenomen zoon van den stam."

Beide jagers, Olivier en Belhumeur, vertrekken in volle draf naar de Buffel-Comanches waar ze korte tijd later aankomen. Na wederzijds het nodige stilzwijgen in acht genomen te hebben, komt de discussie op gang. Blijkt dat opperhoofd Blauwe-Wolk via zijn zoon Zonder-Spoor heeft gehoord over blanken die door hun gebied trekken. Olivier breekt een lans voor de blanken, die hij zegt te kennen:

De Sioux, de Apachen en de honden van kleurlingen zijn allen dieven en roovers, wien de leugenachtige tong uitgescheurd en voor de honden moest worden , omdat alles wat zij zeggen valsch is.

Na meer pleidooien zwicht Blauwe-Wolk en geeft hij Olivier/Springende Panther tweehonderd krijgers mee. Een 'vreeselijke worsteling, man tegen man in het Huis van Moctecuzoma' met bovengenoemde 'dieven en rovers' waren bandieten en Indianen allemaal gesneuveld en konden Olivier en de heer Maraval (die zat in dat Huis van Moctecuzoma gevangen) elkaar eindelijk om de nek vallen. Maraval en Lebris hadden twee jaar naar Olivier gezocht; Olivier had de afgelopen drie maanden naar hen gezocht.

Maraval overhandigt Olivier een brief, gedateerd '182.' van zijn vader, waarop Olivier het als zijn plicht voelt zijn vader op te gaan zoeken. Via Little Rock en New Orleance reist hij met de heer Maraval naar Spanje. Na tweeëndertig jaar zal hij zijn vader terug zien. Eenmaal ten huize Maraval komen daar een aantal livreiers om 'Zijne Heerlijkheid jonker Carlos' op te halen. Gelukkig ziet Olivier dit niet. Maraval schat in dat Olivier zulke begeleiding ook niet op prijs zal stellen en stuurt hen terug. Olivier zelf geeft de wens te kennen zijn vader onverwachts te onmoeten. Erg veel zin heeft hij er eigenlijk niet in:

> Ik had mij eindelijk in mijn verlaten toestand gevonden; ik had volkomen vergeten, dat ik familie had, toen plotseling [...]
> De duivel hale mij! Ik ben ook de eenige wien zulke dingen overkomen! Mijn leven is in werkelijkheid niets dan een roman, die kop noch staart heeft. Men zou er gek van worden, als ik niet het besluit name om te lachen.

Maraval en Olivier verlaten dan Cadix en begeven zich te paard naar Madrid waarop Aimard de scene verplaatst naar de straat Alcala die niet ver van de Puerta del Sol ligt. Hij voert zijn lezers een prachtig paleis binnen, beschrijft Moorsche galerijen, Vlaamse tapijten, fluwelen gordijnen, behang van geperst goudleder, een schilderij dat Don Enrique Pacheo-Tellez *rico-hombre* voorstelt en een groot schild met de wapenspreuk *Cuidado alli viene!* hetgeen betekent: Wacht U, Hij Komt!

Na nog twee bladzijdenlang de paleiselijke pracht en praal komen we aan bij de eigenaar van al dit moois: Don Garcia Horatio Pacheco Tellez, ridder, Grande der eerste klasse van Spanje, *rico-hombre* van Lugo, Vigo en Orense, heer van Santialgo de Compostella en van Ferrol, burggraaf van Soria, graaf van Luna, hertog van Salaberry y Pasta, hertog van Bivar en vorst van de Alpuarras, een der neven van den koning, oud onderkoning van Mexico, oud-gezant van Spanje in Frankrijk en Engeland, minister van buitenlandsche zaken, ridder van Het Gulden Vlies, groot-officier van het Legioen van Eer, ridder van den Kousenband enz.

Na deze uitgebreide introductie krijgt de eigenaar van genoemd paleis en genoemde titels zijn schoonzoon op bezoek, Zijne Excellentie de markies De Palmares Frias y Soto. Er ontstaat een vrij koel gesprekje tussen beide heren. Palmares krijgt van zijn schoonvader te horen dat zijn dochter, zijn engel, hem, Palmares liefheeft, doch gebukt gaat over de geruchten en jaloers is. Palmares zegt niets aan die geruchten te kunnen doen en betoogt dat zijn werk, hij is kamerheer bij de prinses, hem vaak en veel van thuis houdt.

Palmares weg en Pacheco/de Salaberry zijgt zuchtend achterover. Hij weet dat hij nog zeker veertien dagen moet wachten voordat hij zijn ooit verstoten zoon zal zien. Maar dan komt een van zijn bedienden binnen en zegt dat de paarden geweigerd werden. Pacheco (soms noemt Aimard hem zo, soms de Salaberry) zit zich af te vragen wat dat betekent, maar dan komt er weer een bediende en die kondigt twee bezoekers aan. Hij heeft hen in de Abderrahman-zaal gelaten.

Als Pacheco die zaal binnenkomt wordt hij door Olivier verbaasd verwelkomd: 'don Carlos De Santona, 't is een beschikking des hemels, die mij u ter hulp zendt.' Olivier zegt dat hij de herinnering aan de Santona altijd heilig in zijn hart heeft bewaard, hetgeen de oude man zeer veel plezier doet. Als Olivier hem vraagt of de Santona soms toevallig in dat paleis op bezoek is, nodigt deze hem uit naast hem in de spiegel te gaan staan.

Dan wordt het Olivier duidelijk. Hij hoort dan ook dat zijn vader, de hertog van dit en de graaf van dat, twee zonen heeft die omgekomen zijn bij een slag tussen de Spanjaarden en de Columbianen. Aimard houdt zich hier in. Er staat nog net niet dat Olivier eigenhandig zijn twee fictieve halfbroers heeft omgebracht.

Pacheco vertelt dan ook nog een dochter te hebben. Op zijn beurt legt Olivier uit aan zijn vader dat hij het hem niet verwijt dat hij altijd aan zichzelf overgelaten is geweest, maar dat de consequentie wel is, dat hij een proletariër is geworden:

> De adel, waarop gij terecht zoo trotsch zijt, mijn vader! verwerp ik, verfoei ik van gansscher harte. Ik kom in verzet tegen het juk, dat hij aan ons, de minderen willen leggen. Ik erken de bespottelijke wetten van deze afgeleefde en lage maatschappij niet, die de ongelijkheid van stand handhaaft en de schapen door de wolven laat regeren.

Zo raast Olivier nog een bladzijde door maar op laatst sluiten vader een zoon een compromis, liever gezegd, ontstaat er een stilzwijgende strijd tussen hen beiden. Olivier krijgt een eigen woning, in de Carretasstraat, de graafschappen Vigo en Lugo en de heerlijkheid Soria en, hij mag zich Markies de Soria noemen, wat hij natuurlijk niet doet. Zijn vader vertelt hem ook wat hij moet zeggen voor het geval mensen ernaar vragen:

> O ja! Ik vergat [...] Men moet altijd namen noemen; uw vader heette Olivier; hij was een Franschman en generaal bij de kavalerie. Overigens heb ik werkelijk een Franschen generaal, die zoo heette, tot vriend gehad, die, al heeft hij mij juist niet het leven gered, mij ten minste zeer groot diensten bewezen heeft.

Olivier hoort vervolgens dat de zoon van generaal Olivier vijf jaar eerder vermoord is, dus die kan niet komen opdagen. Enfin, of Olivier het wil of niet, 'zonder overgang was hij een briljant heerschap geworden, gevierd en gezocht door de grootste en nobelste namen en vermogens van Madrid.' De heer Maraval vertrekt dan en Olivier gaat naar zijn zuster, Donna Santa de Palmaris. Aangekomen op kasteel Balmarina wordt hij daar allerhartelijkst ontvangen door de markies en de markiezin, zijn zuster. 'Santa de Salaberry was in Nieuw-Spanje geboren (Zuid-Amerika) waar haar vader een der laatste onderkoningen was geweest.' Wat haarzelf betreft, ze was een Andalusische schoonheid, maar verborg onder dat bevallige, zachte uiterlijk,

> Een onbeschrijflijke geestkracht en een ijzeren wil. Niets is verschrikkelijker dan die onderaardsche vuurbergen waarin de gloeiende massa kookt en langzaam naar de oppervlakte rijst.

Zo bereidt Aimard zijn lezers voor op wat er komen gaat. Het boterde niet erg tussen de markies en de markiezin. Wel jammer, ze hadden zoveel mee in het leven. Ze woonden 'in een schitterende woning die in 1572 werd gebouwd door Alonso Pacheco Tellez, rico-hombre, hertog de Salaberry-Pasta, van de geldsommen, die door hem in Vlaanderen bespaard waren.' Koning Filips had namelijk goedgevonden, hem tot algemeen stadhouder te benoemen gedurende den korten tusschentijd, die tusschen het aftreden van Margaretha van Parma en de verheffing van den bekenden hertog van Alva verliep.[57]

Olivier voelt zich thuis in en om het kasteel Balmarina, jaagde, voorzag het kasteel van wild en kon daar vaak onder de blote hemel slapen, zoals hij dat vroeger was gewend. Hij pendelt enige tijd tussen zijn eigen woning en die van zijn zus. Op een gegeven moment kondigt echtgenoot markies de Palmares aan dat hij in Cadix afscheid gaat nemen van de heer Maraval omdat die op reis zal gaan naar Frankrijk. Olivier en zijn zuster besluiten dat ook te gaan doen en zonder nadere uitleg blijkt opeens dat de markies een maandlang de hofhouding die naar Oviëdo gaat, moet vergezellen.

Onderweg neemt zuslief haar broer in vertrouwen. Een van de problemen in haar huwelijk, vertelt ze hem, werd veroorzaakt door de gouverneur van de kinderen. Hij was een telg uit een verarmd adelijk geslacht (net als de gouvernante van de Praslins wiens grootvader ook verarmd en adelijk was). De gouverneur voelde echter een 'zonderling, nameloos gevoel' voor de markiezin; een en ander had tot gevolg dat de markies geregeld woedende blikken op hem wierp (en Aimards biologische zuster Fanny jaloers werd op de gouvernante van haar kinderen, zonder twijfel zal ook zij wel een zonderling gevoel voor Fanny's echtgenoot hebben gehad).

De zus/markiezin had daarop maar een andere baan gezocht, betaalmeester in Havannah, voor de goede man, maar zelf was ze jaloers op haar man, op wat die uitvoerde buiten de echtelijke veste. Ze biechtte Olivier eerlijk op dat ze zelf erg jaloers was op haar echtgenoot die ze ervan verdacht haar te kwellen: 'Ik barst nog eens los.' Zo, gezellig keuvelend, ging de reis naar Cadix verder.

Na het bezoek aan Cadix, ze komen er Lebris tegen, worden allerhartelijkst ontvangen door de Maravals waarna broer en zus weer teruggaan naar Madrid. Het leven gaat daar op de oude voet verder.

---

57. Margaretha van Parma bleef regeren tot Alva kwam en zelfs nog daarna, maar zij had niets meer te zeggen.

Op een gegeven moment gaat vader de Salaberry enige tijd naar zijn kasteel aan de oever van het Como-meer en vestigt Olivier zich langer en langer op het kasteel van zijn zuster. De markies vertoont zich daar nog maar nauwelijks. Als hij opeens terugkomt, met een bleek betrokken gelaat, geeft hij te kennen voor langere tijd op het kasteel te blijven. Maar, dan krijgt de markies een briefje per koerier en vertrekt plotsklaps naar Madrid. De markiezin vertelt broer Olivier dat ze sleutels van geheime laden heeft laten maken, een briefje heeft gevonden en haar man achterna wil reizen. Broer en zus op stap. Eenmaal in Madrid wil ze alleen worden gelaten. 's Nachts om vier uur wordt Olivier gewekt door het hoofd van de geheime politie: er heeft een afschuwelijke misdaad plaats gevonden in het paleis van de Salaberry.

De arme markiezin, Santa, wordt gruwelijk verminkt aangetroffen, echtgenoot de Palmares was ook al op de plaats des onheils en riep dat hij 'schitterende wraak' eiste voor zulk een afschuwelijke misdaad: 'Dit alles [hij zei nog veel meer] werd in één adem gezegd, zoo eentonig, alsof het een van buiten geleerde les was.'

Met de afloop zijn we al bekend! Al gauw werd de markies verdacht; de bloedspetten zaten nog op zijn gezicht. Eenmaal in de gevangenis kreeg hij van Olivier en de politiechef een flesje vergif - dit om de Spaanse adel de vernedering van een openbare ophanging van een van hen, te besparen.

Niet lang na al deze verwikkelingen werd de oude de Salaberry door een beroerte getroffen. Na een paar jaar stierf hij. Olivier verscheurde het testament waarin hij van zijn vader erfde en zorgde dat alles voor de kinderen van zijn dode zuster was. Hij ging terug naar Amerika, net als Aimard, die een paar jaar na de moord op zijn halfzuster naar Amerika terug ging. •

Wat Aimard niet schreef en, over wat hij wel schreef: receptie

Tot zover over een aantal boeken, maar lang niet alle boeken, die Aimard schreef. Daarnaast zijn ook boeken onder de naam Aimard gepubliceerd die zeer zeker nooit door hem zijn geschreven.

Het eerste boek dat ten onrechte onder zijn naam verscheen is *The Frontiersmen, A novel* by Gustave Aimard dat in 1854 door de F. M. Lupton Publishing Company te New York werd uitgegeven. In dit boek wordt uitgebreid geciteerd uit Engelse en vroege Amerikaanse literatuur zoals de Hugenoot Philip Morin Freneau (1752-1832) en William Cullen Bryant (1794-1878).

De auteur van *The Frontiersmen* geeft ook blijk van zijn klassieken te kennen, beschikt over een uitgebreide kennis van de Amerikaanse wetgeving en is een presbyteriaan. Verder heeft hij een aantal wensen die erop neer komen dat er zo min mogelijk belasting geheven dient te worden, dat de regering zo min mogelijk gecentraliseerd dient worden en dat Indianen zich moeten aanpassen. 'Wat heeft het voor zin om pantalons te produceren als de Roodhuiden die niet willen dragen?' vraagt de auteur zich af. *The Frontiersmen* speelt in 1783 en wordt besloten met de opmerking: 'het is nu zeventig jaar later.' Dat is dus 1853.

Aimard heeft geen formele opleiding genoten, had geen ondernemersambities, was niet religieus, verwees nooit naar God als de *Redeemer* en schreef in een hele andere stijl. Kortom, Aimard is niet de auteur van *The Frontiersmen*. Aimards eerste boek, *Le Chercheur des Pistes*, verscheen in 1858, en verscheen net als de meeste van zijn boeken eerst als feuilleton in een krant. Vóór 1858 had hij in Frankrijk wel een aantal korte verhalen op zijn naam staan. Ten tijde van het verschijnen van *The Frontiersmen*, in 1854, huwde hij te Parijs. In de jaren daarvoor was hij in 1848 betrokken bij de revolutie in Parijs en in 1852 bij een poging van een Franse graaf om een Mexicaanse provincie te veroveren.

Achterin *The Frontiersmen* staan negen korte verhaaltjes van ieder vier of vijf bladzijden, geschreven door een vrouw, Frances Henshaw Baden. Deze verhaaltjes zijn moraliserend, Christelijk, gaan over tantes, babies, buren en trouwe liefdes. Hoewel in een paar van die verhaaltjes wordt verwezen naar dezelfde klassieke Engelse literatuur als in *The Frontiersmen* is het evenwel hoogst onwaarschijnlijk dat deze dame *The Frontiersmen* geschreven zou hebben

Het hield me lang bezig. Als ik niets te doen had, zat ik erover te denken. Zou Henriette, de gouvernante van halfzus Fanny, die in presbyteriaanse kringen trouwde, die naam aan de uitgever gesuggereerd hebben? Maar waarom? Aimard was toen nog geen bekende schrijver.

E-mailcorrespondentie (December 1999) met Randolph Cox, uitgever van *The Dime Novel Round-Up*, een blad over driestuiver- en verdriestuiverde literatuur, wierp licht op de zaak. Lupton, aldus Cox, specialiseerde in heruitgeven, maar begon zijn uitgeverij pas in 1882. Het jaar 1854 geeft alleen aan wanneer het boek voor het eerst is uitgegeven.

Ik keek de eerste katern nog eens na. Stringer & Townsend lieten dit boek voor het eerst registreren in the *Clerk's Office of the United States District Court for the Southern District of New York*. In 1882 was Aimard's naam wel bekend in Amerika. Hij werd daar bijvoorbeeld al uitgegeven door een zekere Peterson uit Philadelphia en, vanaf 1877, stevig ingekort, door *dime novel*-uitgeverijen. Lupton moet hebben gedacht het boek beter te verkopen onder Aimards naam dan onder die van de werkelijke, presbyteriaanse auteur.

In een bibliografische noot onder een artikel van mij in *The Dime Novel Round-Up*, schrijft Cox dat hij erachter was gekomen dat de originele titel van *The Frontiersman* een subtitel had: *A Narrative of 1783* en dat zeer waarschijnlijk Harvey Hubbard (1821-1862) er de auteur van is.

Dime novels
Dime novels zijn een verhaal apart. Uitgeverij Beadle and Adams te New York was de eerste en lang niet de laatste, die Aimard in verdriestuiverde vorm uitgaf. Om een indruk te geven wat er dan met de lengte van de tekst gebeurde,w een vergelijking tussen de Franse, de Nederlandse en de Beadle and Adams-driestuiverromans:

Franse titel (blzz)	Beadle and Adams-titel (blzz)	Nederlandse titel (blzz)
Le Coeur Loyal (432)	Loyal Heart (28)	Edelhart (286)
Le Chercheur des pistes (392)	Trail Hunter (100)	De Spoorzoeker (360)
Les Pirates des Prairies (374)	Pirates of the Prairie (120)	De Roovers der Prairiën (235)
La Loi du Lynch (464)	The Trapper's Daughter (37)	De Lynchwet (288)
Balle-Franche (360)	Prairie Flower (37)	Vrij-kogel (262)

De reductie van 360 naar 37 bladzijden is minder schokkend dan het eruit ziet. Van één 37 bladzijden tellende Beadle-uitgave, *copyrighted* in 1879, die me onder ogen kwam telde iedere bladzijde, behalve de titelpagina, drie kolommen van 115 regels. Iedere bladzijde van de Franse *Balle-Franche* uit 1888 die ik er mee vergeleek, telt maar 33 regels. Het komt erop neer dat de driestuiversversie van *Balle-Franche*, *Prairie Flower*, met ongeveer vijftig bladzijden werd ingekort.

Bovengemelde Franse romanuitgaven zijn van Aimards eerste uitgever, Amyot te Parijs. De Beadle and Adams-uitgaven werden in vier verschillende series op vier verschillende tijdstippen uitgegeven: *American Tales* (1868), *Frank Starr's American Novels* (1875), *Starr's New York Library* (1877) en als *Dime Novels* rond 1881.

The Tiger Slayer (De Graaf de Llorailles), *The Border Rifles* en *The Freebooters (De Vrijbuiters)* werden rond 1881 ook opnieuw uitgegeven, eveneens als driestuiverroman. Volgens Eddie LeBlanc, de vroegere uitgever van de *Dime Novel Round-Up*, verschenen er al met al honderdzeventig verschillende uitgaven van Aimard-*dime novels*.

In *Meccanic Accents* gebruikt Denning het woord piraterij als hij het over deze vorm van populaire pulp heeft. Met aan zekerheid grenzende waarschijnlijkheid is het mogelijk dat Aimard en/of zijn Franse uitgevers niet op de hoogte zijn geweest van deze publicaties. En als dat wel zo is geweest hadden ze er weinig aan kunnen doen. Onder piraterij verstaat Denning naast het zonder toestemming zwaar bewerkt uitgeven ook de manier van vertalen van transatlantische literatuur en het aanpassen van namen en plaatsen aan de locale omstandigheden. De totstandkoming in 1891 van de Internationale Auteursrecht Conventie stopte deze literaire pulpfabrieken.

Wat er in Amerika gebeurde, vond later ook in Nederland plaats. Rond 1886 verscheen *De Scalpjagers* onder Aimards naam bij uitgeverij Bolle te Rotterdam. Ook dit boek werd niet door hem geschreven. In *Perception and Genre. The Role of Generic Perception in the Study of Narrative Text* wijdt Thomas Kent zich aan de formule en de verhaalstructuur van driestuiverromans. Het leverde me een *déja-vue* ervaring op. Ter illustratie bespreekt Kent het bekendste verhaal van een van de meest succesvolle driestuiverromanciers, Edward S. Ellis. Het gaat om *Seth Jones or The Captives of the Frontier* (1860), de achtste roman uit de eerste serie die Beadle and Adams uitgaf waarvan (van *Seth Jones*) meer dan 400.000 copieën werden verkocht

> Ellis' *Seth Jones:*
> *The clear ring of an ax was echoing through the arches of a forest, three quarters of a centrury ago; and an athletic man was swinging the instument, burying its glittering blade deep in the heart of the mighty kings of the wood.*
>
> *Alfred Haverland was an American, who a number of years before, had emigrated from the more settled provinces in the East, to this then remote spot in western New York.*

De hoofdpersonen in *Seth Jones*, Alfred Haverland en dochter Ina, zijn ook de hoofdpersonen in Aimards *De Scalpjagers*, dat Bolle te Rotterdam uitgaf.

> Aimards' *De Scalpjagers*:
> Ongeveer een eeuw geleden klonken de harde slagen eener bijl onder het bladerengewelf van een groot woud. Het was een man van een krachtige gestalte, Alfred Haverland geheeten, die dat werktuig zwaaide, waarvan hij het glinsterende staal diep in het hart sloeg van een der machtigste vorsten van het woud.

Voor mij staat vast dat *Seth Jones* door Ellis is geschreven aangezien het verhaal rond 1786 speelt. Dat is voor Ellis driekwart eeuw geleden en voor 'Aimard' - liever gezegd, voor Uitgever Bolle die dat verhaal onder diens naam heeft vertaald en uitgegeven, want Aimard was toen al drie jaar dood - een eeuw geleden.[58]

De 'eeuwkwestie' is niet het enige bewijs dat *De Scalpjagers* niet door Aimard werd geschreven. Johannsen schrijft in *The House of*

---

58. Zie Eggermont-Molenaar (2000, 171-72).

Beadle and Adams, dat Beadle and Adams in 1859 te New York een enorme reclamecampagne op touw zetten. Overal verschenen posters waarop groot en klein de vraag stond: *Who is Seth Jones?* Tegen de tijd dat de mensen moe werden zich dit af te vragen verschenen er nieuwe posters waarop een Cooper-achtige jager was afgebeeld met de tekst: *I am Seth Jones*.

Kees Nieuwland, redacteur van inmiddels opgeheven *Yumtzilob, tijdschrift over de Americas*, hielp me dit raadsel op te lossen. Hij liet me weten dat in 1866 uitgeverij Kunst te Leiden Edward S. Ellis' *De Scalpjagers, Schetsen uit de Nieuwe Wereld* uitgaf als vertaling van de Franse uitgave *La Captive des Mohawks*, welke uitgave weer een vertaling van *Seth Jones* is. Uitgever Bolle moet hebben gedacht betere zaken te doen met Aimard als auteur. Wat iets zegt over de zakelijke instelling van Bolle en over Aimards toenmalige status als schrijver in Nederland.

Over wat Aimard wel schreef: receptie

In Frankrijk

staat in de *Dictionnaire des Litératures de Langue Française* van 1884 dat Aimard de eerste Amerikaanse romans schreef, die niet - in het Frans - vertaald hoefden te worden. Aimard, aldus deze *Dictionnaire*, was twaalf toen hij aan boord van een schip geraakte, werd jager, werd goudzoeker en 'ging in 1854 met Raousset, een avonturier uit Avignon' naar Mexico. Aimard schreef een toneelstuk *Les Flibustiers de la Sonora* waarvan de hoofdpersoon erg op Raousset lijkt. Hij reisde ook naar Spanje, Turkije en de Kaukasus waarover hij in 1847 probeerde te schrijven in *Un Coin de Rideau*. Daarna ging hij naar Mexico in het kielzog van Bazaine en zijn lamentabele expeditie. (Bazaine trad op in de Frans-Pruisische oorlog van 1870. De *Dictionnaire* zit hier één oorlog mis.)

Daarna kwam Aimard terug en ging schrijven: niet zonder zichzelf te herhalen en paralellismen te plegen. (Klopt. Dat zagen we hierboven.) Zijn romans gaan over ruimte, het verre Westen, Mexico en over de zee. Zijn boeken werden eerder gepubliceerd als feuilletons, in *Le Monitor Universel*, een semi- officiëel blad van het tweede keizerrijk. Aimard, ik citeer nog steeds bovengenoemde *Dictionnaire*, schreef samen met J. B. Dauriac *La Loi du Lynch* en *l'Ami des Blancs* welke in 1861 in de collectie *Les Beaux Romans Ilustrés* verschenen.

Hierop volgen wat bespiegelingen. De Fransen, de Canadezen en de Comanches waren de goeien. De Amerikanen, die ook nog aan slavenhandel deden, en de Apaches de slechten.

Bij wijze van eindoordeel over Aimard haalt Bellet, auteur van het bovenstaand lemma, Jules Vallès aan die, schrijvende over *De Bijenjager* en *De Araucaniër*, op 13 mei 1864, in *Progrès de Lyon* schreef:

Je kent ze zonder ze te hebben gelezen; het is dezelfde geschiedenis, altijd emotioneel, verhit op de vurige grond van de Nieuw Wereld; met verschillende petten op is het Aimard zelf die zijn geschiedenissen met bloederige sausjes opdient.

Er schuilt een gevaar in om op dictionnaires af te gaan; recensenten recenseren vaak recensies in plaats van het verhaal en de verhalen gaan vervolgens via de recensies een eigen leven leiden. Zo'n foute gerecycelde recensie kan ook gunstig uitpakken. Voor Vincent van Gogh lijkt het uitstel van zelfexecutie te hebben betekend. Van Gogh (Arles, 1 September 1888) schreef aan zijn broer,

Dear Theo,

At the moment I am reading Daudet's L'Immortel, which I find very beautiful, but not particularly heartening. I think I shall have to read a book on elephant hunting, or of absolute lies about adventures which are categorically impossible, like Gustave Aimard for instance, to get rid of the heartbreak that L'Immortel is going to leave me with. It is exactly because it is so beautiful and so true that it makes you feel the emptiness of the civilized world. I must say though that I prefer his Tartarin for real power.

Many regards to our sister, and thank you again for your letter.
Ever yours, Vincent

Vapereau en de op diens *Dictionnaire* gebaseerde biografieën van Aimard zijn een andere mening toegedaan. Aimard heeft wel degelijk in Amerika gewoond maar een aantal van zijn tijdgenoten was daar niet van overtuigd.

In de *Guide de la littérature pour la jeunesse* wordt er op de eerste plaats van uitgegaan dat Aimard, net als Gabriel Ferry en Mayne Reid, een avontuurlijk leven leidde. Deze *Guide* deelt Aimards werk in drie categorieën in: Parijse mysterieromans, Westerns en zeeverhalen. De laatste twee dienen als de jeugdliteratuur beschouwd te worden. Aimard zou tot schrijven gebracht zijn door het succes van Gabriel Ferry's *De Woudlooper*.

Soriani, auteur van dit lemma in de *Guide*, somt vervolgens een aantal Western-thema's op die allemaal in Aimard's werk terug te vinden zijn, en een aantal boeken die op historische feiten berusten. Wat de romanfiguren betreft constateert ook Soriano dat de Frans-Canadezen en de Comanches als goed worden afgeschilderd en de Amerikanen, vooral de *squatters*, de Apaches en de Zwartvoeten als slecht.

Wat Aimards stijl betreft is er volgens Soriani nauwelijks sprake van een constructie, maar meer van een opeenvolging van feiten aan de hand van bepaalde verhaaldraden: zoeken naar goud, gestolen maagden bevrijden, of stammenoorlogen. De ontknopingen zijn altijd naar volle tevredenheid van de lezer: de slechten worden gepakt en gestraft en de geliefden ontsnappen en treden met elkaar in het huwelijk.

Aimard's natuurbeschrijvingen zouden naar die van Chateaubriand zijn gemodelleerd, maar meer opgeblazen en gezwollen van toon zijn en aangevuld met dialogen die uit zich herhalende gemeenplaatsen bestaan. Met betrekking tot de steppes, achtervolgingen, schone Spaanse maagden enzo, vraagt Soriano zich af of Aimards werk, voor zover het voor kinderen was geschreven, om ontsnappingsliteratuur ging.

Misschien had Soriani dat aan een paar lezers moeten vragen. Wat mij betreft is Aimard meer als een Grimm-ig, moraliserende onderwijzer te zien, hoewel het gemoraliseer in *Grijsoog* meer demoraliserend is.[59]

In Duitsland

begint de *Abenteuer Lexicon* met de gebruikelijke verwarring over wie Aimard is. Volgens Plischke, de auteur van de lemma over Aimard, heette hij eigenlijk Olivier Gloux, was hij de onechte zoon van een minister en nam hij later de naam van zijn moeder aan. Plischke laat Aimard niet in 1854, maar in 1858 terugkeren naar Frankrijk. (Volgens Sieverling verscheen de naam Gloux voor het eerst, in 1933, in de *Dictionnaire de Biographie Française*, welke fout een hardnekkig leven is gaan leiden.)

Plischke vindt dat 'de spannende maar vaak onwaarschijnlijke overtrokken handelingen deels op fantasie, deels op eigen kennis

---

59. De onderstaande bibliografische kritieken stonden, tegen de tijd dat dit boek werd voltooid (2009) op het internet:

   Cahiers pour la littérature populaire, n°7, automne-hiver 1986: dossier spécial consacré à Gustave Aimard.

   "Le Far West de Gustave Aimard; actes du GRENA, 1981", Jacques Chouleur, dans Les Américains et les autres, Aix en Provence, Université de Provence, 1982.

   'L'image de l'indien emplumé et du trappeur dans la littérature populaire au XIXème siècle' Roger Mathé, dans *Popular Traditions and Learned Culture in France: From the XVIth to the XXth Century*. Saratoga: Anma Libri, 1985.

   'The Image of the Southwest in Early European westerns', Ray A. Billington et Albert Camarillo, dans *The American Southwest: Images and Reality*. Los Angeles: Andrew Clark Memorial Library, University of California, 1979.

   Rocambole numéro 13, spécial Gustave Aimard (décembre 2000) http://mletourneux.free.fr/auteurs/france/aimard/Aimard.html (Bekeken january 2009.)

berustten,' en heeft het over de invloed van Cooper en Ferry op Aimard. Maar dan ziet hij in de figuur van Graaf Louis de Prebois- de Crancé een poging van Aimard om zich een Cooperse Lederkous te breien, met andere woorden, om Cooper na te doen.

Als ik Plischke even mag onderbreken. De invloed van Cooper op Aimard? Wat betekent dat eigenlijk? In *De Zonen van de Schildpad* zegt Aimard dat Cooper 'ons in zijn uitstekende werken ingewijd heeft in de listen - zoals het uitwissen van sporen.' In *De Spoorzoeker* is het overduidelijk dat Aimard Cooper parodiëert. Niet de Indiaan, die volgens Cooper zal uitsterven, volgens Aimard zal de Canadese woudloper uitsterven. Coopers invloed manifesteert zich meer als parodie.

Plischke mist voor wie de Prebois-de Crancé figureerde. Misschien beschikte hij niet over een exemplaar van *Curumilla* waarin Aimard uit de doeken doet over welke historische personages het ging. Dat betekent dat Plischke een boek bespreekt zonder het te hebben gelezen/of een exemplaar waar het nawoord was uitgescheurd.

Rainer Sieverling behandelt in zijn proefschrift de geschiedenis, de definitie, de oorsprong van de avonturenroman, de avonturenroman in de middeleeuwen, de eerste literaire verhandelingen over exotisme en Indianen, de 17e en de 18e eeuw, het voortbestaan van de nobele wilde, de eerste exotische en/of piratenromans en andere ontwikkelingen op het gebied van de avonturenromans in de 19e en de 20e eeuw.

Hierna bespreekt hij de avonturenroman in het licht van de historische roman en vallen namen als Aimard en bijvoorbeeld Alexandre Dumas. Sieverling noemt hier Aimards *La Guerre Sainte en Alsace* (1871) en de tweedelige *Les Scalpeurs Blancs* (1872/1873). Bij de behandeling van de sociale roman noemt hij Aimards *Mystères de Paris*-serie en *Les Invisibles de Paris* (1867/1868) die samen met de toneelschrijver Henri Crisafulli (1827-1900) werden geschreven. Tot slot noemt hij Aimards *Les Trappeurs de l'Arkansas* onder het hoofdstuk Indianenromans.

Na Aimards te hebben ingedeeld, laat Sieverling weten Aimard te zien als een triviale schrijver die verschillende genres vertegenwoordigt om in zijn slotbeschouwing diep in te gaan op de karakteristieken van triviale literatuur. Deze komen erop neer dat dit soort boeken onderling op elkaar lijken en dat er vaak dezelfde beschrijvingen in vaak dezelfde bewoordingen in voorkomen. Sieverling zet zijn betoog kracht bij door de *Dictionnaire de Biographie* over Aimard te citeren: wie één van Aimard's boeken heeft gelezen, heeft ze allemaal gelezen. (Sieverling had over het werk van vele recencisten hetzelfde kunnen schrijven.)

Vervolgens laat Sieverling een aantal specifieke Aimard-karakteristieken aan de orde komen, zoals:

- De titelgeving: de metaforische naamgeving van al of niet beroemde ontdekkingsreizigers of bandieten geeft de lezer het gevoel een ingewijde te zijn.
- De nietszeggende, bladvullende dialogen: "Mmm," "Wat zeg je?" "Niets." Echt excessief vindt Sieverling ze niet, omdat ze veeleer gericht zouden zijn op de opbouw van de spanning.
- Een primitief schema voor landschapsbeschrijvingen om een verhaal mee te beginnen, gevolgd door de beschrijving van iemand die zich in dat landschap bevindt en plotselinge gebeurtenissen die de zaak op gang brengen.
- Een automatisme in woordkeuze zoals: het ondoordringbare woud, de arme of de rode duivel.
- Het gebruik van woorden in vreemde talen: volgens Sieverling één van Aimards belangrijkste middelen om de lezer met de exotische wereld van zijn helden vertrouwd te maken.

Tot slot noemt Sieverling het zich identificeren met het woudlopersideaal en de vlucht uit het heden als de elementen die voor de lezer van waarde zijn geweest. Ze zullen het Franse zelfbewustzijn uit "het woud van de nationale verwarring geholpen hebben." (Sieverling voegt hier niet aan toe, dat Aimards boeken in tien talen vertaald en gelezen, liever verslonden, werden door mensen zonder nationale zelfverwarring.) Sieverling is wel van mening dat Aimard de enige was, die historische Indianenromans schreef. En, hij doet een poging Aimard te begrijpen door zijn persoonlijkheid aan de hand van zijn referenties over zijn afkomst te interpreteren.

Het model dat Sieverling op Aimard toepast is dat van Otto Rank, één van Freuds leerlingen. Rank schreef over kinderen die fantaseren dat hun eigenlijke ouders helden of van hoge afkomst zijn. Sieverling past dit model op Aimard toe omdat deze geen geborgen jeugd genoot en op zijn negende naar zee werd gestuurd. Kinderen, aldus Sieverling die in zogenaamde geordende verhoudingen opgroeien, maar liefde missen, fantaseren vaak dat ze bij de verkeerde familie terecht zijn gekomen en zien hun ouders als minderwaardig.

Daar kunnen Sieverling en Rank gelijk in hebben, maar het verschil is dat Aimard na zijn geboorte wèl van de hand werd gedaan, dat hij niet opgroeide in geordende verhoudingen, zelf vond dat hij een vervelend ventje was dat met een pot inkt gooide en van school wegliep en er uiteindelijk in slaagde zijn afkomst te ontsluieren.

Wat mij betreft is Sieverlings analyse niet van toepassing. Aimard doet haast nergens poging om 'zich door zijn ouders te verhogen.' Haast nergens. Af en toe flirt hij met een alter-ego als 'meneer de g.'

In Nederland

citeert van Waveren uit een artikel van Corn. Veth over jongensboeken in het numer van 30 November, 1912 van *Het Kind. Veertiendaagsch blad voor ouders en opvoeders*. Volgens De Veth nemen kinderen 'de dingen niet zo letterlijk,' zijn moorden, leugens en wraakoefeningen abstracties en doet De Veth in zijn artikel een goed woordje voor 'de veel gelaakte Aimard.'

Na hem in gunstige zin vergeleken te hebben met Cooper (Aimard is vindingrijker met namen), voorbeelden te hebben gegeven van zijn bloemrijke taal, 'het gezang der centzontle,' zegt Van Waveren dat De Veth Aimard een zekere eerbied toekende voor de natuur en een zekere onpartijdigheid in het bezien van mensen en toestanden. Van Waveren, of De Veth, dat is aan het eind van het artikel niet erg duidelijk, doet dit aan de hand van een uitvoerig citaat, de eerste bladzijden van *De Zwervers op de Grenzen*.

Van Waveren of De Veth moet een andere vertaling hebben gehad dan ik; bij hen hebben de onmetelijke natuurwouden zich voortgeplant; bij het citaat hierboven hebben die wouden zich 'ontwikkeld.'

De Veth ontdekte ook de humor bij Aimard, bijvoorbeeld als Aimard klaagt over de Indianen wel eens wat te omslachtig in hun beleefdheden zijn en daar waar een Roodhuid probeerde het zwart van de huid van een neger weg te wrijven, denkend dat het verf was. Van Waveren/De Veth verder: 'Daarbij is de man te goeder trouw, hij heeft die landen bereisd, en die wonderlijkheden bijgewoond.' Hij vindt Aimard 'handig', door boeken zo te laten eindigen dat de lezer het volgende boek zal kopen. (Was dat Aimard of waren het zijn uitgevers die hem tips gaven?) In ieder geval velt het duo Van Waveren/De Veth een vrij gunstig oordeel. Daarin moeten ze, in hun tijd nogal alleen hebben gestaan.

In 1885 schreef J. Stamperius een artikel over welke boeken er volgens hem wel of niet in een schoolbibliotheek thuis horen. Over Indianenliteratuur betoogt hij:

> **In de jongensboeken van Mayne Reid en vooral van Aimard wordt het dooden van een mensch met meer onverschilligheid behandeld dan waarmee wij het sterven van onze kat zouden kunnen aanzien. In een der boeken van Aimard - ik herinner mij niet welk - wordt een bende roovers van circa vijftig man gevangen genomen.**[60] Er

---

60. [Dat was in *De Pelsjager van de Arkansas*]

zit natuurlijk niet anders op dan ze allemaal dood te maken en om nu eens van den gewonen weg af te wijken, wordt aan de heeren verlof gegeven zich zelven van kant te maken. Zij gaan dus op een rij staan, nummer een krijgt een dolk en zendt zich met een ui de eeuwigheid in, waarna de tweede den dolk neemt en 't zelfde doet; tot den laatste toe. 't Is bepaald een vermakelijk tooneel voor den jongen, die het leest.

Zeker zijn de werkjes van Aimard en Maine Reid onderhoudend geschreven en worden ze door de jeugd verslonden, maar waar blijft de eisch, dat de lectuur een veredelenden invloed op 't gemoed van het kind uitoefene?

Dergelijke werkjes zijn, dunkt me, in een goede schoolbibliotheek niet op hun plaats.

In 1910 schreef dezelfde Stamperius, toen schoolopziener te Baarn:

Het heeft mij altijd wel verwonderd, hoe de Indianen-romans, van Aimard c.s., langen tijd zulk een verbazenden opgang hebben kunnen maken. Ook in ons land. Bij kinderen, bij ouders en opvoeders.

Van de eerste verwondert het mij niet. De Aimard-lectuur, om al deze boeken naar den meest vruchtbaren schrijver op dit gebied te noemen, de Aimard-lectuur is vol afwisseling en houdt den jeugdigen lezer voortdurend in spanning. De knaap leeft met zijn boekenhelden mee, met 'Vrijkogel', met 'Edelhart' en 'Lederkous', die 't elk alleen tegen een dozijn bloeddorstige Roodhuiden durven opnemen, en hoe ook belaagd en door duizend gevaren omringd, telkens door hun ongelooflijke onversaagdheid over hun vijanden weten te zegepralen. Dat jongens zulke boeken mooi vinden en er al meer van willen lezen, zoolang tot zij er blasé van zijn, valt te begrijpen. Maar niet, dat ouders en onderwijzers zoo langen tijd zijn voortgegaan deze lectuur hun kinderen in handen te geven en voor hen geschikt te achten.

Want òf men ontkent den invloed der lectuur op de zedelijke vorming van het kind - en 't zou een stout beweren zijn dit te doen - òf men moet toegeven, dat die bloederige, de fantasie in hooge mate prikkelende Indianen-verhalen, waarin een moord, zoo 't slechts een roodhuid geldt, niet geteld, ja zelfs toegejuicht wordt, alles behalve geschikt zijn om edele gezindheden te wekken en gezonde begrippen van naastenliefde en verdraagzaamheid aan te kweeken.

Dat deze soort kinderlectuur nog in een ander opzicht valt af te keuren, hoop ik straks aan te toonen. Intusschen, al is de bloeitijd der Indianen-romans van Aimard en zijn navolgers voorbij, nog altijd worden deze boeken herdrukt en aangekondigd, en dus waarschijnlijk ook gelezen.

De opvatting, dat Aimard waarschijnlijk nooit in Amerika is geweest, werd zeven jaar later door de anthroploog Herman C. ten Kate verkondigd in een artikel dat hij in 1919 in *De Gids* en in 1921 in het jaarrapport van het *Smithsonian Institution* publiceerde:

> Ik geloof, dat Aimard en Ferry, en in zekere mate ook eenige andere auteurs, hun speciale land- en volkenkundige kennis grootendeels uit allerlei boekwerken, groen en rijp, hebben opgedaan en dat zij daarmede slordig, zonder de minste kritiek, hebben gewoekerd,

Aan het eind van dit artikel prijst Ten Kate auteurs als Cushing en Bandelier want: 'Al deze auteurs werden in Amerika geboren of brachten een groot gedeelte van hun leven in dat werelddeel door.'

Aangezien Ten Kate aanneemt dat Aimard nooit in Amerika is geweest, luidde zijn eindoordeel dat diens werk: 'vanuit land- en volkenkundig opzicht van zeer weinig beteekenis of, vaker nog, geheel en al minderwaardig is.'

Ten Kate valt Aimard - onnauwkeurig - aan op allerlei onbelangrijke details. Hij schrijft bijvoorbeeld dat in *De Pelsjagers van de Arkansas* het woord Arkansas niet eens voorkomt (dat woord komt wel voor, er wordt de rivier mee bedoeld). En, ten tijde dat *De Pelsjagers* speelt bestond de *State of Arkansas* net één jaar - hoe kunnen pelsjagers dat weten?

In *De Hele Bibelebontse Berg*, een Nederlandse kinderliteratuurbeschouwing die in 1989 het licht zag, worden diverse auteurs aangehaald. Over het werk van Aimard zijn deze respectievelijk van mening dat:

- het bloederige sensatieromans voor de jeugd zijn, waarin de moord op een roodhuid niet wordt geteld.
- je kinderen niet in een wereld van bandieten en zeeschuimers moet brengen.
- er liefde voor vreemde volkeren en vrijheid wordt bijgebracht.
- het heerlijke boeken zijn die bijdroegen tot mijn geestelijke groei.
- en dat 'wie ze niet te lezen krijgt, tekort komt.'

Mij werd niets gevraagd, maar ik ben het grotendeels eens met de laatste drie meningen. Het had evenwel nog mooier geweest als Aimard zich in *Grijsoog* niet zo deningrerend over Joodse en zwarte mensen had uitgelaten.

De redacteuren van *De Hele Bibelebontse Berg* vinden, net als Godfried Bomans, dat: wie geen goede avonturenromans leest komt te kort. Ze vervolgen:

En al behelzen Bomans' voorbeelden andere auteurs zoals James Fenimore Cooper en Karl May, het gaat in wezen om hetzelfde [...] De avonturenroman dankt in Bomans' visie zijn succes aan het feit dat de hoofdpersoon een held is, met wie de lezer zich nu eenmaal graag identificeert.

Beekman bespreekt in *Troubled Pleasures, Dutch Colonial Literature from the East Indies, 1600-1950* het boek *Ethnographische beschrijving der Dajaks* van ene M.T.H. Perelaer (1831-1901), dat in 1870 werd gepubliceerd. In een voetnoot becommentariëert Beekman:

The book is a strange compound of knowledge and hokum [...] It contains most improbable incidents [...] but also anecdotal information that is correct. This book is reminiscent of fiction by Karl May and Gustave Aimard.

In *Lust en Leering* van het echtpaar Buijnster, dat in een splinternieuwe eeuw, verscheen, valt een oud geluid over Aimard te lezen. Hij is de zoon van een minister wiens boeken aan savannen doen denken en die hardhandig kennis maakte met de zee. Een dag na de presentatie van dit boek ontving ik van één van mijn Nederlandse vrienden de volgende mail:

Eergisteren de presentatie in het Letterkundig Museum bijgewoond van het boek *Lust en Leering*, van de Buijnsters over de geschiedenis van het Nederlandse Kinderboek in de negentiende eeuw. Het boek is prachtig uitgegeven, kost f 125,- maar Aimard komt er maar bekaaid af met een halve kolom. Er staat ook niets zinnigs over hem in. Het wordt tijd dat jouw boek verschijnt.

In Noord-Amerika
verscheen in de jaren 1870-1896 een aantal van Aimards romans in driestuiverversie bij T. B. Peterson & Brothers in Philadelphia.[61] In het voorwoord van *The Flower of the Prairie* staat, onder de kop: 'Gustave Aimard's Writing' in *Bentley's Miscellany* een inleiding over *savage literature*. Of Aimard en/of zijn uitgevers wisten of Aimards romans in Amerika als driestuiverliteratuur werd uitgegeven is een vraag die ik niet kan beantwoorden. In dit voorwoord worden Mayne Reid en Fennimore Cooper met Aimard vergeleken. Over Cooper staat onder andere dat de verhalen zich maar in een beperkt gebied afspeelden. Over Reid: als je er één hebt gelezen, heb je ze allemaal gelezen. Over

---

61. Volgens Cox' *The Dime Novel Companion* publiceerden de gebroeders Peterson goedkope uitgaven van onder andere Dickens en Dumas tussen 1842 en ongeveer 1896.

Aimard: die heeft een paar dozijn Indiaanse verhalen geschreven, allemaal interessant en *all unlike*.

Het artikel gaat door over de spirit, *de vitality* en Aimards avonturen: tweemaal aan de martelpaal bij de Apaches gezeten, helemaal alleen door de Del Norte woestijn gezworven, slaaf geweest in een van de heilige steden van de Zon, en ooit door de Patagoniërs gevangen genomen.

Het voorwoord zit er hier en daar naast, dateert bijvoorbeeld 1848 als het jaar van de poging van Raousset-de Boulbon om een Mexicaanse provincie te veroveren, in plaats van 1851. Aimards werk wordt gezien als gezondere kost dan de frivoliteit en immoraliteit die de Franse literatuur tot dusverre had gekenmerkt. Het is jammer dat dit voorwoord nergens bronnen aangeeft. Een gedeelte van de enthousiaste toon kan verklaard worden als een poging om de verkoopcijfers op te krikken.

Zomer 1930: In de *Southwest Review* schrijft Virgil L. Jones, *dean of the College of Arts and Sciences of the University of Arkansas* dat Aimard, de *pen name* van Olivier Gloux was, dat hij Cooper imiteerde en beslist geen literator was. Maar, schrijft Jones, hij was op de hoogte van het Indiaans leven en Indiaanse gewoonten, meer dan Chateaubriand, die het allemaal uit boeken had. Jones baseert zich op wat Sir F. C. Lascelles Wraxall, vertaler van onder andere *Les Miserables* van Victor Hugo, schreef in zijn voorwoord bij een paar vertalingen van Aimard: dat diens verhalen dichter bij de waarheid zaten dan die van Cooper, terwijl sommige personages in Aimards boeken echt zijn. Als voorbeeld noemt hij de Raousset-Boulbon.

Tot zover kan ik met Wraxall meegaan, maar dan gaat Wraxall met Jones in zijn voetspoor van het rechte pad af en beweert Jones dat Aimard zichzelf ten tonele voerde in de persoon van Valentin Guillois. En, wat Jones betreft, op een paar uitzonderingen na vindt hij dat Aimards observaties van geografie, flora en fauna juist zijn en is hij van mening dat Aimard zich veel moeite heeft om alle ceremonies en gewoontes nauwkeurig op te schrijven. Wat dat betreft is Jones' mening waardevol omdat hij zelf in Arkansas woont en een en ander kan beoordelen.

Aimard, vervolgt Jones, schreef zijn verhalen niet vanwege de karakters, maar vanwege de opwindende gebeurtenissen. Jones geeft een lijst van ontvoeringen, gevechten, lynchrecht, en enge genootschappen, waarna hij uitlegt waarom Aimard geen literator was. Zijn karakters 'ontwikkelden' zich niet, ze waren alleen maar gedreven door hebzucht, trots, wraak, romantiek en Aimard doet ook geen moeite om de verschillende sociale klassen te onderscheiden door spraak of manieren.

Jones gaat verder met een opsomming van alle voorkomende exotische types en eigenschappen die Aimards werk wèl kenmerken als roman: geredde, teruggevonden familieleden, ontsnappingen, trouwe dienaren beloond etc. 'Alles, wat ik tot nu toe heb gezegd,' schrijft Jones, 'maakt niet dat Aimard boven een derderangs romancier uitstijgt, maar er is nog een andere kant: de Parijzenaar gaf historische achtergronden en was oprecht geïnteresseerd in de gewoonten van een nieuw land.' Aimard appreciëerde de natuur en hoewel hij geen formele opleiding had, kon hij toch goed observeren.

En nu komt het: volgens Jones was Aimards eerste periode in Amerika van 1835 tot 1845 (1838-1847 denk ik) en kwam daar in 1850 (beter nog: 1847) terug om te zien en te leren 'wat hij in literatuur zou kunnen omzetten' (nee dus, en hoe komt Jones aan deze gegevens?).

Jones heeft de indruk dat Aimard in Sonora heeft gewoond en noemt boeken waaruit dat zou moeten blijken maar merkwaardig genoeg niet *Curumilla*, het boek waarin de 'verovering' van de graaf wordt beschreven. Jones gaat verder over alle Indianenstammen waar Aimard bekend mee was, diens beschrijving van stedenbouwende Indianen, citeert iemand die zegt dat niemand de stad Mexico zo goed heeft beschreven als Aimard, prijst zijn kennis van de verschillende aanduidingen voor God bij de verschillende stammen, zijn inzichten over leven op Mexicaanse *hacienda's*, Jezuiten en uit zijn goedkeuring over het feit dat Aimard niet, net als Gauguin, schoonheid aan Indiaanse vrouwen toeschrijft. Jones vindt dat Aimard vijftig jaar te vroeg is geboren voor Hollywood, maar voegt hieraan toe dat Aimard toch geen gevoel zou hebben gehad voor de waarde van sex. Aimard heeft, Jones haalt Wraxall aan, nog nooit een regel geschreven die voor een jong meisje beledigend zou zijn.

Jones gaat verder met zijn lofzang: Aimard prijst de landbouwmethode van de Araucaniërs, de irrigatiesloten van de missies, beschrijft de suikerrietteelt, de bijenjacht, het squatten, de gewoonten van bevers, coyotes en cougargevechten. Met dit laatste is Jones het niet eens. Aimard was toch één van de vroege schrijvers die wisten dat cougars en beren niet vrijwillig mensen aanvallen.

Aimard's kennis was aanzienlijk, vat Jones zijn verhaal samen, maar, zijn meningen waren meestal sociaal, economisch en politiek getint. Aimard was een Parijzenaar die in zijn werk weinig kennis van literatuur of kunst aan de dag legde. (Jones zelf legt helemaal geen kennis van Aimards geschiedenis aan de dag.) Jones krijgt vervolgens het zuur als hij samenvat wat Aimard schrijft over Amerikanen, dat ze de dollar als God aanbidden, dat de Yankees zichzelf zien als een *omnipotent people*, hoe de Amerikaan er in vergelijking met Spanjaarden en andere blanken beroerd afkomt en, wat Aimard schrijft over hun behandeling van Indianen: 'Zij die zo luid spreken over vrijheid, maken en houden zichzelf machtig door de zwarte en rode rassen als slaven te houden.'

Jones vervolgt: Aimard bekritiseerde Cooper alleen vanwege een of andere kwestie over titels: iets met een Amerikaan die naar Engeland ging en terugkwam als baron en dat de Amerikanen dat mooi vonden. Aimards's parodie van Cooper heeft hij gemist. Jones noemt dan Aimard's kritiek op de regering van Mexico: het komt nu nog bekend voor, moet Jones toegeven. Hij gaat dan nog even door over Mexicaanse gewoonten die Aimard niet heeft genoemd: het gebruik van *mate* en coke, de kledij, hotels en de beschaving van Yucatan, over het feit dat tijdgenoten van Aimard zeiden dat hij zichzelf wel eens plagieerde. Jones besluit met de aanbeveling niet meer dan één boek van Aimard te lezen: want dan heb je ze allemaal gelezen, dan ken je zijn ideeën en weet je hoe hij schreef en wat hij wist.

Jones woonde zelf in Arkansas. Hij was beter in staat dan wie dan ook, om te beoordelen in hoeverre Aimard's beschrijvingen waarheidsgetrouw waren. Hij merkt verschillende malen op dat Aimard's observaties nog altijd geldig zijn, al is hij niet eens met hoe Aimard Amerikanen schetst. Die schets en niet de rest van zijn recensie kleurt Jones' oordeel en, zal Aimard de das op het Amerikaanse continent hebben omgedaan. Voorzover dat al niet door de *dime novel*-industrie was gebeurd.

Elf jaar later, in 1941, schrijft Carl Wittke een lijvig artikel, 'The America Theme' in *Continental European Literatures*. Over Aimard schrijft hij dat diens bloed- en donderthrillers over pioniers, Indiaanse gidsen, goudzoekers, *outlaws*, *trappers* en *rangers* gaan, dat hij het puritanisme overdreef. Bron: Virgil L. Jones.

In 1950 werd *The House of Beadle and Adams*, een boek over auteurs van *dime-novels*, gepubliceerd. Hierin besprak auteur Johannsen onder vele anderen ook het werk van Aimard, mijns inziens ten onrechte aannemende dat Aimard driestuiverromans ofwel *dime-novels* heeft geschreven. Of Aimard ooit heeft geweten dat zijn werk in Amerika in sterk verkorte en vereenvoudigde vorm werd uitgegeven?

Aan Johannsens bespreking van Aimards *dime-novels* gaat het volgende gedichtje vooraf, dat de toon alvast aangeeft.

Dat was nich wohr, dat sach he in,
Dat künn meindag' passirt nich sin.
Fritz Reuter: De Reis' nach Belligen, chap. xxxvi

Johannsen schrijft vervolgens over 'Gloux:'

> De naam van de Franse schrijver van wilde en wollige Westerse Indianenverhalen, Olivier Gloux, was zo goed als onbekend bij zijn duizenden lezers van de vorige generatie - zij dachten dat "Gustav Aimard" echt bestond. In feite hebben vele dictionaries en enceclopedieën dezelfde indruk. Appleton's *Cyclopedia of American Biography* en sommige anderen spellen de naam als Gioux maar Gloux word gegeven door *La grande encyclopédie* en door *Larousse du XXe Siècle*. Weinig lezers van de huidige generatie hebben zelfs ooit van Gustav Aimard gehoord.

Johannsen trekt de authoriteit van *La grande encyclopédie* en de *Larousse* niet in twijfel en schrijft dat Gloux' leven volgens eigen zeggen net zo avontuurlijk was als zijn romans. En, dat Gloux tijdens zijn laatste jaren, toen hij krankzinnig was, steeds dacht dat hij door Indianen, die het op zijn scalp voorzien hadden, werd achtervolgd. Johannsen wijdt als volgt uit over Aimards leven:

> Gloux werd in Parijs in 1818 geboren en stierf in een krankzinnigengesticht, Saint Anna, in 1883. Volgens zijn eigen verhaal, waarop je niet af kunt gaan, ging hij als kajuitjongen naar Mexico toen hij twaalf jaar oud was, verdween in Vera Cruz and voer in een visschuit langs de Golf van Mexico. In 1836 bevond hij zich aan boord van een slaventransport tussen Afrika en Brazilië. In 1846, tijdens de oorlog die resulteerde in de afscheiding van Texas van Mexico, was hij kapitein op een gewapend Mexicaans brigatschip, werd hij gevangen genomen door een Amerikaans fregat en mee naar Washington genomen. Hij ontvluchtte, ging naar het westen als jager en stroper en werd door de Apachen gevangen genomen. Volgens één versie werd hij gescalpeerd, voor dood achtergelaten en terug op de been gebracht door een Indiaanse vrouw. En in 1851 werd hij door de Pehuenches in Patagonië gevangen genomen en daar veertien maanden vastgehouden.

Bronnen voor bovenstaande gegevens geeft Johannsen niet op. Zoals we zagen schreef Aimard over de Patagoniërs in *Zeno Cabral*. In dat zelfde boek meldde hij ook dat hij daarna nog twintig jaar in Amerika is blijven zwerven.

Zoals we zagen begon dat zwerven niet in 1851, zoals Johannsen beweert, toen hield hij er bijna mee op.

Als biograaf laat Johanssen de nodige steken vallen, als recensent is hij ook niet helemaal te vertrouwen. Als voorbeeld van de wilde fantasie en misleiding van 'Gloux' citeert hij een passage over de struisvogeljacht die in *Vrij-kogel* wordt beschreven. Daarmee laat hij één van de minst karakteristieke gedeelten uit een van de minst karakteristieke boeken van Aimard fungeren als bewijs van zijn foute hypothese. Het argument dat het allemaal verzonnen zou zijn, een fort dat toebehoorde aan de Amerikaanse Pelterijen Company, een Indiaan die Frans spreekt, de geologie klopt niet, het is allemaal erg verwarrend, wordt door Johanssen verwoord met een citaat van Huckleberry Finn die over *The Pilgrim's Progress* zei: 'Een interessante bewering maar moeilijk te geloven.'

Johanssen miste de bewerking tot *dime-novel* die *Balle-Franche/ Prairie Flower* onderging wat maakt dat lezers (hijzelf inbegrepen) onwetend blijven van de Franse en de Amerikaanse pijlers waar deze roman, of western, op berust.[62] De epiloog is weggelaten, dus de herkomst van de vreemde theorieën van Witte Bison wordt niet onthuld en de discussie waarom men naar Lake Itasca wil is weggelaten zodat noch hij noch andere lezers ooit op het idee hadden kunnen komen dat Schoolcraft één van Aimards bronnen van inspiratie was. Onbekendheid met vroege reisverslagen maakt ook dat het Johanssen ontging dat *Prairie Flower* berustte op Prins Wieds reisverslag. Er restte hem dan ook niets anders dan af te geven op wat er volgens hem allemaal niet klopte.

In Engeland
lijkt het wel of men daar het idee heeft dat Aimard voornamelijk een autobiograaf is. Het enige dat ik over hem vond is het voorwoord bij de Engelse vertaling van Aimards *Zeno Cabral* (*The Flying Horseman*), staat in een *Notice*:

> Gustave Aimard was de geadopteerde zoon van een van de meest machtige Indiaanse stammen, met wie hij meer dan vijftien jaar in het hartje van de prairies leefde; hij deelde hun gevaren en nam deel aan hun gevechten, volgde hen overal, met een geweer in de ene en een tomahawk in de andere hand. Gustave Aimard heeft heel Amerika doorgetroken, van de hoogste pieken van de Cordilleras tot aan de kusten van de oceaan, levend van de hand in de tand, vandaag gelukkig, zonder zorgen om morgen, terwijl hij beurtelings squatter, jager, vallenzetter, krijger en mijnwerker was. Vandaar dat Gustave Aimard alleen zijn eigen leven beschrijft. De Indianen over wie hij spreekt heeft hij gekend - hun gewoonten die hij beschrijft, zijn de zijne. •

---

62. Vgl. Eggermont-Molenaar (2001, 137-142).

225

Mon Dernier Voyage: Le Brésil Nouveau - Nagereisd

Aimard schreef *Mon Dernier Voyage: Le Brésil Nouveau*[63] naar aanleiding van zijn reis naar Rio de Janeiro rond 1880. Drie jaar na zijn dood werd het uitgegeven, een oponthoud dat er waarschijnlijk toe bij heeft gedragen dat, bij mijn weten, niet één literaire criticaster dit werk in zijn of haar beschouwingen heeft opgenomen.

Net als in zijn romans neemt hij regelmatig de tijd om zijn lezers van zijn inzichten op de hoogte te stellen. Anders dan in zijn romans probeert hij hier en daar een soort humor van het droge soort in te lassen. Tegen het einde wordt het relaas nogal warrig.

Mon Dernier Voyage: Le Brésil Nouveau leek gelegenheid te bieden om eens te gaan kijken waar Aimard was en eens te gaan zien wat hij zag om meer inzicht te krijgen in wat voor schrijver, wat voor persoon Aimard was. Te dien einde onderbreek ik zijn relaas over zijn bevindingen en vergelijk ik die met de mijne in de vorm van brieven aan Aimard.

De eerste regels van zijn reisverslag volgen hieronder. Ze zijn niet vertaald - wie geen Frans kan lezen, kan inmiddels de inhoud wel raden!

Mon Dernier Voyage: Le Brésil Nouveau

Embarqué à l'âge de neuf ans, en qualité de mousse, sur un chasse-marée pour la pêche du hareng, pendant plusieurs anneés je ne naviguai que sur les mers du Nord; un hasard, que j'ai raconté autre part (noot van de uitgever: 1) Voir Par Terre en par Mer) et que je bénis, me permit de m'embarquer sur un trois-mâts écossais de huit cent tonneaux nommé la Polly, fort beau bâtiment contruit à Glasgow, monté par trente-cinq hommes d'équipage et commandé par le capitaine Griffiths [...]

Parti de France en 1827, je ne revins en France qu'à la fin de 1847, j'avais trente ans.

Aimard begint zijn laatste boek, met een overzicht van zijn leven: eenentwintig jaar lang woonde hij buiten zijn vaderland. De episode in Franse marinedienst slaat hij over. Onvoorziene omstandigheden

---

63. Uitgegeven in 1886 door E. Dentu, Editeur. Librairie de la société des gens de lettres. Paris (279 blzz.). In 1888 gaf Dentu dit werk opnieuw uit (259 blzz.), maar nu op schitterende wijze geïllustreerd door Fernand Besnier. Deze uitgave is in mijn bezit.

maakten dat hij tussen de Indianen van de grote savannes terecht kwam. De illustratie van Besnier bij dit gedeelte van de tekst laat een soort Livingstone zien, met het uiterlijk van Aimard, beige safaripak, omringd door donkere mensen met kroezend haar die op Afrikaanse wijze (niet veel) lappen katoen om zich heen hebben gewikkeld.

Hij, schrijft Aimard over zichzelf, leerde een aantal talen en was na zijn eerste terugkeer nog een paar keer in Amerika teruggeweest. Ongelukkigerwijs dwongen zekere gebeurtenissen hem de zee vaarwel te zeggen. Over de aard van deze gebeurtenissen (disciplinaire ongeregeldheden volgens Sieverling) laat Aimard de lezer in het ongewisse.

Maar, vervolgt Aimard, hij had de vrijheid nodig, voelde zich verstikken in een op de massa gerichte atmosfeer waarin het individu omkomt, kon het gezelschap van zijn beste vrienden niet meer verdragen en vreesde gek te worden. En daarom droomde hij ervan, eigenlijk al dertig jaar lang, om terug te gaan naar Amerika, naar de wijde einders, de vrijheid van de prairies, om te gaan wonen bij de zoon, die hij had bij een Comanche-vrouw. Maar dat doet hij niet. Waarom niet laat hij eveneens in het midden.

Op het moment dat hij het 't minst verwacht, krijgt hij de kans om zijn vrijheid te herwinnen. Een uitnodiging! Van wie vermeldt hij ook al niet. Binnen acht dagen was hij gepakt en gezakt aan boord van de *Portegna*, een charmant schip dat zowel onder zeil als op stoom kon varen. Er waren zo'n dertig passagiers aan boord; de meeste waren Belgische kooplieden uit Buenos Aires, een paar Fransen, twee Buenos-Airianen en een Chileen. IJdele lieden volgens Aimard, die denken dat ze Frankrijk kennen omdat ze een paar casino's hebben bezocht.

Dankzij stoom duurt de reis nog maar twintig dagen, geen drie maanden, zoals vroeger. Omdat zo'n reis naar Brazilië tegenwoordig nog maar een paar uur kost besloot ik mezelf uit te nodigen en liet ik dit Aimard posthuum weten:

Zeer Geachte Heer Aimard,   Calgary, april 1999

We kennen elkaar nu al zolang maar toch niet echt goed. Waarom u zich Gustave noemt is mij niet duidelijk, er staat toch Olivier (Aimard) op uw geboortebewijs? En Gustave op uw trouwacte? En waarom zoveel mensen in encyclopaedieën schrijven dat u eigenlijk Gloux heet, en dat Aimard een pseudoniem is, dat is me ook al niet duidelijk. Nou ja, men schrijft elkaars werk na. Ik heb geen enkel papier of formulier gezien waarop u zichzelf Gloux noemt. Ik zal het op Gustave houden. En dan moeder Faudaos, had de *NY Times* dat goed?

Niet ik, maar mijn vrienden, met name André, Bap, Bernard, Foyita, Harry, Hans, Hayo, Monique, Riske, Marianne, Marjan, Nadi, Joan, Nic, Nora , Peter, Tom en Jos vooral, dreigden gek te worden van mijn gepraat over u en moedigden me aan eens een tijdje op reis te gaan. Desnoods naar Rio, maar dan niet alleen.

We, zoon Michiel en ik, vertrokken in het vroege voorjaar van 1999 met een vliegtuig van *American Airlines*. Dat is een maatschappij die bezuinigt op eten van degenen die achteraan zitten. Niet zozeer op de drankjes van de lieden voorin.

Het zal u plezier doen te horen dat de vooruitgang van de vorige eeuw voortzette; het duurt nu geen twintig dagen meer, maar nog geen twintig uur om van Canada naar Brazilië te komen. Canada of Europa, qua afstand maakt het niet zoveel uit. Mijn medepassagiers waren Amerikanen die in Alberta hadden geskied en Canadezen die in Mexico gingen golfen.

Calgary schoot snel onder ons weg, ter rechterzijde bleven de Rocky Mountains ons nog even witverlicht door de ochtendzon vergezellen om zich al snel in onduidelijke wolkpartijen op te lossen. Onder ons zagen we rechthoekige en meer naar het zuiden toe cirkelvormige lappen landbouwgrond dooraderd met grillige stroompjes. Daarom zagen sommige stukken land er vanuit de lucht uit alsof er reusachtige varens op aarde waren gesmakt.

Zoonlief Michiel, zoals ik al zei, was met me meegegaan. Hij reist veel met zijn rockband en had maar twaalf dagen tussen twee tours in de tijd om me te vergezellen. Voor de veiligheid.   Mary E. M.

Aimard is verre van ijdel. Zijn tijd aan boord passeert hij door geleerde gesprekken met de scheepsarts Legendre te voeren en de route van commentaar te voorzien: 'we bevinden ons nu op de Sargassazee. Dat is waar Columbus niet zag dat een paar van zijn schepen ten onder gingen.'

Aimard citeert uit het boek van Roisel over Atlantis en haalt er Plato bij die in de *Timée* over Solon en het verdwenen Atlantis schrijft. De dokter vind het heel eigenaardig, dat verhaal over het beven van de aarde en het binnen vierentwintig uur verdwijnen van een heel werelddeel. 'Je moet alles lezen,' zegt de scheepsarts. 'De moderne wetenschap gaat met reuzenschreden vooruit en rekent af met de dingen waar we vroeger in geloofden.'

Gustave (als ik zo vrij mag zijn),

het viel me mee dat je geen snorkel bent gaan kopen om zelf naar dat werelddeel te gaan zoeken. Mij maakte het niet uit waar Atlantis gelegen zou moeten hebben maar dat geheimzinnige eiland,

Desprez' idee voor de haven van Rio de Janeiro

Amsterdam, waar de Onzichtbaren van Parijs steeds heengingen, bleef als een razende bol door mijn hoofd spoken. Als ik dàt onderweg in die twintig uur eens zou kunnen vinden. Het bestaan van atlassen over het hoofd ziende had ik *Grail Knights of North America* van Michael Bradley bij me. Bradley speculeert veel maar bewijst soms dat de tempeliers en de graalridders al lang voor Columbus in Amerika zaten. Ik had het wel met iemand willen bespreken maar, vastgebonden in zijn vliegtuigstoel, was Michiel naast me te zeer zijn eigen literatuur verdiept. Daarom bespreek ik het met u.

Grail Nights begint zo: in Amerika is een grafsteen gevonden met de letters AE erop, die letters staan ook op een schilderij van Poussin. AE betekent *Et in Arcadia Ego*. En *guess what*? Ene Dr. Otto Muck heeft uitgemaakt dat het verdwenen Atlantis ligt in het gebied dat nu als de Azoren bekend staat. Muck was een nazi die de onderzeeërsnorkel of zoiets uitvond en daarom, omdat hij een geheide nazi was, is aan zijn vinding (van Atlantis) niet veel ruchtbaarheid gegeven. Aldus Bradley.

Hierop schudde ik mijn medepassagier toch even aan. 'Moet je horen...' Michiel zei dat hij dat al had gehoord van een barkeeper in Calgary. Die had het feit dat Atlantis is gelocaliseerd niet erg op prijs gesteld en liever gezien dat er nog iets zou overblijven om over na te denken.

Verder ging het boek over het feit dat de Atlantiërs, niet de Egyptenaren de pyramiden bouwde, over de ruïnes van Sinclair, over Hitler, over Magdalena, de vrouw van Jezus, over Ionmieten (die geloven dat Johannes Christus was en niet Jezus), over het feit dat Mormonen verschil maken tussen Caananieten en Israëlieten, over zeemeerminnen, bijen, de schedel van koning Dagobert, Godfried van Bouillon, tempelridders, watermerken, eenhoorns, Quakers die wat van kruiden weten, piraten, de Molay, de Zenomap, Newport Tower, Abenati, Indianen, Groenland, Nazareth, Finland en afstammelingen van Jezus. Omdat we van ons geloof in de Graal zijn gevallen, de Albigenzers ooit een strijd hebben verloren, hebben we nu Aids, lymeziekte, Marburg en Ebola. Dit allemaal volgens Bradley.

'Het eiland Amsterdam' kwam in dit boek helaas niet in zicht. We arriveerden wel op het vliegveld van Dallas. Vanuit de lucht lijkt die stad op Calgary: geen bergen in de onmiddelijke nabijheid, geen meer of zee zodat de stedelijke metastasering daar, net zoals in Calgary niet te stoppen is. Rondom het vliegveld dezelfde bruingele betonnen onderkomens voor mensen en mobielen. In zo'n vliegveldwinkeltje zag ik dat ze daar Pralines volgens een oud Mexicaans ranche-recept verkopen. Ze worden er *Armadillo Droppings* genoemd omdat de eerste keer dat ze werden gemaakt

Aquaduct in 1880

Aquaduct in 1999

een Armadillo binnen kwam rommelen, iets omgooide, de chocolademaakster afleidde. Daardoor werd de boel te lang verhit en dus te bruin. Toen binnenkomende cowboys dat zagen, riepen ze: 'Wat heb je nou gemaakt, *Armadillo Droppings*?' Mary E. M.

In Tenerife mogen de passagiers van de *Portegna* van boord, maar de stank in de straten daar is niet te harden, net zo min trouwens als het leven als aan boord. 'Leven,' schrijft Aimard: 'met mensen die je niet kent is als leven in Dante's hel. Men glimlacht niet meer, men loopt elkaar te haten, gevangenen ter zee, hoeveel eeuwen gaan er in een minuut? Voordat er stoom was duurde reizen nog langer. In die tijd isoleerde ik me, maar werd er een moron van.'

Guus,

We vlogen verder naar Miami, dat lange wachten overal kan ik niet echt onder het hoofdstuk 'vooruitgang' stoppen. Weer verder lezen: auteur Bradley adviseerde een Canadese minister om de visvangst op zijn Chinees in te richten. Dat zette me enige tijd aan het denken: zou het gros van de mensheid beter af zijn zonder technologie? Valt technologie niet te combineren met een behoorlijk levenspeil voor iedereen? Tot nu toe niet.

Voor de afwisseling las ik even in het blad over sex en rock en roll van zoonlief die even naar de w.c. was, en zag tot mijn vreugde dat men zich in onverwachte hoeken en met onverwachte zaken toch bezig houdt om de relaties tussen mensen onderling te verbeteren. Een jongen had gemasturbeerd in de sok van zijn vriendin. Hij was vergeten die in de wasmand te stoppen. De vriendin trok die sok aan, kreeg kleverige tenen en werd woedend, wat volgens de auteur begrijpelijk was. De vriend heeft nu een piemelsokje ontworpen en op de markt gebracht zodat mannen zich niet meer aan zichzelf hoeven te vergrijpen in andermans of vrouws sok.

Miami Airport: groene vloerbedekking, bars, winkeltjes, gedempt licht, ijskoud geaircoed. Het lijkt op de lobby van een strandhotel. Buiten wiegen palmbomen in een warm zonnetje. Een enkele ijveraar houdt zich warm door zijn laptop in een telefoonpaaltje te pluggen. Bibberend van de kou gaan we die dag voor de derde maal aan boord, nu richting Rio de Janeiro.

Ik lees verder in Bradley over: heidenen, Mandans (een uitgestorven Indianenstam) zouden afstammelingen zijn geweest van tempeliers, Montreal zou gesticht zijn door afstammelingen van Jezus; over Roundheads, Ironside, Cromwell, Bosnië, Dunlop, Nauss, de verdrijving van de Acadians in 1755 (het heeft er allemaal mee te maken, wat en waarmee begon ik me af te vragen), Napoleon zou met Joséphine zijn getrouwd omdat ze een afstammelinge van

Avenida
Rio Blanco

Jezus zou zijn, op Martinique was een klooster met meisjes met Jezusbloed, die als *grails* op pootjes beschouwd, zo hoor je nog eens wat. Over Salaberry - ik schoot rechtovereind, spontaan ging het niet want ik moest eerst op het knopje in de stoelleuning drukken, Aimard schrijft geregeld over de Salaberries (nu woont die familie in Canada) -, over Hiawatha, Melungeons, de Pyreneeën, Sint Brendaan, Madonna in het rood (dat is Magdalena), *deseret* (dit is de derde keer dat het over honingbijen gaat; nog eens Aimards *Bijenjagers* lezen, zouden daar meer verstopte boodschappen inzitten?), het dubbele kruis van Lorraine dat eruit ziet als een Palmpasenstok en door de Hollanders gemaakt zou zijn.

Guus, ik geloof dat ik warm werd, niet alleen dat ik nu lang genoeg in het vliegtuig zat, maar dat Lorraine-kruis dat door Hollanders is gemaakt, waar bevonden die zich? Op een eiland dat ze Amsterdam noemden? Ik laat het hier even bij, zodat er voor de barkeepers onder ons nog iets overblijft om over na te denken. Of dat misschien Manhattan zou kunnen zijn?[64]   Mary E. M.

Ooit las Aimard in Gozlan's *Balzac chez Lui* dat het geen zin heeft om terug te gaan naar de oerzee waarin je vroeger werd gewassen, naar de vaderlijke woning, naar het land aan de voet van een heuvel, nog naar de landen die je enthousiast bezocht toen je twintig was. Je kunt mooi roepen: He, ik ben het! Maar ze zullen zeggen: Je bent wie? Die passage had hem indertijd getroffen door de eenzaamheid die eruit sprak en daarom sjouwde hij zijn hele leven dat boek met zich mee.

Als ik reis, treurig als dat is, verzekert Aimard, ga ik aan het werk, dan verdiep ik me. Fransen, die reizen, vergelijken alleen maar. Ze houden geen rekening met verschillen die bijvoorbeeld door het klimaat worden veroorzaakt. Je moet proberen de gewoonten van anderen te begrijpen, de logica erachter zoeken.

De *Portegna*, onderbreekt Aimard zichzelf, vaart nu nog maar zes knopen per uur. Brazilië moet in aantocht zijn. Brazilië werd op 3 mei, 1500 door Alvarez Cabral ontdekt. Hij plantte er een kruis en een paal voorzien van het wapen van Portugal. In die tijd woonden daar Tupis en Aymorès. Zestig van de Tupisstammen werden Aymores. Die zitten nu in Botocusos, in de Grand Chacos. En dan had je nog honderd Tapuyasstammen. Knivel schreef over de eerste oorlog met hen. Over de gruwelen, over de Cahétès, die zich hadden teruggetrokken op de Ahquésiba, een berg vlak bij Pernambucco, maar die een scheepsbemanning vermoordden en daarom allemaal tot slavernij werden veroordeeld, tot de laatste stierf.

---

64. Het eiland Amsterdam is inmiddels komen boven drijven in Alfred van Cleefs *Het Verdwaalde Eiland. Amsterdam op 37'50" Zuiderbreedte.*

Afschuwelijke hagedis

Er zijn nu geen Cahètes meer, leraart Aimard door, maar Indiaanse gevangenen worden nog altijd zo genoemd.

Guus, ik heb het in Rio hier en daar nagevraagd, maar niemand wist wat *cahètes* zijn. Dat kan natuurlijk aan mijn te kleine kring van ondervraagde mensen hebben gelegen. Cabral heb ik wel gezien op een groot schilderij *De Oprichting van het Kruis te Porto Seguro*, dat Pedro Ferez (Portugal 1850 - Rio 1923) in 1879 schilderde. Het hangt in het Nationale Museum aan de Rio Branco. Jij kunt dat schilderij gezien hebben toen de verf al een jaar droog was. Ik vraag me af of jij hier geschiedenis schreef aan de hand van een schilderij, zoals Vestdijk zijn herinnering aan illustraties uit kinderboeken omzette in lange lappen literatuur. Mary.

Met zes knopen per uur schiet de reis niet meer zo op, tijd te over dus om uit Ribeyrolles voor te lezen. Na de Portugezen en de Spanjaarden, wilden de Fransen en de Hollanders delen in de honingtaart die admiraal Cabral had ontdekt. Ribeyrolles schrijft over admiraal de Coligny die iemand zocht die hem begreep. Het werd de Hugenoot, de ex-Maltees Durand de Villegagnon, die op 15 juli 1556 Le Havre verliet en op 13 november in Gabara - tegenwoordig Buenos-Ayres - met vierentwintig man op twee schepen arriveerde. Maar de Villegagnon viel tegen. Want wat geloof en zeden betrof viel er niet met hem te spotten.

Tegen één van de matrozen die met een Tuypinambas-dame woonde had hij gezegd: trouwen of weggaan. De matroos trouwde niet en spande daarop samen tegen de Villegagnon. Het resultaat was dat er drie hoofden sneuvelden en aan het eind van het conflict dertien van de vierentwintig scheeplieden vertrokken.

In de vorm van driehonderd man, een aantal kanonnen en wat bijbels werd versterking aangerukt. Grote vreugde: maar ging het nu anders, beter? Dat blijft in de sluier van de geschiedenis verhuld. Béze, een andere tijdschrijver, beschuldigde de Villegagnon ervan de admiraal verraden te hebben voor de Guises, Genève voor Catharina en zijn geloof voor zijn ambitie, aan de andere kant . . . maar wie moet je geloven? Aimard maakt het zich en zijn lezers niet gemakkelijk en leest onverveerd hardop verder over hoe het ging in 1620.

Portugal was inmiddels zelf in handen van de Spanjaarden gevallen waardoor ze de Prins van Oranje, Barteveldt [sic] en Maurits van Nassau tegenover zich kregen. Een Antwerpse koopman schreef het over de nieuwe oorlog: als wij Spanje in Amerika aanvallen, zullen ze dan niet verplicht zijn daar een expeditie heen te sturen en zou dat hun kracht in Europa dan niet doen afnemen?

Wat heb je eigenlijk aan die landen? vraagt Aimard zich af, om dan op te noemen: suiker, oliën, hout. En wie vervoert dat allemaal?

Christus Redemptor op de Corcovada

Holland. Die Hollanders! In 1634 veroverden ze Itamarca, Parahiba, en Rio-Grande, in 1636 hadden ze daar de hele zaak onder controle maar ze verloren alles onder andere door de onderlinge twisten in huize Oranje.

Guus, Ik las een andere versie in Boxers *The Dutch in Brasil*. Het lag aan de Staten-Generaal die geen duidelijk beleid voerde en aan de stad Amsterdam die geen geld wilde fourneren voor een blokkade van Lissabon. Maar je zal wel gelijk hebben. Wie moet je geloven?
Mary.

Al zeilend naar Rio de Janeiro passeer je de evenaar. Kielhalen, waar komt die gewoonte vandaan? Van Hanon. Aimard beschrijft een kielhaalpartij aan boord van de *Héroïne*, het schip waarop hij in 1839 in de Australische wateren bevoer. Het onderwerp houdt hem bezig, misschien wel bij gebrek aan andere inspiratie, eigenlijk net zolang totdat er een wolk opdoemde. Nee, geen wolk, er is land in zicht. De wolk wordt een onduidelijke massa waarin zich contouren gaan aftekenen: baaien, bergpieken, bomen en rotsen.

Het werd tijd want de passagiers zijn zich inmiddels als Hyrcanische tijgers gaan gedragen. Ze spreken niet meer tegen elkaar en ontbloten alleen nog maar hun tanden. Maar als wolken in baaien transformeren deze tijgers tot schaapjes. Aimard kan alleen maar zijn schouders ophalen bij de blijken van vriendschap die nu opeens worden uitgewisseld. De Cap Frio en de Pan de Azucar doemen op.

Vanuit de lucht, Guus, verging het mij anders. Om te beginnen ontdekte Michiel dat zijn veter was gebroken waarop hij zich bukte om die anders in te rijgen, zodat hij steeds met zijn hoofd voor het raampje zat. Ik wilde jouw notities vergelijken met mijn eerste indrukken van Brazilië en zat een tijdje sprakeloos tegen Michiels krullebol aan te kijken. Beetje duf van het vliegen denk ik.

Tot ik op het idee kwam hem te verzoeken die veters even te laten zitten. Wat hij deed. Uit het raampje kon ik nog net hoge groenbegroeide bergen zien om dan gelijk al op het obligate grasveld met betonbanen te landen. Het eerste dat ik zag was drie mannen met lekkere bruine ruggen. Brazilië! **Mary.**

Om 14.35 arriveert de *Portegna* in de baai waar je de stranden van Saint-Dominique en Botafogo kunt zien, waar kooplieden na gedane zaken hun benen strekken, de Orguesbergen, het krankzinnigengesticht, het Miséricordeziekenhuis en de militaire academie.

Rechts de Notre Dame de Bon Secours, fort Villeganagon, Saint Thedose, Geiteiland en Rio, een aquaduct en een afweergeschut aan de linkeroever. Hele mooie versterkingen. Over dat suikerbrood, Pan

Zicht op zee

d'Azur, er is hier een beeldhouwer, Desprèz, weet Aimard, die met het idee loopt om die berg in de vorm van een reus uit te hakken.

Guus, die stranden onder andere die van Copocabana en Ipanema zijn nu ook bij toeristen erg in trek en geen wonder. Wit zand, mooie golven, leuke hutjes met strooien daken waar je versgeperst vruchtensap of een biertje kunt kopen. Echt rustig op het strand liggen is er niet bij, dat wil zeggen, ik kwam er zelf niet aan toe en zoonlief meldde later, "Om de drie minuten komt er iemand om je iets te verkopen."

Desprez, je spelt het steeds weer anders Guus, tegenwoordig vatten uitgevers zulke zaken niet meer licht op, heeft het suikerbrood nooit uitgehakt. Ik heb in Rio niemand gevonden die ooit van die naam of van dat plan heeft gehoord. En nog iets waarvoor ik even vooruit moet lopen. Die Franse gemeenschap waar je in Rio mee schouderde, was nogal georiënteerd op vrijmetselarij. Ik las dat *tailler la pierre*, steenhouwen of hoe je dat ook in het Nederlands uitdrukt, een vrijmetselaarsopdracht is. Ik moest er lachen toen ik dat las, dacht aan Dezprez die een rots van meer dan een kilometer hoog had willen 'tailleren.' Mary.

De *Portegna* meert aan. De douanedienst, Brazilië's goudmijn, komt aan boord. In de *Gazetta de Nocias* is aangekondigd dat Aimard een cadeau voor de keizer bij zich heeft. Het verbaast hem, omdat hij het aan niemand heeft verteld en hij het als een verrassing voor de keizer had willen bewaren.

Guus, dat blad, de *Gazesta da Tarde* werd pas in 1880 opgericht en was Brazilië's eerste krant die de afschaffing van de slavernij propageerde las ik in Bernsteins *Dom Pedro II*. Over die verrassing van je zullen we het nog hebben. Mary.

Aimard wordt aan de heren voorgesteld en weet zich met zijn figuur geen raad. Ze doen zelfs hun pet voor hem af. Het is volgens hem duidelijk dat de kapitein op goede voet met deze snuffelaars wil blijven. Douane en gezondheid zijn twee krachten waar je maar beter rekening mee kunt houden. Er wordt getoast alvorens men vertrekt. Het is niet voor het eerst dat hij voet aan wal in Rio de Janeiro zet. Aimard herinnert zich lange smalle straten met 'negers' en 'negerinnen,' en voertuigen uit het jaar nul. Dames, die indertijd alleen de straat opgingen, raakten daardoor voorgoed hun reputatie kwijt. Métis-dames waagden zich toen wel eens een enkel keertje buiten.

Aimard is als met stomheid geslagen. Alles is anders, het is er net zo druk als in Londen en Parijs, overal ezelwagens en een elektrische tram, de *bond*, die het hele straatbeeld heeft veranderd. Er lopen nu

San Bento

ook dames rond. De eerste dagen brengt hij door in *Hotel de France*, wetend dat hij naar iets goedkopers zal moeten omzien. Hij heeft een brief van de heer M. Geneau bij zich voor de heer Sohier die aan het Grondwetsplein een juwelierszaak, La Maison Lacroix de Paris, drijft.

Hij gaat naar dat plein waar Sohier hem allerhartelijkst ontvangt. De juwelier is vereerd met het bezoek van een schrijver, wiens boeken in bijna alle landen te koop zijn. Een bijna blanke slaaf serveert de lunch en men toast op Grévy, de president van Frankrijk.

Sohier brengt Aimard vervolgens bij de heer Lieden, de eerste bierbrouwer van Rio, ruo Riochuelo nr. 86, diens engelachtige echtgenote, zoontje en dochtertje, waar Aimard de rest van zijn tijd in Rio een kamer zal huren.

Guus, Michiel en ik ook naar de ruo do Riochuelo, nummer 86. We namen een taxi vanuit de stad, zaten nogal vast in het verkeer en twintig minuten en zes *reis* ofwel vier dollar later zette de taxichauffeur ons enigszins verbouwereerd af. Een fooi wilde hij niet aannemen. Toen we met hem hadden afgerekend en hij weg was, keken we om ons heen. Verbouweratie!

Er was wèl een nummer 88 en verder terug nummer 64. Kortom, de eerste bierbrouwerij is niet meer. Tussen deze twee huisnummers in staan nu achter elkaar twee twaalfhoge flats met afgebrokkelde gevels en met uit alle ramen wapperend wasgoed. Naast de flat een groezelige doorgang, een soort sleuf met tafeltjes waar voornamelijk Brazilianen koffie en vruchtensap zaten te drinken. In de buurt van nummer 64 was parkeergelegenheid onder een golfplaten overdekking, een soort *slum* voor auto's. De pandjes dichter bij het aquaduct zijn in 1913 gebouwd. Ooit pretendeerden ze iets, wat van de ornamenten op een- en tweehoog valt af te leiden, maar gebrek aan verf en plamuur maakt het ook oude winkelgeveltjes moeilijk om herinneringen aan de goede oude tijd op te houden. We liepen de straat uit, richting zee en kwamen bij dat aquaduct aan.

Reusachtig, wit, oogverblindend. Ooit, schreef Carlos Kessel, een student in Rio me toen ik al weer thuis was, werd dit door Conde de Bobadele ontworpen project dat tussen 1744 en 1750 werd gebouwd, een van de grootste ondernemingen van de tijd.

Nu rijdt er een tram over dat viaduct en op het gras tussen de pilaren lagen mensen en op de tegels ertussen lag een wat schurftig hondje. Toen we langs hem liepen lichtte hij troosteloos even één ooglid op. Mary.

De vader van brasseur Lieden, noteert Aimard, was een van de eerste Algerijnse kolonisten en werd ooit als ridder in de Orde van de Roos geïnstalleerd door de keizer Pedro I.

Gloria in 1880

Over die orde, Guus, Pedro I stelde deze in, overmand door vreugde als hij was, vanwege de kennismaking met zijn tweede echtgenote, Amelie van Leuchtenberg, dochter van Eugène, de broer van Napeolon. Amelie zag eruit als weggelopen uit een Reynolds of een Gainsborough-schilderij. De artiest Boulanger kreeg opdracht de insignes voor deze orde te ontwerpen. De inspiratie voor rozen kreeg Pedro I bij het zien van Amelie's als door rozenblaadjes bestrooide bruidsjapon. Aldus da Costa in *Dom Pedro I*. Ik vraag me af of die rozenorde ergens iets toevallig met Rozenkruisers hebben te maken?
Mary.

Aimard mijmert bij het zien van een aquaduct in de ria Riochuelo: dertig jaar eerder woonden hier maar 150.000 mensen, nu veel meer. De wateraanvoer is niet meer voldoende.

Guus, in 1999, woonden er acht miljoen mensen. Ik heb ze niet geteld maar dat zeiden ze. Heel veel daarvan wonen in optrekjes van grove rode baksteen met openingen voor deuren en ramen, waar ze als het regent zeilen voor hangen. Dit soort huizen zie je langs snelwegen en ze bedekken menige berghelling, *favela's*, in de stad. 's Avonds zien deze buurten eruit als verlichte bergen.

Er is water genoeg, verzekerde men mij. Dat kan wel zijn, maar er is wel iets geks met de toevoer ervan. In reisgidsen staat dat je geen w. c.-papier in de w. c. mag gooien maar dat in een prullenmandje ernaast moet deponeren. Ik zag dat het in het noorden, in favelaland, zeer zeker zo moet omdat het straaltje water bij het doortrekken al moeite genoeg heeft om een plasje mee te voeren. Laat staan wat wépapier of erger.

Maar in het zuiden, in de 'betere' buurten is de aanvoer van water uitstekend, alles spoelt zonder enige moeite door. Auto's, zag ik, worden er met krachtige stralen schoongespoten. Mary.

's Avonds dineert Aimard voor het laatst in zijn hotel, met de scheepsarts, en dan trekt hij bij Lieden in. De volgende morgen brengt hij een bezoek aan het Franse consulaat. 'Koud en kort,' schetst hij de ontvangst. Aimard zegt in zijn leven maar drie behoorlijke consuls gekend te hebben.

Zelf, Guus, heb ik in mijn leven maar één behoorlijke honoraire consul gekend en die heette ook Guus, maar je hebt gelijk, ze zijn niet allemaal behoorlijk. Ik ken er eentje die, ach, het doet er niet toe.

Ik was niet van plan je spoor hier te volgen Guus, op een gegeven moment werd ik naar de afdeling Cultuur van het Franse Consulaat-Generaal verwezen. Twee secretaresses zagen me vanuit hun kantoortje tien minuten, hoeveel seconden gaan er in een

Pedro I

minuut? staan wachten voor een onbemenste balie. Ik liep toen op één van hen af en vroeg haar naar een of ander archief. Verstoord keek ze op. Zo'n archief hadden ze niet en interesse in Franse cultuur al helemaal niet. Wegwezen dus! Koude en korte ontmoeting.

Mary.

Aimard vermant zich en bedenkt wat positievers: dankzij de keizer kent Brazilië persvrijheid en er zijn goede kranten. Tijd voor weer een geschiedenislesje. Ditmaal heeft hij het over de onafhankelijkheid van het land waarvoor hij Ribeyrolles' *Le Brésil Pittoresque* aanhaalt. Bonaparte door misdadig toedoen van de *Brumaire* Keizer Napoleon I geworden, was tegen Engeland gaan optreden. De Portugese keizerlijke familie, met Joao VI aan het hoofd, achtte zich daardoor geraden - vanwege haar banden met Engeland en de houding van Spanje - veiliger oorden te zoeken en vertrok naar Brazilië.

Behalve zijn familie voerde Joao VI ook hofetiquette, vooroordelen, privileges en prérogatieven met zich mee. Enerzijds was hij, met zijn decreten en zijn machtsmisbruik in Brazilië, een man van het verleden en anderzijds, met zijn streven naar onafhankelijkheid, grondwet en gepraat over mensenrechten een man van de toekomst. *Onafhankelijkheid of Dood*, werd zijn slogan. Evengoed werd er gemord. De kersverse Brazilianen hadden genoeg van pracht, praal en etikette, waren van mening dat ze niet voor niets Europa achter zich hadden gelaten.

In 1821 voelde Joao VI haarscherp aan dat zijn tijd was gekomen; zoon Dom Pedro I nam over en verklaarde Brazilië drie maanden later onafhankelijk, bij welke gelegenheid hij tot keizer werd gekroond. Keizer Pedro I stelde een charter op: het roomskatholieke geloof was het geloof van het keizerrijk, maar verder mocht iedereen op eigen wijze zijn eigen religie uitoefenen. Genaturaliseerde vreemdelingen konden zich Braziliaan noemen. De keizer en de wetgevende macht vertegenwoordigden de natie - waaraan ook de macht was gedelegeerd.

Edoch, onaangenaamheden veroorzaakt door de Portugese edelen aan zijn hof, een oorlogje met Argentinië over wat nu Uruquay is, en andere zaken deden hem afzien van verder regeren. In 1826 overleed zijn vader in Portugal, wat hem daar Koning Pedro IV maakte.

Pedro I/Pedro IV benoemde de vrijmetselaar d'Andrade de Sylva tot leraar van zijn vijfjarige zoon, nam op 12 april 1831 per brief afscheid van Brazilië (toen hij die brief schreef was hij al aan boord van een Engels schip) en vertrok naar Portugal om daar de troon veilig te stellen voor zijn dochter Maria da Gloria, de toekomstige Koningin Maria II.

Vier jaar later werd Pedro I/IV's zoon ingehuldigd als keizer Pedro II. Als zodanig, jong en wijs, vaardigde hij een grondwet uit:

Rua d'Ouvidor

*Onafhankelijkheid, *Nationale Soevereiniteit, *Vrijheid voor de Burgers.

Deze grondwet, schrijft Aimard, is nu veertig jaar oud. In Frankrijk denken ze dat er in Brazilië een stelletje wilden woont dat hen van koffie voorziet, maar dat valt mee. En, iedere provincie is er groter dan Frankrijk met zijn twaalf miljoen inwoners.

Tijdens het regentschap vanwege Pedro II's jeugd, van 1831 tot 1840, waren er in het noorden wat opstanden en daarna nog een paar in Minas en St. Paul, maar na 1844 was het rustig en werd er algemene amnestie afgekondigd. Daarna veroorzaakte de Parijse revolutie van 1848 nog enige deining maar dat leidde slechts tot dertig uur vechten in Pernambuc.

Aimard stelde vast dat het keizerlijke van Pedro II in zijn karakter en zijn werk zat en dat schrijvers als Charles Expilly, die roddelpraat verkochten na hier met open armen te zijn ontvangen, zich moesten schamen. Ribeyrolles schrijft over Brazilië op een manier die het land verdient. Als je Brazilië met Duitsland vergelijkt, is Duitsland meer een gevangenisstaat. Aimard zegt liever een eerlijke, dan een sterke man aan het hoofd te hebben.

> Guus, in een tweedehandszaak in Rio vond ik een boek, *The Green Hell*, waarin Lucien Bodard de negentiende-eeuwse Braziliaanse samenleving, voor zover het de immigranten betreft, in tweeën deelt. Aan de ene kant, ik vat het heel kort samen, had je de kooplieden/avonturiers; aan de andere kant edele, door Comte, Voltaire en Rousseau verlichte, geesten die rondwaarden in de vrijmetselaarsloges.
>
> Pedro II, aldus Bodard, was de verlichte despoot van een land van welks woestheid hij geen weet had. Hij werd opgevoed door de Grootmeester van de Braziliaanse vrijmetselaars. Mary.

Terug naar Lieden, de kamerverhurende brouwer. Meevallen doet het verblijf Aimard daar niet: de matras is hard, de lakens zijn goed maar de peluw deugt niet. Hij ligt nog niet in bed of voelt een hagedis over zich heen kruipen.

Dat is juist prettig, stelt Lieden hem de volgende morgen gerust, beschouw hem als je vriend. Hij zal alle muggen en andere medebewoners van je kamer voor je opeten. Aimard besluit de hagedis in zijn vriendenkring op te nemen, maar rolt zich de rest van zijn maandenlange verblijf ondanks de hitte 's nachts in een deken.

> Als ik ergens tegenop zag, voordat ik naar Rio vertrok, Guus, dan is het wel dit verhaal van je over die insekten. Ik had allerlei spuitbussen bij me, maar heb in de stad maar twee groene griezels gezien en

Op weg naar de keizer

in Tijuca, een junglegebergte midden in Rio, een hele enge oranjerode sprinkhaan. En vlinders zo groot als zakdoekjes. De laatste dagen zaten er wat mugjes in mijn hotelkamer. Ze vliegen geruisloos en snel, je voelt niet dat ze je steken en opeens heb je een bultje waarvan de jeuk met spuug te bestrijden is. De volgende morgen zijn ze weg. De bultjes bedoel ik.

En wat moet je het warm gehad hebben. Toen wij er waren was het er steeds tussen de 25 en de 35 Celsius boven nul. Geaircoode kamers, taxi's en een zwembad met koud water op het dak. De vooruitgang die jij hier en daar voorspelde is hier, maar niet overal voor iedereen. Mary.

De volgende morgen staat de lunch gedekt voor tien werklieden van de *Brasserie Nationale*. Voor Aimard staat een apart tafeltje gedekt. Omstandig legt hij uit dat hij zich niet te goed voelt om bij de anderen aan te schuiven. Sohier komt hem ophalen om naar de douane te gaan. Goed nieuws, zijn koffers hoeven niet te worden doorzocht. Het onweert vreselijk, de hitte is drukkend: daar krijg je hier al die gele koorts van.

Guus, gele koorts is er nu niet meer, daar hoef je alleen nog maar voor te worden ingeënt als je naar het Amazonegebied gaat. Een paar van die tropische buien meegemaakt. Indrukwekkend, spectaculair en, op alleen zonlicht kan al die weelderige begroeiing toch niet teren. Mary.

De stad in, naar de top van de Corcovada, naar het Castel San-Antonio do Senado, de Mata-Caballos, San Bento de la Conception, do Livramanto. Lange, smalle, slecht geplaveide straten. In de nieuwe wijken, in Gloria bijvoorbeeld en Botafoga, is dat beter, daar heb je brede straten, zelfs met trottoirs.

Guus, je zat niet stil, wij ook niet, maar zoveel als jij hebben wij toch niet kunnen doen. Wel de Corcovado gezien. Tegenwoordig een echte toeristenattractie. Je gaat met een trammetje naar boven. Onderweg zie je tegen de helling van die rode bakstenen optrekjes, sommige met een schotelantenne er op. De tweede verdieping van die huisjes heeft meestal geen dak.

Boven op die berg Corcovado staat sinds 1931 een beeld van Christus Redemptor. De gestrekte armen van dat beeld hebben een spanwijdte van achtentwintig meter en het geheel van dertig meter hoog staat op een sokkel van ongeveer tweeëneenhalve meter. Rond Christus' hoofd zoemen helicopters vol toeristen. Aan de achterkant van die sokkel bevindt zich een kapelletje van Notre Senhora Apavecida. Het is met een traliehek, waardoor men geld

Pedro II. *Por occasio do primeiro centenario natalicio de sua magestade*

kan gooien, afgesloten. Op het altaar tegen een achterwand vazen met verse of plastic snijbloemen en potten met dode planten. Een paar trappen naar beneden had je een koffietentje en winkeltjes met snuisterijen.

Wat me opvalt is dat je het zo droog opsomt; waar zijn je natuurbeschrijvingen? Het uitzicht vanaf de Corcovado is schitterend: oceaan, stranden, de laguna, bergen met en zonder bebouwing. Was het te warm? Was je te vermoeid? Had je genoeg zeeën gezien?

De San Bento, daar zijn we ook geweest. Het was zaterdag. Er was net bijna een familiemis afgelopen. Voordat we het wisten zaten we in de kerkbank hartelijk handen te schudden met een aantal ons onbekende gelovigen. Na afloop hebben Michiel en ik wat staan praten met de Benediktijner monnik die de mis had opgedragen.

Veertig monniken zitten er in ons klooster, zei hij, waarvan dertig priester en/of professor zijn, of leraar aan hun middelbare school voor duizend jongens of ze werken in hun eigen uitgeverij.

'We hebben ook nieuwe aanwas, novices,' zei hij met gepaste trots.

Toen ik vroeg of ik het klooster mocht zien, verschoot mijn zegsman van kleur. 'We hebben hier te maken met kanonniek recht. Daar heb ik niets over te zeggen.' Nee dus. Met enige bitterheid sprak de monnik over het eiland, d'As Cobras, dat ze eerst ook bezaten: 'De Marine heeft ons dat met geweld afgenomen en ze gebruiken het nu als opslagplaats.'

De kerk bij het klooster is van binnen net zoiets als een schatkist: heel druk bewerkt met guirlandes, mensjes, altaren, heiligenbeelden en hout en gips zat onder de goudverf.

Of ik een toerist was? Ik vertelde hem over Aimards bezoek aan de stad in 1880 en hoe die zich negatief had uitgelaten over zijn klooster waar men zoveel slaven had gehouden.

'Ja, we hadden hier slaven, hele families. Die deden alles, ze bouwden de kerk. Er waren ook wel wat Portugese artiesten bij betrokken. De slaven kookten, wasten, deden de tuin, de boerderijen, maar vijftig jaar voordat het moest, lieten we hen vrij.'

Slaven die kerken bouwen? Ik hoorde van Michiel en die hoorde het van zijn rockband-kennissen in Copocabana, dat er tegenwoordig architecten naar deze constructies komen kijken om uit te vinden hoe ze vroeger zo kunstig tegen berghellingen aan metselden.

Mary.

Maar helaas zijn er in de wijk Gloria weinig fabrieken. Zonder fabrieken zijn steden gedoemd om te sterven, weet Aimard. Kijk maar naar Lissabon, naar Napels en vergelijk dat eens met Londen en Parijs.

Tegelmuur

Waterpot

In Gloria zaten Michiel en ik in een hotel, pal tegen dat kerkje daar aan. Vroeger kabbelde de oceaan tegen de weg voor de berg waar het kerkje op staat. Nu is er minstens een kilometer zee-inwaarts nieuw land bijgemaakt, zoiets als wat ze met het IJsselmeer ook deden/doen. De mooie villa's zijn er niet meer. Er zijn nu allemaal flats en in het parkje voor zitten iedere avond en het hele weekend mensen te kouten en te kaarten. Kinderen lopen er tot twaalf uur s' avonds te voetballen. 's Morgens zie je hier en daar onder de bomen luitjes liggen te slapen. Overdag zie je behuizing in de vorm van opgevouwen stukken karton en huisraad in plastic zakken aan een boomtakken hangen. Al met al is Gloria een eenvoudige, erg levendige buurt.

Aimard bezingt de lof van de vooruitgang: dank zij de keizer die het allemaal toestond, dank zij de stoom, de toepassing van elektriciteit en dank zij de kabel die door de oceaan is gelegd, kunnen Europa en Amerika communiceren over van alles en nog wat. Aimard herhaalt het in dezelfde alinea nog eens: dank zij de kabel die door de oceaan is gelegd!

> Guus, over kabels gesproken. Spookte dat verhaal van juffrouw Deluzzy/Deportes, de gouvernante van je halfzus Fanny, die later met Henry Martin Field, de broer van die kabellegger trouwde, nog door je hoofd?   Mary.

Om kort te gaan, de moderne wetenschap heeft alles op zijn kop gezet, alleen had Ribeyrolles wel gelijk met zijn klachten over het tekort aan water. De mestvaalt is groter geworden maar daar tegenover staat dat vóór vier uur 's morgens het huisvuil al uit de oude stad is opgehaald.

> Dat zagen we ook op een zondagmiddag. Nadat de marktlui hadden inpakt en vertrokken waren, kwamen er wagens waar lieden in oranje pakken gewapend met bezems uitsprongen. In recordtempo ruimden ze de slierten groenten, kranten en visafval op om daarna de restanten met royale stralen water door de putten te spoelen!
> Mary.

Sainte Anna's kamp was in Ribeyrolles' tijd een woestijn die de stad in tweeën deelde. Dank zij een Franse ontwerper is het nu een oud bos, waarin watervallen en allerlei soorten bomen te zien zijn en je kunt er verwachten Indianen tegen te komen. Het meer dan levensgrote standbeeld van Pedro I dat ooit op de Champs d'Elysée stond, staat nu op het Grondwetsplein. Volgens Ribeyrolles had er ook nog een beeld moeten komen van de slaaf Dias die zo'n belangrijke rol speelde in de strijd tegen de Hollanders, maar daar is nog niets van gekomen.

Rua do Ouvidor Nº 127 in 1999

Aimard kweelt nog een lofzang op de stad: op de rue des Ourivès, Ouvidor - dat komt van auditeur, 'hij die luistert.' Was dat een rechter? Niemand weet het meer. Alles is van klokken voorzien, tot aan de loges van de vrijmetselaars toe. Kerken blinken niet uit door interessante architectuur en in het San Bentoklooster op het d'As Cobraseiland hielden de Benedictijnen honderden slaven op hun boerderijen. Pausen hebben zich altijd verzet tegen slavernij: Pius II in 1462, Paul III in 1537, Urbanus VIII in 1639, Benoît XIV in 1721 en in 1839 bevestigde Gregorius VII alle voorgaande bullen nog eens. De Benedictijnen trokken zich daar niets van aan. Ze zullen hebben gedacht, Rome is ver weg, concludeert Aimard.

Die indruk kreeg ik ook al toen ik met die Benedictijn praatte. Die wapens van het Braziliaanse leger op d'As Cobra hebben we niet gezien. Ik had nog wel een rok aangetrokken, maar Michiel droeg een korte broek en met korte broek werd hij op dat militaire terrein niet doorgelaten. Nergens in de buurt kon je een lange kopen; dat uitstapje ging helaas niet door. Mary

Markten heb je in Rio met marktlieden uit Minas of Bahia, die hun waren op tafeltjes voor zich uitstallen. De meer oriëntaalse types komen, volgens Ribeyrolles, uit Circassienne, Afrika.

De slavernij is nu afgeschaft hoewel sommigen er nog wel 300 slaven op na houden. Ruo d'Ouvidor, mijmert Aimard nog eens, ik geloof eigenlijk dat de naam Ouvidor, auditeur, iemand die luistert en ook praat, goed is, etymologisch gezien juist is. Die naam past de straat goed.

Goed Guus, wij naar die straat. Het is een hele lange nauwe straat die de hoofdstraat, de Ruo Branco, doorsnijdt en waar tegenwoordig meer wordt geschreeuwd dan gepraat of geluisterd. Op alle hoeken staan mannen en vrouwen luidkeels wasknijpers, GSM-hoesjes, loten en batterijen aan te bieden.

Aimard is nu acht dagen in Rio en loopt zo langzamerhand op zijn tandvlees. Maar dan komt Sohier, de juwelier, weer langs. De keizer, zegt hij, zal het raar vinden niets van u te horen. Aimard schrikt terug voor een bezoek, zegt niets af te weten van hofetikette.

'We zijn hier in Brazilië,' verzekert Sohier hem.

'Ja, maar,' werpt Aimard tegen, 'ik heb horen zeggen dat de Spanjaarden en de Portugezen er een ijzeren etiquette op na houden.'

'Zaterdags,' zegt Sohier, 'houdt de keizer van drie tot vijf audiëntie. Iedereen kan daar komen. Je gaat naar binnen, de trap op, komt langs een lange gang, aan het eind daarvan is de audiëntiezaal.'

Luiz Taunay
in zijn
kantoor

Guus, jij was er in 1880. Volgens Bernstein in *Dom Pedro II* volgde Pedro II in de jaren 1850-60 nog steeds de Portugese gewoonte om één maal per week mensen in audiëntie te ontvangen. De meesten kwamen dan om ergens over te klagen. Volgens jouw dagboek heeft Pedro II deze gewoonte dus veel langer volgehouden.

Dat je schrikt van die hofetikette lijkt me gemeend, maar is niet goed te rijmen met je familiariteit met de keizer die je suggereert als je schrijft dat je een cadeau voor hem bij je had. Of moest je dat cadeau van iemand meenemen? Van zijn Franse arts Cros?

'Bah,' roept Aimard, 'is dat zo gemakkelijk?'
'Ja, de keizer komt altijd op de nieuwelingen af. Maar, u kent de keizer toch?'
'Ik heb hem in Parijs wel eens ontmoet. Hij zal me vergeten zijn.'
'De keizer vergeet niemand.'

Dat je hem hebt ontmoet Guus, dat zal wel. Bij de *Sociteit van de Gens des Lettres* of zo. Van september 1876 tot juni 1877 verbleven Pedro II en zijn gemalin Teresa in het Quartier Latin te Parijs. Ze ontvingen daar tal van Franse artiesten en schrijvers, waaronder Lamartine, Pasteur en Victor Hugo, aldus Criss in *Dom Pedro of Brasil*. Mary

Aimard wordt aangeraden een calêche met twee muilezels te huren. De tocht zal drie kwartier duren. Sohier vertrekt, Aimard gaat de tuin in, vraagt Lieden nog eens naar de hofetikette en wordt in Sohiers verhaal bevestigd. Hij vertelt zijn hospes ook zijn ervaring bij een audiëntie met de Franse president Grévy die hij, toen puntje bij paaltje kwam, nooit te spreken kreeg.

De volgende dag gaat Aimard per calêche op weg. Onderweg kom hij langs de gevangenis en de mestvaalt. Aimard spreekt er zijn afkeuring over uit; de keizer ziet deze instellingen dus altijd als hij komt of gaat. Op de plaats van bestemming aangekomen laat hij zich door het geopende hek rijden, ziet drie soldaten en een portier en komt langs een lange weg met bomen die geen schaduw werpen. Het paleis lijkt hem meer een landhuis toe.

Jij bent natuurlijk al die Franse kastelen gewend, Guus. Michiel en ik namen de metro: schoon, snel, goedkoop en nog niet door commerciële postervervuiling aangetast. Sao Christovao ligt in het noorden, in het minder florissante gedeelte van de stad. Vanuit de metro is het een loopbrug over de spoorrails, daarna moet je een weg oversteken en loop je de paleistuin in. En ja, er stonden prullenmandjes naast de w. c.'s in de keizerlijke binnentuin.

Beeld 'Pinell'

Dat paleis is nu een nationaal museum. In mijn ogen een groot museum: tweehoog en voor zover de verf er nog opzit roze met grijs geschilderd met een mooi balcon aan de voorkant. Mooie bomen zonder schaduw, een speeltuintje. De plattegrond van het gebouw moet eruit zien als een vierkante acht met een vierkante nul erop: hoe zegt een architect dat? Dat weet ik niet. Wat ik maar wil zeggen is dat het gebouw drie binnentuinen heeft.

Rechts aanhouden, zegt de portier, en dan de tweede deur links nemen. Aimard loopt langs een lange, ongemeubileerde salon met mooie tapijten aan de muren, wordt opgeschrikt door gepraat, passeert een gemeubileerde salon waarin zich twaalf Capucijners bevinden en steekt een lange galerij vol mensen over.

Wij kochten een kaartje voor drie *reis*, liepen naar de zijkant van het paleis, zo zal ik het maar blijven noemen, en kwamen in een tentoonstelling van meteorieten terecht. Er lag een hele grote die in 1888 in Bendeego, ergens in Brazilië, was neergesmakt. De rest van die zijruimte was gevuld met mini-tentoonstellingen die lieten zien wat er in andere musea is te zien: voetbal, Pèle, de tram, mineralen, scholen en tegen de achterwand wat paleiselijk meubilair en een schilderij van een koninginachtige mevrouw waar een plant voor stond, zodat je niet kon lezen, als er al een kaartje bij had gehangen, wie zij was. Mary.

Aan het eind van de galerij ontwaart Aimard de keizer, een lange man met een blondzilveren baard die glimlacht en op hem afloopt. 'Ik probeerde ook zijn richting op te komen,' noteert hij eerlijk.

Ha ha, je moet in een welwillende bui zijn geweest. In 1880 was de keizer vijfenvijftig jaar oud en volgens Bernstein was hij blond/grijzend en 190 cm. lang. Schilderijen tonen een lange blonde, later grijzende man, benig van bot en op geen enkele afbeelding een spoor van een glimlach.

Jullie hadden eigenlijk wel wat gemeen, jij werd al gelijk na je geboorte achtergelaten, Pedro II vanaf zijn vijfde jaar. Allebei lijken jullie veel belangstelling in het leven te stellen. Zoveel, dat je depressie kon afhouden maar naar vreugde kon fluiten. Mary.

Aimard krijgt een hand en een verwijt: 'Waarom ben U zolang weggebleven?' De keizer zegt nog wat, maar wat weet Aimard niet meer: 'Ik ben Republikein, maar het ging me recht door het hart.'

Mij maakt het niet uit Guus. Wij liepen door de eerste binnenplaats van het paleis, gingen een trap op en kwamen achtereenvolgens terecht op een tentoonstelling van, houd je vast: dinosaurussen,

fossielen, sabeltandtijgers, mastodonten, holenmensen, foetusskeletjes, apen, insecten, kevers met hanenkammen in de vorm van kreeftenscharen, kindermummies, Egyptenaren, sarcofagen, grafstenen, Grieks-Romeinse vazen, Afrikaanse olifanten giraffen, schelpen, hakbijlen uit het Amazonegebied, uitmonsteringen van *vaqueros*, meisjes uit Bahia, weefsels uit Minas Gerais, Afrikaanse kunst, Eskimojassen van darmen, en Indianen.

Het gebouw moet nodig worden opgeknapt: de houten relingen van de balkonnetjes versplinteren; de verf voor zover nog aanwezig, bladdert af. De elektrische bedrading hangt in de binnentuinen in losse lussen langs de muur. Om kort te gaan, er is daar veel te zien, ook nog verzamelingen van Linnaeus en van Pedro I. Het beleid van het nationale museum lijkt te teren op de acquisitie in de keizerlijke periode. Behalve wat standbeelden in de tuin deed niets, maar dan ook helemaal niets, herinneren aan de functie die dit gebouw in de vorige eeuw had. Mary.

De keizer spreekt met Aimard af voor de eerstkomende dinsdag en na een uur is Aimard met de *bond* weer terug in Rio. '*Enchanté*,' schrijft hij dat hij was en brengt verslag uit bij Sohier: 'Het ging zoals u zei. Ik moest alleen een register tekenen.' Sohier vraagt hem naar zijn plannen voor de volgende dag en zegt dat zijn vrouw, die de meeste van zijn boeken had gelezen, hem graag zou willen leren kennen. Aimard heeft geen plannen en wordt op een familiediner uitgenodigd. Hij zegt dat de uitnodiging lang is uitgebleven, maar dat bleek bescheidenheid aan de kant van de Sohiers te zijn,

'Iedereen wil u leren kennen,' aldus Sohier.

Als Aimard eindelijk op zijn kamer terugkomt treft hij daar een boek aan, *Retraite de Lagune; épisode de la guerre du Paraguay*, par E. Plon. Paris, 1879 dat de auteur ervan, A. d'Escragnolle Taunay, voor hem heeft achtergelaten. Lieden legt hem uit dat de vader van Taunay vroeger de Franse consul was in Rio en dat de zoon, de schrijver van dat boek, Braziliaan en hoofdofficier in het Braziliaanse leger werd, en ook een goede vriend van de keizer is.

Guus, ik heb het opgezocht. A staat voor Alfredo. Diens vader, Felix, was behalve consul voor Frankrijk, ook schilder. Ik zag schilderijen van Taunay's zoontjes en een waterval in het museum aan de Ruo Branco hangen en ook nog een groot schilderij van Pedro II als twaalfjarige in het zomerpaleis te Petropolis. De grootvader, Nicolas, was met zijn broer, de beeldhouwer Auguste Taunay, en andere artiesten op verzoek van de Portugese Keizer Joao VI in 1816 meegegaan om een kunstacademie op te zetten. Dat werd geen

Geslagen slang

succes en in 1819 ging vader Taunay, aldus de *Nouvelle Biographie*, alweer terug naar Parijs.

Aimard laat er geen gras over groeien. Hij trekt zich terug en leest het boek. Het is een mooi boek over een ernstige zaak, goed verteld en zeker van stijl, luidt zijn oordeel.[65] Hij heeft het nog niet uit of Sohier komt weer langs. Nee, die heeft het niet gelezen want hij is maar een arme horlogemaker met weinig tijd voor zulk tijdverdrijf. De heren vertrekken voor het familiediner bij Sohier thuis, dat is richting Cristoval. Het aquaduct laten ze snel achter zich. Als de ezelwagen het niet verder trekt moeten ze een steile straat omhooglopen. Aimard loopt iedere minuut lopen in die steile straat te betreuren.

Maar dan zijn ze er en worden ze hartelijk ontvangen door een jonge vrouw met een dochtertje van drie jaar oud op de arm. Tijdens het diner, opgediend door een mannelijke en een vrouwelijke slaaf, voert Sohier jr. het hoogste woord: hij wil Braziliaan worden, vindt Frankrijk een verloren land en wil daar nooit in het leger om als kanonnenvlees te worden opgediend. Sohier sr. verontschuldigt zich later over het gepraat van zijn zoon: maar wat doe je? Hij is het oogappeltje van zijn moeder.

'Alle jongens redeneren zo. Ze worden Braziliaan uit lafheid,' noteert Aimard's avond thuis op zijn kamer en mijmert: 'Ze zijn bang van de Duitsers. Het is waar, tijdens de eerste revolutie zijn er veel edelen naar Amerika gevlucht, maar in 1870 kwamen er veel tijdelijk terug om hun oude vaderland tegen de Duitsers te helpen. Daarna keerden ze wel weer terug, maar ze bleven Fransen.'

Dinsdag is het weer keizerdag. Het paleis is nu helemaal verlaten. Het doet Aimard denken aan het bouwsel uit *Duizend en een Nachten* waar de bewoners door een heks waren betoverd en waarin maar één persoon levend was. Trap op, galerij met tapijten oversteken richting eerste salon. Een kamerheer kondigt aan dat de keizer zich aan het eind van de galerij bevindt. De keizer is lang van stuk, heeft een blond/witte baard, een open gezicht, een open blik en zo te zien een ijzeren wil. Hij vraagt niet meer van de menselijke natuur dan deze kan geven, net als Leopold I van België en Louis-Philippe. Daarnaast is hij een spirituele man, een geleerde die veel weet vanwege zijn reizen naar Italië en Frankrijk en bovendien een liberaal.

De keizer gaat hem voor naar een kleine salon en komt naast hem zitten.

---

65. Een recensie uit 1879 van dit boek is te vinden op: http://fr.wikisource.org/wiki/La_Retraite_de_Laguna_-_Préface_de_la_deuxième_édition [2008]

Taunay waterval

'Ik heb gehoord,' zegt hij, 'het stond in de *Gazetta*, dat u een cadeau voor me bij zich heeft, een phonograaf? Ik zal hem in de Polytechnische School laten zetten.'

De keizer vraagt nu waar die fonograaf is? Bij Lieden soms? Aimard vraagt de keizer hoe hij weet bij wie hij een kamer heeft gehuurd. Van de politie natuurlijk, waarom zou de keizer er anders politie op na houden? De keizer zegt zijn Franse gast toe dat hij alles mag bezoeken en dat hij hem iedere dinsdag op bezoek verwacht. Aimard is nog niet terug thuis bij Lieden of er wordt gebeld. De kamerheer des keizers meldt zich om de fonograaf op te halen.

> Guus, een vreemd verhaal. Een fonograaf in 1880? Edison vond pas in 1877 de fonograaf uit. Hoe kwam jij aan een fonograaf? Maar Edison was niet de enige uitvinder zag ik later, en overigens, ook niet de eerste.
>
> Maurice Druon, de achterkleinzoon Antoine Cros ofwel Koning III van Araucanië, bevestigde in zijn brief van 28 april 1999 wat ik al dacht. Antoine Cros, de arts van Pedro II, had een broer Charles die dichter en uitvinder was. Het is zeer goed mogelijk dat Pedro II tijdens zijn verblijf in Parijs kennis maakte met of/en hoorde over deze broer. Druon was dat met me eens dat het goed kon zijn dat dokter Cros aan Aimard een fonograaf van zijn broer had meegegeven en Pedro was dol op apparaten. Pedro II beloofde Bell op de wereldtentoonstelling in 1876 dat hij ervoor zou zorgen dat *scores* Brazilianen zo'n apparaat zouden krijgen.
>
> Charles Cros had zijn uitvinding, die hij paleograaf noemde, beschreven en opgestuurd naar de *Académie Française*. Dat was ook in 1877. Maar de *Académie* had in geen zes maanden tijd de tijd gevonden om zijn brief te openen. Veertien dagen nadat die brief werd geopend, kondigde Edison zijn uitvinding aan.
>
> Die polytechnische school bestaat nog altijd. Deze maakt nu onderdeel uit van de Federale Universiteit van Rio en huisvest de afdelingen Geschiedenis, Sociologie en Filosofie.

's Avonds dineert Aimard met Dr. Courty, professor aan de Medische Faculteit en M. Brissay, een arts uit Parijs, die in Rio opnieuw zijn examens moet doen. Dat is niet juist, vindt Aimard, maar bedenkt dan dat meer dan dertig jaar geleden in Amerika veel charlatans zich voor dokter uitgaven en dat heel veel zieken onder hun zorgen stierven. Het diner is ter ere van Mr. Nubac, de leider van de oppositiepartij.

Halverwege het diner voelt Aimard zich onwel worden, neemt voor vijfhonderd *reis* een wagen terug naar huis, moet er uiteindelijk duizend betalen, en wordt net op tijd door een agent uit de situatie gered.

Miséricorde ziekenhuis

Café's heb je niet in Rio, noteert hij, wel *confiterias*. Bijvoorbeeld die van Deroche waar hij de volgende dag Brissac en Nubac ontmoet. Nuttigen wil hij niets, 'ongesteld' als hij is. Brissac biedt hem een Indiaans drankje aan, Aimard knapt op, eet mee en spendeert de rest van de avond in een nachtclub, het Alcazar. *Barbe Bleue* zag hij daar, maar vond er niets aan. Gegeten werd er bij *Les Frères Provencaux* in de ruo d'Ouvidor, het beste restaurant in hèt uitgaanscentrum. Eigenaar van deze gelegenheid is M. Moreau, een ex-zouaaf. Na afloop van de avond nog een biertje bij Deroche waar ze de Consul-Generaal van Zwitserland aantreffen.

> Guus, wij weer door die hele lange nauwe rua d'Ouvidor op zoek naar jouw kroegen. Geen spoor. Tot iemand ons meenam naar Tijuca, een bergachtig junglepark in Rio. We bezochten daar het Museu do Açude. Ooit was dat de villa van Castro Maya, een Franse vrijgezel. De betegelde voorstelling in wat ooit de woonkamer was, gaf het kruis van Jezus met daaronder een schedel met gekruiste botten te zien. Was Castro Maya ook al een vrijmetselaar? Het was niet zo dat Castro in dat huis trok en die tegels daar al zaten. hij heeft dat pand zelf helemaal opgeknapt, zei de suppoost in dat museum.
> Tot mijn vreugde zag ik in de keuken van dat museum een enorme porseleinen waterpot staan met een soort zegel in het porselein waarop stond: Deroche & C° Rua do Ouvidor N° 127.
> Wij de volgende dag weer terug naar die straat. Nr. 127 is nu met de nummers 125 en 123 een soort stoffenpaleis van ene Khalil. Ik heb foto's van het paleis en het pandje boven nr. 127 gemaakt. Je had het moeten zien. Die stoffen worden daar voornamelijk door heren afgeknipt en verkocht. Ze stonden aan de straat te kijken wat ik deed. Ik had het ze wel willen uitleggen, maar mijn gebrek aan Portugees en mijn vermoeden van hun gebrek aan Engels deden me ervan afzien. Mary.

De volgende dag zoekt Aimard Deleau op, redacteur van de *Courier de Brésil*, de arts Ossian Bonnet en bij d'Escragnolle Taunay laat hij zijn kaartje achter.

> 'Hoe bent u hier gekomen?' vroeg hij me met zachte stem.
> 'Met het vliegtuig,' antwoordde ik.
> 'Hoe,' hij wees om zich heen, 'bent u hiér gekomen?'
> 'Met de taxi,' zei ik zo gevoelig mogelijk.
> 'Hoe,' probeerde hij nog eens, 'heeft u mij gevonden?'
> L. Taunay, dat was alles en het enige dat ik in het telefoonboek vond, en nu zat ik in het mooie grote advocatenkantoor van

Miséricorde ziekenhuis

Luiz Taunay, de achterkleinzoon van een broer van d'Escragnolle Taunay die je dat boek gaf.

Taunay hielp me nog eens met de genealogie. Eerst had je Nicolas de schilder die terug ging naar Parijs, dan diens zoon Felix, ook schilder, die in Brazilië bleef. Felix' zoon Alfredo was militair, schrijver, leraar aan de Polytechnische school en vriend van Pedro II. Dat kon ik beamen. Ik zag zelfs een levensgroot schilderij van Alfredo d'Escragnolle Taunay in dat woonpaleis in Petropolis. Alfredo had achter zijn naam die van zijn adelijke vrouw, d' Escragnolle, gevoegd.

Alfredo's zoon, Affonso d'E. Taunay, schreef in de jaren 1944-45 zeven artikelen over je in de *Jornal do Commercio*. Affonso's broer, Raul, kreeg een zoon Raul en die kreeg een zoon Luiz en hij was degene die me vroeg hoe ik hem had gevonden. In het telefoonboek dus.

Nee, ik vroeg ernaar, advocaat Luiz wist niets van die artikelen in het *Jornal* af, wist niets van jou af, toonde zich wel geïnteresseerd, wilde me een boek lenen dat overoverovergrootvader Felix had geschreven over Rio in de jaren 1830 tot 1870. Ik ging later terug om het op te halen. Het was in het Portugees geschreven en het lag nogal uit elkaar. Bij nader inzien sloeg ik dat aanbod maar af. Maar wat een aardige man!

De namen van je Rioose vrienden, Sohier, Lieden etc. zeiden Luiz Taunay niets. Nubac wel, die heeft nog een kleinzoon in Rio wonen, een oudere man die alles weet.

Toen ik Luiz Taunay een week later weer ontmoette, had hij het weer over de vriendschap van Alfredo met Pedro II. Die zal er ook wel zijn geweest. Wie anders zou Alfredo d'E. Taunay hebben verteld dat Aimard in de stad was en waar hij logeerde? En waarom denkt Keizer Pedro meteen aan de Polytechnische School (waar Alfredo werkte) als hij een fonograaf krijgt en dan nog dat grote schilderij in dat paleis in Petropolis dat vader Felix schilderde. Pedro II moet als kind zowat met hem zijn opgegroeid.

Guus, terwijl ik daar zat en een donkere dienster met een wit kraagje koffie op een zilveren blaadje serveerde, moest ik opeens aan je denken, had ik heel even het gevoel dat je tegenover me zat.

Aan het einde van je leven, zeggen ze, dat je aan grootheidswaanzin leed. Ik zie het al voor me. Je dagboek over deze reis naar Rio werd pas na je dood uitgegeven. Dus dat verhaal was nergens bekend. Jij komt in een ziekenhuis met een hevig jeukend hoofd, zegt dat je vader een maarschalk was, dat de moord op je hertoginnelijke zuster in 1847 een koningshuis om zeep hielp, dat je in 1852 een graaf hielp om Mexico te veroveren, dat je in Rio de Janeiro

Gang in Miséricorde

bevriend raakte met Keizer Pedro II en volgens dat artikel in de *New York Times* van juli 1883 deed je nog veel meer. De arts luistert oplettend, knikt begrijpend en diagnosticeert nauwgezet: *folies de grandeur!* Vind je het gek?

Luiz vroeg nog of ik iets speciaals zocht, bood aan dat boek van Felix nog eens voor me te lezen. Ik heb zijn aanbod afgeslagen. Ik zocht naar wie je was en had het gevoel je in deze ambiance van donkere dienster en aristocratische advokaat in een designerskantoor gevonden te hebben. Zoiets.

Die artikelen uit dat Braziliaanse handelsblad in handen krijgen gaf nog heel wat werk. De data had ik in Calgary al gevonden. Leve het Internet! In de Nationale Bibliotheek te Rio mag je kranten op microfilm bekijken. Dat wel. Verder mag je er niet veel. Als iets gecopiëerd wil hebben, moet je twee formulieren invullen, deze in een ondergrondse ruimte afgeven en een woordenstroom over je heen laten gaan. Daarna krijg je een rekening waarmee je naar een bank moet, ook ergens beneden. Die bank gaat pas om elf uur open.

Toen het eindelijk elf uur werd, kwam er een cassière. Ze ging eerst op haar gemak geld ging tellen, haar vriendin bellen, om vervolgens doodgemoedereerd de rij kwaaie, ogen rollende rij wachtenden te woord te staan.

Na betaling moet je het bewijsje daarvan naar dat vorige loket brengen - wat weer een tijd in de rij staan betekende - en dan kun je na tien dagen je copieën ophalen. Die kosten ongeveer drieëneenhalve reis per stuk copiëren. Dat is ongeveer het enige dat echt duur is in Rio.

In deze zeven artikelen, die ik later thuis in Calgary las, haalt Affonso je reisverslag aan, en filosofeert hij er wat over wat er tussen 1880 en 1944 is veranderd. Ik las met moeite, want het is allemaal in het Portugees, dat je reisverslag ook nog geïllustreerd is uitgegeven. Ik kon het in Rio niet vinden. Ik had het bij me, maar noch in de Nationale Bibliotheek, noch in die van Maison la France was het te vinden.   Mary.

Die avond kwamen de heren Desprèz de beeldhouwer en James de schilder hem opzoeken, leuke avond, ze gingen niet voor elven weg. Deze heren zeiden nog wel eens teruggeweest te zijn in Parijs, maar dat het heimwee naar Brazilië hen te machtig werd en dat ze zich teruggehaast hadden. En dan is het weer dinsdag, keizerdag. De keizer had inmiddels het nodige gedaan om te verzekeren dat Aimard verder kon bezoeken wat hij maar wilde, wat hij ook deed. Aimard kreeg tijdens het bezoek het gevoel dat er iets was. Wat, vond hij uit bij thuiskomst. Er lag een brief voor hem, hij moest naar de ruo Quitanda 117, geld

Trap in Aimards tijd

ophalen. Geld? Volgens Lieden was dat geld van de keizer. In hogere kringen geeft men elkaar geld via een bankier.

'Ja maar,' Aimard stribbelt tegen. 'Ik verkoop geen fonografen. Ik ben geen koopman.'

'Je hebt hier andere zeden. Neem dat geld nou maar aan,' adviseert Lieden hem.

Aimard op pad en int het geld. De zondag erop is hij alleen thuis. Eva, de slavin, serveert hem zijn eten. En dan is het weer dinsdag. Weer naar de keizer. Die wil weten wat hij de afgelopen week allemaal heeft gedaan. Aimard grijpt de gelegenheid aan de keizer te bedanken en te zeggen dat het hem plezier doet dat de keizer plezier in hem stelt wat hem meer vreugde schenkt dan de geldgift die hij in ontvangst mocht nemen. Nog meer beleefdheden volgen. Inwendig doen ze Aimard bevriezen, hij voelt zich toch als een koopman behandeld; betaald worden voor een cadeau!

Maar goed, hij mag wel van alles en nog wat bezoeken. Aimard bekijkt de gevangenis waar hij hele slechte boeven in een gematigd cellulair systeem aantreft. Alle cellen staan met het kantoor van de directeur in verbinding. In stilte verricht men gemeenschappelijke arbeid. Tussen het geboefte zit ook nog een Duitser van goede komaf die naar zijn *Heimat* zal worden gedeporteerd.

Aimard krijgt ook de allerergste gevallen te zien. Die zitten in een soort hangar of zijn in de open lucht aan het steenhouwen. Wie zich slecht gedraagt kan op acht of op veertig dagen eenzame opsluiting rekenen.

Daarna gaat Aimard naar Botafoga, naar een krankzinnigengesticht met een Chineesachtige architectuur. In de hal staan borstbeelden van de doktoren Pinel en Esquiros. De patiënten lopen er vrij rond, er is een mannen- en een vrouwenafdeling, men werkt, men maakt mooie dingen en men eet in stilte onder toezicht van nonnen. Één van de patiënten is een sombere priester, gek geworden door zijn fanatisme. Die religieuzen zijn Zusters van Saint Vincent de Paul. Ze verkopen de producten van de patiënten, houden een permanente tentoonstelling en vragen exorbitant hoge prijzen, 'wat,' vindt Aimard, 'verboden zou moeten worden.'

Bij een volgend bezoek aan de keizer vraagt hij of het de keizer bekend is dat de Pinel in dat instituut met 2 ll-en spellen - zo stond die naam in de sokkel gebeiteld. De volgende morgen gaat Aimard nog even controleren. Die vreselijke tweede 'l' is weg.

Wij ook naar het Pinel-instituut. Op een zaterdagochtend lummelden we er wat rond. Geen borstbeelden gezien. Het *Philippe Pinel Instituto*, dank zij jou Guus, spellen ze de naam nog steeds goed, is

De trap in 1999

in drieën gesplitst, hoorde ik. Het gebouw is nu onderdeel van de *Univerdado do Brasil*. We hebben in het gebouw ernaast rondgekeken, alles even oud, roze en rommelig met een schitterende boom op de binnenplaats. De hele zaak ligt zowat tegen die berg vanwaar je met een kabelbaan naar het Suikerbrood kan. Copocabana ligt om de andere hoek.

Aimards volgende bezoek is aan het doofstommeninstituut. De keizer had hem dat gevraagd; dus wat doe je? Aimard geeft daarna een lezing in een gemeenschapshuis maar voelt zich ziek. De lezing is gratis en dezelfde avond wordt er in dat gebouw nóg een gratis lezing gehouden. Concurrentie. Iedereen, keizer en keizerin incluis, is er om zes uur 's avonds.

'Maar hun aanwezigheid,' dacht Aimard, 'verhinderde het publiek om bravo te roepen.' De sfeer was ijskoud, Aimard voelt zich steeds meer onwel worden en verlaat zijn eigen spreekbeurt voortijdig.

Eenmaal opgeknapt maakt hij met twaalf lieden een uitstapje naar Tijuca. Alweer, moet hij uitstappen en lopen.

'Als ik dit had geweten,' loopt hij weer te zuchten. Één van de leden van het gezelschap ziet een groene slang van twee meter lang en begint op het reptiel in te slaan tot deze de geest geeft. Aimard opent zijn portefeuille en laat Victor, de slangendoder, zijn lidmaatschapskaart van de Dierenbescherming zien. Ter plaatse maakt hij een proces-verbaal op. Schuldig bevonden en de boete bedraagt drie flessen champagne.

'Dat is te veel voor zo'n groene slang,' zegt Victor.

Tijuca, we waren een paar maal, dat is waar we in dat museum die waterpot vonden. Een schitterend bergachtig gebied, eerst waren er koffieplantages. Rond 1850 moesten die van Pedro II het veld ruimen voor bosaanplant. Het is nu een jungle met lianen en apen die je niet ziet. De eerste keer gingen we met een bus vol toeristen. Eerst met een kabeltram de Corcovado op, daar staat nu dat grote beeld van Christ Redemptor. Dan met een bus naar beneden, uitstappen bij de Taunay-waterval. Daar staat nog een herinneringszuiltje aan de tijd dat Felix Taunay een huis naast die waterval had. Alles weer in mooie blauwe tegeltjes, waarop ook zijn huis nog te zien was. Dat is er niet meer, op die plek is nu een tegen de berghelling gebouwd goedkoop uitziend restaurant.

De boete is even hoog voor witte slangen, zegt Aimard en dan arriveren ze bij de villa van Moreau, de eigenaar van dat goede restaurant. Mooi huis, heel mooi, maar nog niet helemaal afgebouwd. Moreau verhuurt onder andere aan lieden die moeten herstellen van de gele koorts. Men gaat verder, eindigt in een oud bos, en eet lekker

Largo de Manchado

bij Bocage voor zevenhonderd francs, wel iets te zout. Al met al een leuke dag zonder de schaduw van een wolk.

Aimard gaat vervolgens het Miséricorde bezoeken, zo heten de ziekenhuizen in Brazilië. Hij denkt niet dat er een mooier en groter ziekenhuis ter wereld bestaat. De vloeren zijn dusdanig geboend dat het ijsbanen lijken. Er zijn veertig gangen van tweehonderd meter lang in dit gebouw dat nog niet is afgebouwd, maar nu al elfhonderd zieken verzorgd worden en dat gemakkelijk plaats zou kunnen bieden aan nog eens elfhonderd.

Aimard gaat nog tweemaal terug. Hij heeft dan nog niet alles gezien maar wel de schaduwzijde onderkend: het ziekenhuis wordt beheerd door authoritaire, domme, fanate, almachtige religieuzen die zowel zieken als personeel tiranniseren. Honderden verhalen heeft hij over hen gehoord. Door iedereen worden ze veracht. Zelf wordt hij beleefd ontvangen, zij het met een mengsel van suiker en azijn. Ze vermoedden waarschijnlijk een vrijdenker in hem; als ze hem buiten hadden kunnen zetten, dan hadden ze dat gedaan. Het bevel van de keizer stond dat niet toe. Lachend in zijn baard vertrekt hij er.

Veertig gangen? *Quatre/quatorze*, misschien heeft de uitgever of de drukker dat niet goed gelezen. Vier dus! Je schrijft ook dat het aan zee ligt. Dat klopt, ik heb er oude foto's van gezien, maar de Atlantische Oceaan is nu zeker wel een kilometer of meer verderop. Ik heb de oceaan noch in Gloria noch in de buurt van dat ziekenhuis zelfs ook maar gezien.

Tweehonderd meter lang zijn die gangen zeker. Je komt een hal in en kan links of rechts zo'n gang in of doorlopen naar de achtervleugel waar je ook weer tweehonderd meter lang links of rechts af kunt. Meer dan vier van die lange gangen telde ik niet. Op eenhoog lijkt het wel een museum. Manshoge schilderijen hangen over de hele lengte van de gang hoog boven je hoofd. Beneden lijkt het ook wel een museum: de gang links voor is de afdeling pillen en poeiers. Er staat mooie oude apparatuur in de gang die vol hangt met schilderijen en etsen. Ook schilderijen van die fanate nonnen met van die prachtige gesteven kappen op hun hoofd. Op één de prenten zijn Quaker-vrouwen bezig met de productie van kruidenpillen.

Daarna woont Aimard een feest bij, dat van de Notre Dame de la Penâ, een Franse heilige. Die religieuze feesten zijn volgens hem voornamelijk een geldkwestie, geld rolt bij die gelegenheden de zakken van de clerus binnen. Deze Notre Dame staat aan de top van een trap van 366 treden. De gelovigen bestijgen die trap op hun knieën. Alle gaven worden door de priesters en de monniken verkocht.

Largo de Manchado

bij Bocage voor zevenhonderd francs, wel iets te zout. Al met al een leuke dag zonder de schaduw van een wolk.

Aimard gaat vervolgens het Miséricorde bezoeken, zo heten de ziekenhuizen in Brazilië. Hij denkt niet dat er een mooier en groter ziekenhuis ter wereld bestaat. De vloeren zijn dusdanig geboend dat het ijsbanen lijken. Er zijn veertig gangen van tweehonderd meter lang in dit gebouw dat nog niet is afgebouwd, maar nu al elfhonderd zieken verzorgd worden en dat gemakkelijk plaats zou kunnen bieden aan nog eens elfhonderd.

Aimard gaat nog tweemaal terug. Hij heeft dan nog niet alles gezien maar wel de schaduwzijde onderkend: het ziekenhuis wordt beheerd door authoritaire, domme, fanate, almachtige religieuzen die zowel zieken als personeel tiranniseren. Honderden verhalen heeft hij over hen gehoord. Door iedereen worden ze veracht. Zelf wordt hij beleefd ontvangen, zij het met een mengsel van suiker en azijn. Ze vermoedden waarschijnlijk een vrijdenker in hem; als ze hem buiten hadden kunnen zetten, dan hadden ze dat gedaan. Het bevel van de keizer stond dat niet toe. Lachend in zijn baard vertrekt hij er.

Veertig gangen? *Quatre/quatorze,* misschien heeft de uitgever of de drukker dat niet goed gelezen. Vier dus! Je schrijft ook dat het aan zee ligt. Dat klopt, ik heb er oude foto's van gezien, maar de Atlantische Oceaan is nu zeker wel een kilometer of meer verderop. Ik heb de oceaan noch in Gloria noch in de buurt van dat ziekenhuis zelfs ook maar gezien.

Tweehonderd meter lang zijn die gangen zeker. Je komt een hal in en kan links of rechts zo'n gang in of doorlopen naar de achtervleugel waar je ook weer tweehonderd meter lang links of rechts af kunt. Meer dan vier van die lange gangen telde ik niet. Op eenhoog lijkt het wel een museum. Manshoge schilderijen hangen over de hele lengte van de gang hoog boven je hoofd. Beneden lijkt het ook wel een museum: de gang links voor is de afdeling pillen en poeiers. Er staat mooie oude apparatuur in de gang die vol hangt met schilderijen en etsen. Ook schilderijen van die fanate nonnen met van die prachtige gesteven kappen op hun hoofd. Op één de prenten zijn Quaker-vrouwen bezig met de productie van kruidenpillen.

Daarna woont Aimard een feest bij, dat van de Notre Dame de la Penâ, een Franse heilige. Die religieuze feesten zijn volgens hem voornamelijk een geldkwestie, geld rolt bij die gelegenheden de zakken van de clerus binnen. Deze Notre Dame staat aan de top van een trap van 366 treden. De gelovigen bestijgen die trap op hun knieën. Alle gaven worden door de priesters en de monniken verkocht.

Aimard en Cinira

In de kapel hangt een grote hagedis die geluk zou brengen, aan het plafond opgehangen. Het verhaal erbij gaat over een boer die driemaal in zijn voet werd gebeten door een hagedis. Vervolgens zei een stem tegen hem: 'Kijk.' En er verscheen een mooie dame die vertelde dat ze op dat moment ook in Frankrijk, in Bretagne was. Een wonder! Op die plek werd dan ook een kapel gebouwd.

'Zoiets,' concludeert Aimard, 'kan alleen maar opkomen in de hersens van een priester of een monnik, net als de verschijningen in La Salette en Lourdes. Dat zijn niet meer dan bewijzen van menselijke domheid.'

De Benediktijn, waar we eerder mee spraken, raadde ons stevig aan dat kerkje te gaan opzoeken. Het staat in geen enkele gids. Ik denk omdat het zover in het noorden staat en men niet wil dat toeristen al die armoede zien. Twintig reis armer en drie kwartier later waren we er. Overigens, geen bedelaars te zien in die armere buurten. 'Die zouden daar toch niets krijgen,' verzekerde men mij later.

Guus,
De eerste twintig in de berg uitgehakte treden vielen mee. Je komt dan op een plein met een gebouwtje met een hele lange toonbank waar je voor twee of drie *reis* wassen afgietsels van lichaamsdelen kunt kopen. Longen, nieren, voeten, vagijnen, borsten, handen, noem maar op.

Eerst maar naar boven. De treden zijn in de berg uitgehouwen, weer een voorbeeld van steenhouwen! Aan de rechterkant luidsprekers waaruit nonstop het Ave Maria, afwisselend in een mannenstem en het laatste stuk in een aantal vrouwenstemmen, wordt herhaald. Af en toe een stukje muziek. Gek, maar het maakte het naar boven lopen lichter. Niet voor een Braziliaanse, was ik bang, die ik de excercitie, 366 treden omhoog, op haar knieën zag uitoefenen.

Boven aan al die treden staat een kerkje en een houten bak waarin men geacht wordt de zojuist gekochte, wassen lichaamsdelen te deponeren. Die zijn om daar te offeren, je mag geen nieren of neuzen mee naar huis nemen. Binnenin, achter het altaar, stond op een verhoging een groot Mariabeeld met kind, met in de sokkel een heer die zijn armen naar haar opheft. Zo te zien is hij bang van de 'hagedis.' Het leek wel op een leguaan die met een slang vecht.

Achterin de kerk zag ik wel een haak waaraan een beest gehangen kan hebben, maar in de tijd die er tussen jouw en mijn bezoek is verlopen zal het bijterige beest wel tot stof zijn vergaan. Omdat de dame die de trappen op haar knieën had bestegen nogal nors en achterdochtig naar ons zat te staren durfde ik geen foto van die haak te maken.

Aimard in tranen

Rondom dat kerkje een schitterend uitzicht over de oceaan: daaruit oprijzende rotsen, witte stranden en rondom bergen met bomen en/of favela's bedekt. Tijdens de afdaling woei favela-leven in de vorm van flarden muziek, geblaf en claxons ons om de oren. Mary.

De eerste keer is Aimards optreden voor publiek wegens ziekte niet zo'n succes. Brissac raadt Aimard zelfs aan terug naar Frankrijk te gaan. Aimard besluit evengoed om nog twaalf dagen te blijven en de keizer verzoekt hem nog eens op te treden. Dat doet hij, in de wijk Gloria, in de Largo de Manchado. Er is nu meer belangstelling van mensen die weer niet betalen, maar weer heerste er zo'n ijskoude stilte. *Débarrassé* voelde hij zich na afloop. Dat klinkt niet goed.

Dat *Largo* was maar twee metrohaltes van ons hotel in Gloria vandaan. Je komt er op een vriendelijk pleintje terecht: stalletjes met potplanten en om de hoek een marktje. Je ziet dat gebouw meteen. Het lijkt of er later een verdieping op is gezet. We liepen er naar binnen; middelbare scholieren met witte T-shirtjes met hun schoollogo erop liepen er naar buiten. Het was pauze. Groot hol gebouw. Het was er binnen niet zo warm als buiten.

Een paar dagen later geeft de *Société de Bienfaisance* een feest om geld voor een Frans ziekenhuis in te zamelen in *Casino Fluminens*. Men wil de keizer ervoor uitnodigen, maar laat het aan Aimard om dat te doen. Hij gaat naar San Cristoval waar de keizer zegt graag uitgenodigd te willen worden. Aimard spoedt zich vervolgens stadwaarts om het goede nieuws te verkondigen en huiswaarts om een *romance* te componeren die hij aan de keizerin opdraagt.

Het feest vindt acht dagen later plaats. Aimards *romance* is een wiegelied *Sous mon regard sommeille* dat door Cinira Polonia wordt gezongen. Er wordt die avond gefloten, gebast, gezongen en onder andere wordt de ballade van de opera *De Guaranis* van De Gomes als fanfare en serenade gepresenteerd. Kortom, het is een geanimeerd avondje muziek, druk bezocht en enthousiast ontvangen. En dat in de aanwezigheid van keizer en de keizerin! Daarna krijgt de keizer een beeldje aangeboden dat een jonge 'neger' voorstelt om te herinneren aan de wet van 28 september 1871 die de afschaffing van de slavernij inhoudt.

Die *Société de Bienfaisance* is er nog, op de achtste verdieping van Maison la France, daar zit ook het Consulaat-Generaal in. Ik klopte er op de deur, een vriendelijke dame, Else, vroeg of ze me kon helpen. Of ze een archief hadden? vroeg ik haar. Ze dacht dat ze dat op de afdeling Cultuur wel zouden weten. Wij naar die afdeling in hetzelfde gebouw, maar Cultuur wist van niets en stuurden me kort en koud, zoals ik al eerder rapporteerde, terug naar Else, die nu

Monniken op Castel

iemand ging bellen. Ik kan het iedere Fransman of -vrouw die Rio bezoekt aanraden zijn geld of identiteit (-spapieren) te verliezen. Else is een schatje. Ik kreeg de directeur van de *Société* aan de lijn.

'U heeft geen archief hoor ik,' zei ik, 'heeft u misschien wel een brochure of zoiets van uw vereniging?' De directeur aarzelde: 'Een brochure? Nee, goed idee, maar we hebben haast geen budget.'

'Vroeger deden jullie aan fundraising, nodigden jullie zelfs de keizer uit.'

'Madame, dat waren andere tijden, we hadden toen invloed, maar nu niet meer en de Fransen zijn nu zuinig, geven niet graag geld uit. Wij helpen alleen Fransen die in Rio in nood geraakt zijn.'

Je hoort het Guus, ik hoopte zo de tekst van je *romance* te kunnen vinden! Maar het was een onderneming die tot mislukken was gedoemd. Dat van dat 'neger' beeldje was mij eerst niet duidelijk. Wie serveerden de maaltijden toen de slavernij al was afgeschaft? Bij Sohier bijvoorbeeld was het de slaaf van een Braziliaan die hij af en toe een maandje huurde.

In 1871 werd de Rio Branco-wet uitgevaardigd. Dat is de wet van 'de vrije schoot' die inhield dat kinderen van slaven, na deze afkondiging geboren, als vrije mensen ter wereld zouden komen. De slavernij werd pas echt afgeschaft in 1888, na jouw tijd daar.

Deze avond hing er evengoed een zware donderwolk boven de gemoederen; ondanks de muziek en ondanks dat beeldje waarvan het hoofd volgens Aimard niet helemaal bij het lijf paste. Één van de genodigden vond de uitnodiging voor deze avond niet beleefd genoeg. De toon van de uitnodiging heeft inderdaad iets weg van die van een circulaire, aldus Aimard. Blauw van woede neemt deze heer kennis van de festiviteit. Hij neemt wraak door een kaartje van 5000 *reis* voor de avond te kopen en daar zijn negerslaaf in vol Afrikaans ornaat heen te sturen. Deze afgevaardigde wordt subiet opzij genomen, ondervraagd en de deur gewezen. Kwaad wil men hem niet doen. Dat niet.

Aimard gaat nog een bladzijde lang door over de belediging die de *Société* werd aangedaan: 'negers' worden hier altijd nog tot de klasse der dieren gerekend:

> Een heel verschil met je opvattingen in *De Zwervers op de Grenzen*, waarin de negerslaaf Quonium wordt vrijgekocht en die in de rest van het verhaal gelijk optrekt met de overige romanfiguren. Eigenlijk herken ik een trekje dat ik eerder, in 1876 al zag. Met de ene pet op liberaal zijn, met de andere meehuilen met de wolven in het bos. Men doet wat om er bij te horen.

Landfill
Gloria

Aimard houdt er dan over op want de walging is inmiddels tot aan zijn lippen komen te staan. Bij mij ook, dus dat komt goed uit.

Aimard bezoekt de keizer nog eenmaal en geeft hem een gesigneerde romance voor de keizerin. Nee, hij wil niet langer in Rio blijven. De keizer reikt hem de hand. Aimard schudt deze en vertrekt. 's Avonds om tien uur komen Deleau en Victor langs en nodigen hem uit voor een afscheidsdiner met vijfenvijftig mensen: pers, de artsen die hij kende, de Consul-Generaal van Zwitserland, Sohier, Lieden, Ortigé en de president van de *Société*.

J'étais heureux, vat Aimard zijn gevoelens over de avond samen. Hij krijgt een fotoboek met ruimte voor afscheidstekst, waar hij, als hij er twee jaar later naar kijkt, nog tranen van in zijn ogen krijgt.

Vous étiez heureux: dat doet me deugd! Echt verwend was je natuurlijk niet. Weten dat je niet wordt geaccepteerd, niet door je familie en ook niet door 'echte' schrijvers, wat je zo graag wilde, viel blijkbaar niet te compenseren met de grote oplagen van je werk die in tien vertalingen verschenen, met wat je noemt je maatschappelijk succes.

Het feest duurt tot twee uur in de morgen. Op de elfde komt het stoomschip *le Niger* aan (om met hem en zijn acht koffers op de dertiende te vertrekken).

De volgende avond komt Aimard bij Lieden beneden waar het vol staat, ook met dames, onder andere, Cinira en Mme. Bourdeleau. Hij heeft haar familie gekend, maar deze, toen hij zich op het platteland vestigde, uit het oog verloren.

Er volgt dan ook nog een avondje met krantenmensen. Een van hen had een lelijk stukje over Aimard geschreven; de heren voegen elkaar wat beledigingen toe. Omdat d'E. Taunay erbij zit, houdt Aimard zich in. Het idee om deze criticus uit te nodigen was van Nabuc, de oppositieleider. Na die avond zag Aimard Nubac niet meer. Dat was hem om het even. Aimard zegt hem toch, wegens zijn gebrek aan levenskunst, niet te kunnen verontschuldigen.

In de oudere buurten bouwde iedereen maar zoals het hem uitkwam, vindt Aimard. Rio heeft hele smalle straatjes, je kunt de huizen zowat met je vuist omver duwen. Dat was beter in de nieuwe buurten. Midden in de stad staat een berg, Castel genaamd. Die willen ze weghalen omdat dat veel frisse lucht zou opleveren, maar boven op die berg wonen drie monnikken in een klooster. Aangezien de clerus hier oppermachtig is, is het wachten op de dood van die drie. Dat de bevolking in tussentijd wordt gedecimeerd door gebrek aan frisse lucht is jammer.

Biddende prostituée

Guus,

Degene die volgens Bernstein in *Dom Pedro II* het meeste had gedaan aan stadsplanning was minister Joao Alfredo. Onder zijn leiding kregen de eerste huizen leidingwater; hij legde een gesloten riolering aan en maakte plannen om Castelo Hill, een berg precies in het midden van de stad weg te halen. Het duurde nog tot 1922 voordat deze werd neergehaald. Guus, ik heb foto's gezien uit de periode dat die berg er nog stond. Deze moet inderdaad zeelucht verhinderd hebben de hoofdstraten, die recht op zee uitlopen, van frisse lucht te voorzien. Maar het is niet zo dat er alleen maar monniken, Capucijners, op de berg woonden. De hellingen rondom waren met mooie huizen bebouwd. Ik zag ook nog een foto van het begin van de constructie van het gebouw voor schone kunsten, dat is nu dat Nationale Museum. Achter de bouwplaats daarvan zie je een afgekapte berghelling. Die berg liep van de Ruo Branco tot aan de hoek van het Miséricorde. Die buurt heet nu Castelo.

Guus, waarom kan ik niet uitleggen, maar die weggehaalde berg bleef me intrigeren. Ik vond een Portugese website, aan de Castelo Hill gewijd. Mijn Portugees is meer dan beroerd te noemen, ik kon niet goed wijs worden uit de tekst en schreef de webmaster een briefje in het Engels. Na acht maanden kreeg ik bericht terug: of ik ooit antwoord had ontvangen? Nee dus. Er was iets met zijn ISP, legde de webmaster uit. Geen idee wat een ISP is. Enfin: dit is, in het Nederlands, wat de webmaster, geschiedenisstudent Carlos Kessel uit Rio, me per e-mail in het Engels over deze berg meldde:

> Toen Castelo Hill werd neergehaald in 1922, telde deze ongeveer 4000 inwoners. Er waren twee kerken, een ziekenhuis een sterrenwacht, heel veel winkels en de ruïne van een fort te vinden. De meeste mensen waren arm of Italiaanse en Spaanse immigranten.

Carlos schreef verder dat foto's van deze berg op zijn website te vinden zijn en ook dat hij een boek over deze berg heeft geschreven. Dat wil zeggen: hij zocht nog een uitgever. In dat boek heeft hij het voornamelijk over de schatten van deze berg. Carlos zegt dat hij kaarten heeft gevonden die suggereren dat de Jezuïten, toen ze in 1760 uit Brazilië werden verbannen, geld en juwelen in holen onder de berg verstopt achter hadden gelaten. Tientallen jaren zochten mensen ernaar. Toen er in 1903 voor het eerst een stukje van die berg werd weggehaald, kwam er een complex tunnelsysteem te voorschijn, hetgeen al die legenden bevestigde.

Ik vroeg Carlos of ze die berg soms in stukjes en beetjes in zee hadden gegooid. *They threw the earth into the ocean, and part of it created the landfill for the domestic airport close to Misericordia Hospital. The rest was thrown along the shoreline till Gloria Hill.* Carlos schrijft dat zo mooi: *created the landfill.* Dus vanuit ons hotel in Gloria keken we recht op die tot wegen en parken platgestampte in zee gedumpte Hill. Mary.

Er is veel prostitutie, noteert Aimard. De hoeren zijn van Duitse, Hongaarse, Oostenrijkse en Kroatische afkomst. De laatsten worden door de Hongaren gekocht en doorverkocht. Schaamte hebben ze niet. Fatsoenlijke vrouwen kunnen niet door die buurten lopen. De regering doet er wel eens iets aan. Ze hebben ooit een aantal *capitaines* op een schip naar Buenos Aires gezet, maar daar werden ze niet toegelaten. Wel toen er een boete van 15000 franc voor hen werd betaald. De Argentijnen zijn dit soort transacties gewoon.

Overigens, de prostituées in Brazilië hebben er slag van het onheilige met het heilige te combineren. Op hun kamer hebben ze allemaal een beeltenis van de Heilige Maagd staan waar ze dag en nacht een kaarsje voor branden. Zo gauw ze een klant hebben trekken ze een gordijntje voor de Heilige Maagd dicht, zodat Zij hun bedrijvigheid niet hoeft aan te zien.

De prostituées vragen veertig, vijftig, honderd of meer *reis* voor hun diensten en leggen dat voor de Heilige Maagd neer. Zo gauw hun klandizie is vertrokken nemen ze er een paar *reis* vanaf en geven dat aan de priester in de dichtstbijzijnde kerk. Ze zeggen hem keurig waar deze aalmoes vandaan komt en hij zegt dan dat ze hun winkel niet te lang alleen moeten laten.

Aimard verontschuldigt zich voor deze details maar voegt hieraan toe dat hij altijd van mening is geweest, dat je, op reis, alles moet zien, alles moet horen. Naar zijn mening leer je een volk het beste kennen door zijn excentrieke kanten en haar bijzondere zeden.

> Zo leren we ook jouw excentrieke kanten kennen Guus. Frequenteerde je de dames? Schaamte hebben ze niet, zeg je. De klanten wel soms? Een gordijntje dichttrekken getuigt toch van discretie? En waarom zouden ze zich schamen als de hun morele hoeders zonder commentaar van hun verdiensten meeprofiteren?
>
> Wie komt er op de vraag: 'Trekt u het gordijntje dicht voor de Heilige Maagd als er iemand in u op- of afgaat?' Zo'n gewoonte kan je volgens mij alleen door participerende copulatie aan de weet komen. Mary.

De waarheid is naakt, die moet je, omdat het onbeschaamd zou zijn, niet in een put verborgen laten. En wat heb je veel flaneurs. Het is zaak om in de rue d'Ouvidor gezien te worden, bij Deroche of Caïton.

Je schrijft rue d'Ouvidor. Soms zag ik *rua* staan, dan weer *ruo*. Zoals ik al zei, ik kan je verzekeren dat het tegenwoordig wel net zo chique is om niet in die straat te worden gezien. De eigenaar van mijn hotel zei dat ik de eerste toerist was die naar die straat had gevraagd. Authentiek is de straat wel. Om vijf uur 's middags kun je er in geen van de eethuisjes terecht. Alle stoelen staan rond die tijd ondersteboven op tafel. Men is er uitsluitend ingesteld op de eettijden van de locale bewoners, Michiel en ik kwamen, godbeter het, in een McDonald terecht, de enige zaak die om vijf uur 's middags open was (voor onze lunch - die middag zaten we vast in een ziekenhuis). Mary.

En die Brazilianen? Die laten alles maar aan de Portugezen over. Het land is tijdens de monarchie van de Bragances veel revoluties bespaard gebleven, maar als de Portugezen in het land blijven, zal het land verloren gaan. Brazilië is een echt vaderland. De rassen hebben zich gekruisd, de goede eigenschappen van de Portugezen zijn behouden gebleven. Een volk is een ras en dit volk kon ontstaan dankzij de onverschilligheid van de Brazilianen voor godsdienst of kleur. Alle kleuren mens zijn er burger, zo krijg je een intelligent en dapper ras. Brazilië, het laatste land dat nog slaven heeft, begreep dat.

Ik vraag me of die liberale houding ten opzichte van godsdienstbeleving misschien te danken is aan vrijmetselaarsinvloeden. Alle kleuren mens hadden, toen jij er was, nog lang geen burgerrechten. Het zou nog acht jaar duren voordat de slavernij echt werd afgeschaft. De bezittende klasse was met dat besluit van keizersdochter Izabel helemaal niet blij, wat maakte dat haar hele keizerlijke familie daarna het veld moest ruimen. Guus, uw redeneringen gaan steeds meer rammelen. Overigens, wel een land vol met mooie mensen in alle tinten tussen zwart en wit en over het algemeen, op wat onverlaten na, vriendelijk en behulpzaam. Ik heb er niemand horen snauwen, ook niet onderling. Mary.

Om eerlijk te zijn schrijft Aimard iets in de trant van: de Brazilianen laten uit nonchalance alles maar aan de Portugezen over en dat zijn de Joden van Rio en Brazilië. Brazilianen zijn voor het merendeel dronkaards, ijdelaars, dieven en rancuneuze kooplieden; er zijn zeer eerbare uitzonderingen, maar die zijn zeldzaam.

Aimard put zich nog eens uit over de keizer die simpel is, 'benaderbaar, een ongehoord krachtige Machiavelli, die de mensen beter kent dan zij zichzelf kennen, die de toekomst voorziet, die zijn mensen oprecht liefheeft. De Brazilianen houden van hun keizer, ze zullen niets tegen hem ondernemen, maar je hoort het gerommel als bij een vulkaan die op punt van uitbarsten staat, de toekomst is somber, stormachtig, het onweer komt uit de provincies.'

Dat van die provincies, dat zal je wel van je kennissen hebben gehoord en dat is waar. De koffieplanters hadden iets tegen stadslui die de afschaffing van de slavernij beraamden.

De Braziliaanse keuken is vreselijk, ze eten daar alles wat zwart, vies en ongeschikt is. Zie zelf maar: de nationale keuken bestaat uit heet opgediende kleine zwarte boontjes, gedroogd vlees, vetspek en varkensoren. Het zien ervan alleen al maakt dat het Aimard tot aan de lippen stijgt.

Naast je beschrijving van insecten, maakte die van de Braziliaanse keuken dat ik met een flinke dosis tegenzin op reis ging. Het viel mee. Je eet lekker in Rio. Ik heb er niets anders dan gebakken vis gegeten, net zo lekker als vis in Nederland, en enorme schijven meloen, papajas en ananas. En bij hele simpele straatstalletjes kun je lekker vers vruchtensap krijgen of cocosmelk met een rietje uit de noot. Heerlijk!

En dan heb je vuurvliegjes en krekels die Aimards verblijf in Rio aardig hebben vergald. Ze hebben in Brazilië een grote collectie van erg vervelende insecten die ook al in je koffer gaan zitten. De wilde beesten, tijgers en beren zijn een stuk verder het binnenland in gedrongen. Over een poosje, schrijft Aimard, zal ik nog een lijst van beesten en bijzondere houtsoorten uit dit bewonderenswaardige land geven, en:

Ik heb de provincies van Brazilië pas een paar maanden later bezocht, maar ik heb bedacht dat het beter is om het hierbij te laten. Op het moment ga ik naar Buenos-Ayres. Ik heb nog alle tijd om terug te komen. Ik zal voor de provincies van Brazilië nog doen wat ik voor haar magnifieke hoofdstad ook heb gedaan.

Beëindigd op 1 juli 1882.
FIN

Guus, ik neem afscheid van je. Jij bent nu in FIN-land. Nog even dit. Je schrijft dat je een paar maanden later de provincies van Brazilië nog hebt bezocht en dat je voor die provincies hetzelfde wilt doen als je voor de hoofdstad Rio deed. Wat je eventueel over de provincies hebt geschreven is bij mijn weten nooit boven tafel, nooit aan het licht gekomen. Ik las in Bodards' *Green Hell* over de provincies van Brazilië: over rubber, diamanten, olie, en ranches en Indianen die vanwege de exploitatie van de provinciale oerwouden steeds verder landinwaarts in- of uitgeroeid werden. De Salesianen, die volgens jou ooit met behulp van de 'consuls van het koninkrijk van Patagonië en Araucanië' geld inzamelden voor arme jongens, houden tegenwoordig in Brazilië Chavante-Indianen aan het werk. Alles is op moderne, koloniale leest geschoeid: een achturige werkdag voor een bord rijst of manoic en extra punten voor kleding voor overuren.

Wat Brazilië betreft, de keizer is nu dood en zijn spullen worden bewaard in een museum in Petropolis, dat stadje waar zijn zomerpaleis ook staat. Ze bewaren daar ook je brief aan Pedro II die je op 13 januari 1880 vanuit Buenos Aires ver zond. Het museum was zo vriendelijk mij er een copie van op te sturen. Ben benieuwd of het je gelukt is om de leden van de *Comédie Française* naar Rio te krijgen zoals hij je vroeg. Het belangrijkste is dat jij er was en dat je er gelukkig was. Wij hadden het er in ieder geval reuze naar onze zin!

Beëindigd in Calgary, mei 2009 (herzien in juni 2010).

•

Sire,

Par le navire "La France" de la Société générale de Marseille, arrivé à Buénos-Ayres vendredi 9 C^{t}, j'ai reçu plusieurs réponses aux lettres que j'avais adressées à certains membres de la Comédie Française, d'après les ordres que Votre Majesté m'avait fait l'honneur de me donner.

Me référant aux intentions de Votre Majesté Sire, je me suis mis seul en avant et comme si l'idée m'appartenait en propre; Donc, ainsi que désirait Votre Majesté, elle est restée complètement en dehors de cette démarche...

Les lettres sont signées par Got, Coquelin ainé Mounet Sully et Mademoiselle Croisette. Si ces missives diffèrent par la forme, le fond en est identique. C'est à dire que la Comédie Française, d'après son cahier des charges, ne peut dans aucun cas quitter France pour aller donner en corps des représentations à l'étranger. Monsieur Perrin, administrateur du théâtre Français, a été - paraît-il - très vivement blâmé pour avoir permis que la Comédie donnât des représent[ations] à Londres, pendant qu'on faisait des réparations au théâtre.

Cependant, Sire, toute chose ayant son revers, un mot de l'une des lettres que j'ai reçues, m'a donné une idée qui peut-être nous permettrait de tourner la difficulté; cette idée, la voici : Ce que les artistes de la Comédie Française ne peuvent pas faire en corps, rien ne les empêche de le faire isolément, c'est-à-dire que Coquelin ou Got et quelques autres, hommes, femmes, demandent un congé de trois ou quatre mois par exemple; ils s'associent entre eux, forment une troupe et, comme ils sont libres, rien ne les empêche, s'ils le veulent, de venir donner des représentations à Rio de Janeiro. Cela s'est fait plusieurs fois déjà : Rachel a donné des représentations à la Havane et aux États-Unis, donc la chose est possible.

Je reste aux ordres de Votre Majesté, Sire, et je profite de cette occasion pour remercier une fois encore Votre Majesté des bontés qu'elle a eues pour moi pendant mon séjour au Brésil.

Je ne quitterai Buenos Ayres que le 10 du mois de Février.

Veuillez agréer, Sire, l'assurance de mon respectueux dévouement et me croire de Votre Majesté
le très humble serviteur,

Gustave Aimard.

39. Calle General Lavalle

Buenos Ayres le 11 Janvier 1880

Aimards brief aan Keizer Pedro II

Bibliografie

Besproken boeken Aimard *300*
Geraadpleegde literatuur *304*
Aimards biografie op Wikipedia *312*

Afkortingen
NG - Nederlandse uitgave niet gedateerd
EPF - Eerste publicatie in Frankrijk
VeG - Vertaald en gepubliceerd in Nederland

Besproken boeken Aimard

Serie 1: Zuid-Amerika

De Pelsjagers van de Arkansas [EPF 1858 NG]. Achtste druk. Met platen van Chs. Rochussen. Rotterdam: D. Bolle, Rotterdam. 217 blzz.

Het Opperhoofd der Aucas [EPF 1858 NG]. Vijfde, geheel herziene uitgave. Met acht platen naar tekeningen van Chs. Rochussen. Rotterdam: D. Bolle. 402 blzz.

De Gids der Prairiën [EPF 1858 NG]. Vierde Druk. Met platen van Chs. Rochussen. Rotterdam: D. Bolle. 252 blzz.

De Roovers der Prairiën [EPF 1859 NG]. Naar de achtste Fransche uitgave. Vertaling door L. C. Cnopius. Lith. Amand. Amsterdam: K. H. Schadd. 236 blzz.

De Lynch-wet [EPF 1859 VeG 1884]. Derde druk. Met 8 illustratien van CHs. Rochussen. Rotterdam: Uitgevers-maatschappij *Elsevier*. 288 blzz.

De graaf de Lhorailles [EPF 1871. VeG 1860]. Naar de zesde Fransche uitgave. Vertaling door L. C. Cnopius. Amsterdam: K. H. Schadd. 248 blzz.

Goudkoorts [EPF 1860 NG]. Frany Uitgave. 252 blzz.

Curumilla [EPF 1860 NG]. Naar de negende Fransche Uitgave. Derde druk. Met acht oorspronkelijke houtgravures van W. Weigle. 's Gravenhage: De Erven J. L. Nierstrasz. 233 blzz.

Valentin Guillois of een Mexicaansch Oproer [EPF 1862 NG]. Naar de negende Fransche Uitgave. Derde Druk. Met acht oorspronkelijke houtgravures van A. C. Verhees. 's Gravenhage: De Erven J. L. Nierstrasz. 209 blzz.

De Mexicaansche Nachten I [EPF 1864 NG]. Naar de vijfde Fransche uitgave. Eerste Deel. Tweede druk. Met acht oorspronkelijke houtgravures van A. Hallez. 's Gravenhage: De Erven J. L. Nierstrasz. 179 blzz.

De Mexicaansche Nachten II [EPF 1864 NG]. Naar de vijfde Fransche uitgave. Tweede Deel. Derde druk. Met acht oorspronkelijke houtgravures van A. Hallez. 's Gravenhage: De Erven J. L. Nierstrasz. 197 blzz.

Vasthand [EPF 1862 NG]. Derde Druk. Amsterdam: Hollandsch Uitgeversfonds. Voorwoord van J.J.A. Goeverneur. Geïllustreerd door W. Zweigle. 227 blzz.

Serie 2: Gelegaliseerd verlies van haarschedels

De Zwervers op de Grenzen [EPF 1861 NG]. Vijfde druk. Uit het Fransch. Met platen van Chs. Rochussen. Rotterdam: D. Bolle. 245 blzz.

De Vrij-buiters [EPF 1861 VeG 1865]. Naar de vijfde Franse uitgave. Illustratie van G. J. Bos Leiden: Van den Heuvell & Van Santen. 321 blzz.

Edelhart [EPF 1861 NG]. Uit het Fransch. Vierde druk. Met platen van Chs. Rochussen. Rotterdam: D. Bolle. 286 blzz.

Serie 3: Lillende harten

De Bijenjagers [EPF 1864 NG]. Naar de zesde Fransche uitgave. Derde Druk. Met acht oorspronkelijke houtgravures van E. Guilliod. 's Gravenhave: De Erven J. L. Nierstrasz. 216 blzz.

Steenhart [EPF 1864 NG]. Naar de zesde Fransche Uitgave. Derde druk. Met acht oorspronkelijke houtgravures van E. Guilliod. 's Gravenhage: De Erven J. L. Nierstrasz. 187 blzz.

Steenen Hart. Nr.: 8. Vrij naverteld door Wouter-Frans. Antwerpen: Patria. 54 blzz.

Serie 4: Koninkrijk op de grens van feit en fictie

De Zonen van de Schildpad [EPF 1864 VeG 1868]. Naar de tweede uitgave. Uit het Fransch vertaald door S. J. Andriessen. Steendruk van P.W.M. Trap. Leiden: Van den Heuvell & Van Santen. 328 blzz.

De Araucaniër [EPF 1864 NG]. Naar de vijfde Fransche uitgave. Tweede druk. Met acht oorspronkelijke houtgravures van E. Guilliod. 's Gravenhage: De Erven J. L. Nierstrasz. 179 blzz.

Serie 5: *Les Invisibles*

Deze serie heeft Aimard samen met Henri Xavier Francois Pierre Crisafulli geschreven.

De Metgezellen van de Maan [EPF 1867 NG]. Naar de elfde Fransche uitgave. Tweede druk. Met acht oorspronkelijke houtgravures van E. Clair-Guyot. 's-Gravenhage: Uitgevers-Maatschappij "Nederland." 205 blzz.

Passe-Partout [EPF 1867 NG]. Naar de elfde Fransche uitgave. Tweede druk. Met acht oorspronkelijke houtgravures van E. Clair-Guyot. 's-Gravenhage: Uitgevers-Maatschappij "Nederland." 222 blzz.

De Graaf de Warrens [EPF 1867 NG]. Naar de elfde Fransche uitgave. Derde druk. Met acht oorspronkelijke houtgravures van E. Clair-Guyot. 's-Gravenhage: Uitgevers-Maatschappij "Nederland." 222 blzz.

La Cigale [EPF 1867 NG]. Naar de elfde Fransche uitgave. Derde druk. Met acht oorspronkelijke houtgravures van E. Clair-Guyot. 's-Gravenhage: Uitgevers-Maatschappij "Nederland." 204 blzz.

Hermosa [EPF 1867 NG]. Naar de elfde Fransche uitgave. Met acht oorspronkelijke houtgravures van E. Clair-Guyot. 's-Gravenhage: De erven J. L. Nierstrasz. 190 blzz.

Serie 6: *Les Rois de l'Ocean*

De Boekaniers [EPF 1868 VeG 1892]. Naar de zesde Fransche uitgave. Derde druk. Met acht oorspronkelijke houtgravures van W. Zweigle/Verhees. 's Gravenhage: De Erven J. L. Nierstrasz. 222 blzz.

De Zeeschuimers [EPF 1865 NG]. Naar de zesde Fransche uitgave. Tweede druk. Met acht oorspronkelijke houtgravures van E. Guilliod. 's Gravenhave: De Erven J. L. Nierstrasz. 240 blzz.

De Goudzoekers [EPF 1865 NG]. Naar de zesde Fransche uitgave. Derde druk. Met acht oorspronkelijke houtgravures van E. Guilliod. 's Gravenhage: De Erven J. L. Nierstrasz. 231 blzz.

De Hacienda del Rayo [EPF 1869 NG]. Naar de zesde Fransche uitgave. Derde Druk. Met oorspronkelijke houtgravures van E. Guilliod. 's Gravenhave, De Erven J. L. Nierstrasz. 175 blzz.

Montbars de Verdelger [EPF 1877 NG]. Naar de zesde Fransche uitgave. Derde druk. Met acht oorspronkelijke houtgravures van E. Guilliod. 's-Gravenhage: De Erven J. L. Nierstrasz. 211 blzz.

Serie 7: Verloren strijd

The Missouri Outlaws [EPF 1868 VeG 1877]. Translated by Percy B. St. John. London: G. Vickers.

Vrij-kogel of De Wolvin der Prairiën [EPF 1861 VeG 1863]. Naar de vierde Fransche uitgave. Vertaald door L. C. Cnopius. Leiden: Firma Van den Heuvell & van Santen. 355 blzz.

De Spoorzoeker. Schetsen en tooneelen uit de Amerikaansche Wildernis [EPF 1859 NG]. Uit het Fransch. Vijfde druk. Met platen van Chs. Rochussen. Rotterdam: D. Bolle. 230 blzz.

Dona Flor [EPF 1877 NG]. Naar het Fransch. Tweede druk. Arnhem-Nijmegen: Gebrs. E. & M. Cohen. 247 blzz.

Serie 8: Aimard over zijn familie

Grijsoog [EPF 1876 NG]. Naar het Fransch. Tweede druk. Arnhem-Nijmegen: Gebrs. E. & M. Cohen. 287 blzz.

Majoor Delgrès [EPF 1876 NG]. Naar het Fransch. Tweede Druk. Arnhem-Nijmegen: Gebrs. E. & M. Cohen. 250 blzz.

Te Land en te Water I. De Kaperkapitein [EPF 1879 NG]. Tweede druk. Arnhem-Nijmegen: Gebr. E. & M. Cohen. 244 blzz.

Te Land en te Water II. De Bastaard [EPF 1879 NG] Eerste deel. Amsterdam: Jan Leendertz. 191 blzz.

Te Land en te Water II. De Bastaard [EPF 1879 NG] Tweede deel. Amsterdam: Jan Leendertz. 192 blzz.

Reisverslag

Mon Dernier Voyage: Le Brésil Nouveau. 1888. Nouvelle Edition. Illustrée par Fernand Besnier. Paris: E. Dentu, Éditeur. Libraire de la Société des gens de lettres.

[Eerder verschenen als: *Mon Dernier Voyage: Le Brésil Nouveau.* 1886. Paris: E. Dentu, Éditeur. Libraire de la Société des gens des lettres].

Niet geschreven door Aimard, maar onder zijn naam verschenen

De Scalpjagers. Derde druk. Rotterdam: D. Bolle. (Dit boek is ten onrechte onder Aimard's naam gepubliceerd. Het verhaal werd geschreven door Edward E. Ellis en werd in 1861 uitgegeven onder de titel *Seth Jones* in New York door Beadle and Adams.)

The Frontiersmen. New York: The F. M. Lupton Publishing Company. "Entered according to Act of Congress, in the year 1854, by Stringer & Townsend." Ware auteur waarschijnlijk Harvey Hubbard (1821-1862). •

Geraadpleegde literatuur

Aimard, Gustave. 1864. *De Woudlooper*. Voor de Jeugd bewerkt door Frans Wouters. Serie H. M.

—— 1864. *The Flying Horseman*. Rev. and ed. by Percy B. St. John. London: J. an R. Maxwell. *Zéno Cabral*, Paris: Amyot.

—— 1867. *Les Vaudoux*. Paris: Amyot.

—— 1873. *Aventures de Michel Hartmann. Les Marquards*. Paris: E. Dentu.

Albers, Joke en Hans Visser. 1991. *Vestdijk en het Kinderboek*. Amsterdam/ Maasssluis: Uitgegeven in eigen beheer.

Amiable, Louis. 1989 (Orig. pub. 1897). *Une Loge Maçonnique d'Avant 1789. La Loge Des Neuf Soeurs*. Paris: Ancienne libraire Germer Baillière & Cie. Félix Alcan. Paris: Edimaf.

Ampère, J. J. 1856. *Promenade en Amérique*. Paris: Tome I. Lévy Frères.

Anbeek, Ton. 1978. *De schrijver tussen de coulissen*. Amsterdam: Atheneum-Polak & van Gennep.

Baigent, M. & Richard Leigh. 1989. *The Temple and the Lodge*. London: Corgi Books. Transworld Publishers Ltd.

Beekman. E. M. 1996. *Troubled Pleasures, Dutch Colonial Literature from the East Indies, 1600-1950*. Oxford: Clarendon Press.

Bellet, R. A-F. 1884. 'Aimard, Gustave.' In: *Dictionnaire des Litératures de Langue Fraînçaise*. Paris: Bordas.

Beltrami, J.C.A. 1962 (Orig. pub. 1828). *Pilgrimage in America*. Chicago: Quadrangle Books, Inc.

Bernstein, H. 1973. *Dom Pedro II*. New York: Twayne Publishers. Inc.

Biographie Universelle (Michaud). Deel achtendertig. Paris: Madame C. Desplaces, Leipzig: Librairie de F. A. Brockhaus.

Blanc, Louis. MDCCCL. *Pages d'Histoire de la Révolution de Février 1848*. Paris: Au Bureau du Nouveau Monde.

Bodard, Lucien. 1969: *Green Hell. Massacre of the Brazilian Indians*. Tr. Jennifer Monaghan. New York: Outerbridt & Dienstfrey.

Fidler, Peter. 1992. *Peter Fidler's Journal*. Ed. Bruce Haig. Lethbridge: Historical Resource Center.

Field, Mrs. Henry M. 1875. *Home Sketches in France and other papers*. New York: George Putnam's Sons.

Field, R. 1938. *All this and Heaven too*. New York: The Macmillan Company. New York.

de la Fontaine Verwey, H. 1976. *Uit de Wereld van het boek. II Drukkers, Liefhebbers en Piraten in de Zeventiende Eeuw*. Amsterdam: Nico Israël.

le Forestier, Réné. 1970. *La Franc-Maçonnerie Templière et Occultiste aux XVIIIe et XIXe Siècles*. Parijs: Aubier-Montaigne.

Fouché, J. *Mémoires de J. Fouché. Duc d'Otrante, Ministre de la Police*. Gedrukt op 10 januari 1957. Tot stand gekomen met behulp van de originele steendrukken van Georges Tassigny. Geen handelseditie. Exemplaar nr. 2449.

Froncal. George. 1966. 'Gustave Aimard (Olivier Gloux).' In: *Dime Novel Round-Up*. December. Blz. 132.

Gil-Montero, Martha. 1990. 'Le règne d'Orelie-Atoine.' In: *Américas*. Volume 42, No. 5.

Griffen, W. N. 1988. *Apaches at War and Peace. The Janos Presidio, 1750-1858*. Albuquerque: University of New Mexico.

Grinde Jr., D. A. 1993. 'The Iroquois and the Nature of American Government.' In: *American Indian Culture and Research Journal*. Blzz. 153-73.

Groult, Benoîte. 1990. *Zout op mijn Huid*. Amsterdam: Arena.

Haley, James L. 1981. *Apaches: A History and Cultural Portrait*. New York: Doubleday & Company, Inc.

Heimeriks, N. en Willem van Toorn. Eindredactie. 1989. *De Hele Bibelebontse berg. De geschiedenis van het kinderboek in Nederland en Vlaanderen van de middeleeuwen tot heden*. Amsterdam: Querido's Uitgeverij B. V.

Hollis, John Porter. 1905. 'The Early Period of Reconstruction in South Carolina.' In: *Johns Hopkins University Studies in Historical and Political Science*. Baltimore: The Johns Hopkins Press.

Hovens, Pieter. 1989. *Herman F. C. ten Kate Jr. (1858-1931) en de antropologie der Noord-Amerikaanse Indianen*. Meppel: Krips Repro,

Howard, Michael. 1979. *The Franco-Prussian War. The German Invasion of France, 1870-1871*. Granada Publishing.

Huard, George. *L'Art Royal, Essai sur l'histoire de la Francmaçonnerie*. Paris: Marcel Giard.

Hu-de Hart, E. 1981. *Missionaries, Miners & Indians*. Tucson: The University of Arizona Press.

Hugo, Victor. 1849. *Mémoires d'outre-tombe*. Tome II. Librairie Générale Français.

—— 1972. *Choses Vues. Souvenirs, Journeaux, Cahiers. 1830-1885*. Vol. I-IV. Editions Gallimard.

Irving, Washinton. 1986. *Journals and Notebooks*. (Vol. V, 1832-1859). Ed. Sue Fields Ross. Boston: Twayne Publishers.

Jackson, John C. 2000. *The Piikani Blackfeet*. Montana: Mountain Press Publishing Company.

—— 2003. *Marginal Man on the Blackfoot Frontier: Jemmy Jock Bird*. Calgary: University of Calgary Press.

Johannsen, Albert. 1950. *The House of Beadle and Adams*. Norman: University of Oklahoma Press.

Jones, O. L. 1968. *Santa Anna*. U.S.A.: Twayne Publishers.

Jones, Virgil L. 1930. 'Gustave Aimard.' In: *Southwest Review*. Vol. fifteen. Number 4. P. 452-69.

Jouhandeau, Marcel. 1957. *Théâtre sans Spectacle. Le Meurtre de la Duchesse de Choiseul-Praslin* *Antoine et Octavie *Viol. Paris: Bernard Grasset, éditeur.

ten Kate, Herman. 1919.'De Indiaan in de Letterkunde.' In: *De Gids*. Blzz. 63-128.

—— 1921. 'The Indian in Literature.' In: *Annual Report of the Smithsonian Institution for 1921*.

Kendall, George W. 1845. *Across the Great Southwestern Prairies*. London: David Bogue.

Kent, Thomas. 1986. *Perception and Genre. The Role of Generic Perception in the Study of Narrative Text*. Lewisburg: Bucknell University Press.

de Lamartine, Alphonse. 1849. *History of the French Revolution of 1848*. Boek I-IV. (Tr. from the French). London: Henry G. Hohn.

Bory, Jean-Louis. 1962. *Eugène Sue*. Paris: Librairie Hachette.

Boxer, C. R. 1957. *The Dutch in Brazil. 1624-1654*. Oxford: Clarendon Press.

Bradley, Michael. 1998. *Grail Knights of North America*. Toronto-Oxford: Hounslow Press.

Calcott, Wilfrid Hardy. 1964. *Santa Anna. The Story of an Enigma Who Once Was Mexico*. Connecticut: Archon Books.

Buijnster, P. J. en L. Buijnster-Smets. 2001: *Lust en Leering*. Zwolle: Waanders.

de La Chapelle, A. 1859. *Le comte de Raousset-Boulbon et l'expédition de la Sonore. Correspondance, souveniers et oeuvres inédites*. Paris: E. Dentu.

de Chateaubriand, Armand. 1946: *Itinéraire de Paris a Jérusalem*. Ed. Emile Malakis. Paris: Societé d'Edition "Les Belles Lettres."

Chatwin, Bruce. 1977. *In Patagonia*. London: Picador.

Chittenden, Hiram Martin. 1954. *The American Fur trade of the Far West*. Stanford, California

Coan, Titus. 1880. *Adventures in Patagonia. A Missionary's Exploring Trip*. Introduced by Henry M. Field. New York: Dodd, Mead & Company.

da Costa. S. C. 1950. *Every Inch a King. A biography of Dom Pedro I. First Emperor of Brazil*. Tr. from the Portuguese by Samuel Putnam. New York: Charles Frank Publications, Inc.

Cremony, John C. 1969. *Life among the Apaches*. New Mexico: The Rio Grande Press, Inc..

Criss, M. 1945. *Dom Pedro of Brazil*. New York: Dodd, Mead & Company.

Cox, Randolph. April 2000. 'Dime Bibliographical Notes 2.' In: *Dime Novel Round-Up*.

Crowshoe. R. en Sybille Manneschmidt. 2002. *Akak'stiman. A Blackfoot Framework for Decision-Making and Mediation Processes*. Calgary: University of Calgary Press.

Day, C. L. 1967. *Quipus and Witches' Knots*. Lawrence: The University of Kansas Press.

Deloria, E. 1998 (Orig. pub. 1944). *Speaking of Indians*. Lincoln and London: University of Nebraska Press. Reprinted from the original by Friendship Press, New York.

Denning, Michael. 1987. *Mechanic Accents. Dime Novels and Working-Class Culture in America*. New York: Verso.

Druon, M. Maurice. 1968. *Discours de réception de M. Maurice Druon a l'académie française. Réponse de M. Pasteur Vallery-Radot*. France: Librairie Plon et Librairie Acedémique Perrin.

Duflot de Mofras, M. 1844. *Exploration du territoire de l'Orégon, des Californies et de la Mer Vermeille, executé pendant les Années 1840, 1841 et 1842*. Tome Premier. Arthur Bertrand, Libraire de la Société de Géographie.

Eco, Umberto. 1997. *De Slinger van Foucault*. Amsterdam: Uitgeverij Bert Bakker.

Eggermont-Molenaar, Mary. 1996. 'The obsolescence of an author. Whatever happened to Gustave Aimard?' *Yumtzilob* 100-113

——— 2000. 'The Afterlife of Ellis *Seth Jones*,' In: *Dime Novel Round-Up*. Blzz. 172-173.

——— 2001. August, 'The dime-ing of a novel. How Balle-Franche was transformed into Prairie-Flower.' *Dime Novel Round-Up*. Blzz. 137-42

——— 2002. 'Portret van een professor. Een Nijmeegs incident geprojecteerd in een Chinese tempelschool?' *Canadian Journal of Netherlandic Studies* XXII, 29-37.

——— 2005. *Montana 1911: a Professor and his Wife amog the Blackfeet*. Mrs. Uhlenbeck-Melchior's diary and C. C. Uhlenbeck's *Original Blackfoot Texts* and *A New Series of Blackfoot Texts*. Ed. By Mary Eggermont-Molenaar; with contributions by Alice Kehoe, Inge Genee and Klaas van Berkel; Tr. from Dutch by Mary Eggermont-Molenaar. Lincoln: University of Nebraska Press & Calgary: University of Calgary Press.

——— Spring 2005. 'De Grauwe Beer en de Graaf in "De Indiaan" van Simon Vestdijk.' In: *Canadian Journal of Netherlandic Studies*. XXVI.

Ewers, John C. 1958. *The Blackfeet. Raiders on the Northwestern Plains*. Norman: University of Oklahoma Press.

Exquemelin, A. O. 1678. *De Americaensche Zee-roovers*. Amsterdam: Jan ten Hoorn, Boekverkoper/over h't Oude Heeren Logement.

Fehrenbach, T. R. 1974. *Comanches, the Destruction of a People*. New York: Alfred A. Knopf.

Ferry, Gabriel. 1856. *De Woudlooper*. Rotterdam: D. Bolle.

Fidler, Peter. 1992. *Peter Fidler's Journal*. Ed. Bruce Haig. Lethbridge: Historical Resource Center.

Field, Mrs. Henry M. 1875. *Home Sketches in France and other papers*. New York: George Putnam's Sons.

Field, R. 1938. *All this and Heaven too*. New York: The Macmillan Company. New York.

de la Fontaine Verwey, H. 1976. *Uit de Wereld van het boek. II Drukkers, Liefhebbers en Piraten in de Zeventiende Eeuw*. Amsterdam: Nico Israël.

le Forestier, Réné. 1970. *La Franc-Maçonnerie Templière et Occultiste aux XVIIIe et XIXe Siècles*. Parijs: Aubier-Montaigne.

Fouché, J. *Mémoires de J. Fouché. Duc d'Otrante, Ministre de la Police*. Gedrukt op 10 januari 1957. Tot stand gekomen met behulp van de originele steendrukken van Georges Tassigny. Geen handelseditie. Exemplaar nr. 2449.

Froncal. George. 1966. 'Gustave Aimard (Olivier Gloux).' In: *Dime Novel Round-Up*. December. Blz. 132.

Gil-Montero, Martha. 1990. 'Le règne d'Orelie-Atoine.' In: *Américas*. Volume 42, No. 5.

Griffen, W. N. 1988. *Apaches at War and Peace. The Janos Presidio, 1750-1858*. Albuquerque: University of New Mexico.

Grinde Jr., D. A. 1993. 'The Iroquois and the Nature of American Government.' In: *American Indian Culture and Research Journal*. Blzz. 153-73.

Groult, Benoîte. 1990. *Zout op mijn Huid*. Amsterdam: Arena.

Haley, James L. 1981. *Apaches: A History and Cultural Portrait*. New York: Doubleday & Company, Inc.

Heimeriks, N. en Willem van Toorn. Eindredactie. 1989. *De Hele Bibelebontse berg. De geschiedenis van het kinderboek in Nederland en Vlaanderen van de middeleeuwen tot heden*. Amsterdam: Querido's Uitgeverij B. V.

Hollis, John Porter. 1905. 'The Early Period of Reconstruction in South Carolina.' In: *Johns Hopkins University Studies in Historical and Political Science*. Baltimore: The Johns Hopkins Press.

Hovens, Pieter. 1989. *Herman F. C. ten Kate Jr. (1858-1931) en de antropologie der Noord-Amerikaanse Indianen*. Meppel: Krips Repro,

Howard, Michael. 1979. *The Franco-Prussian War. The German Invasion of France, 1870-1871*. Granada Publishing.

Huard, George. *L'Art Royal, Essai sur l'histoire de la Francmaçonnerie*. Paris: Marcel Giard.

Hu-de Hart, E. 1981. *Missionaries, Miners & Indians*. Tucson: The University of Arizona Press.

Hugo, Victor. 1849. *Mémoires d'outre-tombe*. Tome II. Librairie Générale Français.

―― 1972. *Choses Vues. Souvenirs, Journeaux, Cahiers. 1830-1885*. Vol. I-IV. Editions Gallimard.

Irving, Washinton. 1986. *Journals and Notebooks*. (Vol. V, 1832-1859). Ed. Sue Fields Ross. Boston: Twayne Publishers.

Jackson, John C. 2000. *The Piikani Blackfeet*. Montana: Mountain Press Publishing Company.

―― 2003. *Marginal Man on the Blackfoot Frontier: Jemmy Jock Bird*. Calgary: University of Calgary Press.

Johannsen, Albert. 1950. *The House of Beadle and Adams*. Norman: University of Oklahoma Press.

Jones, O. L. 1968. *Santa Anna*. U.S.A.: Twayne Publishers.

Jones, Virgil L. 1930. 'Gustave Aimard.' In: *Southwest Review*. Vol. fifteen. Number 4. P. 452-69.

Jouhandeau, Marcel. 1957. *Théàtre sans Spectacle. Le Meurtre de la Duchesse de Choiseul-Praslin* *Antoine et Octavie *Viol. Paris: Bernard Grasset, éditeur.

ten Kate, Herman. 1919.'De Indiaan in de Letterkunde.' In: *De Gids*. Blzz. 63-128.

―― 1921. 'The Indian in Literature.' In: *Annual Report of the Smithsonian Institution for 1921*.

Kendall, George W. 1845. *Across the Great Southwestern Prairies*. London: David Bogue.

Kent, Thomas. 1986. *Perception and Genre. The Role of Generic Perception in the Study of Narrative Text*. Lewisburg: Bucknell University Press.

de Lamartine, Alphonse. 1849. *History of the French Revolution of 1848*. Boek I-IV. (Tr. from the French). London: Henry G. Hohn.

Lamping, Clemens. 1845. *The French in Algiers*. Tr. from the German and French by Lady Duff Gordon. London: John Murray.

Lamy, Michel. 1984. *Jules Verne, Initeé et Initiateur*. Paris: Payot.

—— 1984b. *The Secret Message of Jules Verne. Decoding his Masonic, Rosicrucian, and Occult Writings*. Paris: Payot

Lehmann, Herman. 1993 (Orig. pub. 1927). *Nine Years among the Indians. 1870-1879*. Ed. J. Marvin Hunter. University of Mexico Press. First published by the Von Boeckmann-Jones Company.

Leland Locke, L. 1912. 'The Ancient Quipu, A Peruvian Knot Record.' In: *The American Anthropologist*. Vol. 30. Blz. 325 e.v.

Lockwood, Frank C. 1938. *The Apache Indians*. Lincoln and London: University of Nebraska Press.

Loomis, Stanley. 1964. *Paris in the Terror. June 1793-July 1794*. Philadelphia and New York: J. B. Lippincott Company.

—— 1967. *A Crime of Passion*. Philadelphia and New York: J. B. Lippincott Company.

McKelvey, Susan. 1955. *Botanical Exploration of the Trans-Mississippi West, 1790-1850*. Massachusetts: The Arnold Arboretum of Harvard University,

Mackey, A. 1996. *The History of Freemasonry. The Legendary Origins*. New York: Gramercy Books.

Marquis, James. 1929. *The Raven. A Biography of Sam Houston*. New York City: Blue Ribbon Books, Inc..

Maximilian, Prince of Wied. 1904-1905. *Travels in the Interior of North America*. Tr. H. Evans Lloyd. Rpt. Reuben G. Thwaites in *Early Western Travels*. Cleveland: A. H. Clark Co. Earlier published in 1843 by Ackermann and Co., London.

Moreau de Saint-Méry M. L. *Voyage aux Etats-Unis de l'Amérique, 1793-1798*. Published as *Moreau de St. Méry's American Journey, 1793-1798*. 1947. Tr. and ed. Kennet Roberts and Anna M. Roberts. New York: Doubleday & Company, Inc.

Myers, Gustavus. 1968. *The History of Tammany Hall*. New York: Burt Franklin.

Native American Wisdom. 1991. Compiled by Kent Nerburn and Louise Mengelkoch. California: New World Library.

Neruda, Pablo. 2004. *Canto General*. Vertaald door Bart Vonck en Willy Spillebeen. Amsterdam: Rainbow Essentials

Nouvelle Biographie Générale. 1968. Copenhague: Rosenkilde et Bagger.

Oosterbaan, J. C. 1999. *Karl May. Een Ketting van Boeken*. Krabbendijke: Drukkerij Van Velzen.

Ocampo, Melchor. 1900. *Polémicas Regiliosas*. Mexico: F. Vázwuez, Editor.

Rank, Otto. 1909. *Der Mythus von der Geburt des Helden. Versuch einer psychologischen Mythendeuting*, Wenen: Turia & Kant.

Rink, Paul. 1976. *Warrior priests and tyrant kings: the beginnings of Mexican independence*. New York: Doubleday & Company, Inc.

Roeder, R. 1968. *Juarez and his Mexico I, II*. New York: Greenwood Press.

Sand, George. 1882. *La Comtesse de Rudolstadt I, II*. Paris: Calmann Lévy.

—— 1882. *Consuela*. Paris: Calman Lévy.

Santa Anna, Antonio Lopez. 1967. *The Eagle. The Autobiography of Santa Anna*. Ed. Ann Fears Crawford. Austin: The Pemberton Press. Eerst uitgegeven in 1874 te Nassau, Bahamas.

Schmidel, U. 1962 (Orig. pub. 1567). *Wahrhafftige Historien einer Wunderbaren Schiffart*. Graz: Akademische Druck- und Verlagsanstalt. Eerst uitgeven in een verzameling reisverslagen uitgegeven door Sigmund Feyerabend in Frankfurt.

Schoolcraft, Henry R. 1851. *Persononal Memoirs of a Residence of Thirty Years with the Indian tribes on the American Frontiers A.D. 1812-A.D. 1842*. Philadelphia: Lippincott, Grambo and Co.

Scott Elliot, G. F. 1909. *Chile*. London: T. Fisher Unwin, Adelphi Terrace.

Seghers, Anna. 1948. *Wiedereinführung der Sklaverei in Guadeloupe*. Frankfurt: Suhrkamp Verlag.

Sieverling, R. 1982. *Die Abenteuerromane Gustave Aimard's*. Freiburg: Inaugural-Dissertation.

Slauerhoff, J.N.D. *Bloemlezing uit zijn Gedichten*. Samengesteld door Pierre H. Dubois. 's Gravenhage-Rotterdam: Nijgh & van Ditmar.

Smith, Edmond Reuel. 1855. *The Araucanians; or, Notes of a Tour among the Indian Tribes of Southern Chili*. New York: Harper & Brothers.

Soulié, Maurice. 1927. *The Wolf Cub, the Great Adventure of Count Gaston de Raousset-Boulbon in California and Sonora, 1850-1854*. Tr. Farrell Symons. Indianapolis: The Bobbs-Merrill Company.

Soriano, Marc. 1975. *Guide de la littérature pour la jeunesse*. Paris: Flammarion.

Stamperius, J. 'Schoolbibliotheken.' In: *Het Nieuwe Schoolblad* jrg. 3 (1885) nr. 52, p. 1-2

Sue, Eugène. 1987 [1842-1843]. *The Mysteries of Paris*. New York: Howard Fertig Inc.

—— 1990 [1844-1845]. *The Wandering Jew*. UK: Dedalus/Hippocrene.

Unger, Harlow Giles. 2006. *The Unexpected George Washington. His Private Life*. Hoboken, New Jersey: John Wiley & Sons Inc.

Vapereau, Gustave. 1880. *Dictionnaire Universel des Contemporains*. Paris: Hachette.

Verne, Jules. 1867. *Les Enfants du Capitan Grant*. Paris: Bibliothèque d'Education et de Récreation. J. Hetzel et Cie.

—— 1873. *Round the World in Eighty Days*. London and Glasgow: Collins

Vestdijk, Simon. 1952. *Essays in Duodecima*. Amsterdam: J. M. Meulenhoff.

—— 1972. *Kind tussen Vier Vrouwen*. Amsterdam: De Bezige Bij.

—— 1987. 'De Indiaan' In: *Berijmd Palet*. Blaricum: De Waelburgh.

Visser, Hans. In samenwerking met Max Nord en Emanuel Overbeeke. 1987. *Simon Vestdijk. Een Schrijversleven*. Utrecht: Kwadraat.

van Waveren, A. J. 1912, Zaterdag 30 november. 'Uit een artikel van Corn. Veth over Jongensboeken in *De Boekzaal*. In: *Het Kind. Veertiendaagsch blad voor ouders en opvoeders*. Dertiende Jaargang. Zwolle: J. Ploegsma.

Wittke, Carl. 1941. 'The America Theme in Continental European Literatures.' In: *The Mississippi Valley Historical Review*. June. Blzz. 3-26.

Wright, Ernest. 1976. *French Politics in the West Indies: A Study of the Assimilation Policy in the History of Martinique and Guadeloupe, 1789-1900*. Dissertation. Washington D. C.: Howard University.

Wyllys, Rufus K. 1974 (Orig. pub. 1932). *The French in Sonora (1850-1854)*. Berkely: University of California Press.

Aimards biografie op Wikipedia

1856 *Les Compagnons de la Nuit*, publié en feuilleton dans *La Revue Française*.
1858 *Les Trappeurs de l'Arkansas*, Paris, Amyot (Fayard 1). Première apparition du *Coeur Loyal*.
1858 *Le Grand chef des Aucas*, 2 volumes, Paris, Amyot (Fayard 7). Première apparition de *Valentin Guillois*. Lire le premier chapitre.
1858 *Le Chercheur de pistes*, Paris, Amyot (Fayard 8). Présence de Valentin Guillois.
1859 *Les Pirates des prairies*, Paris, Amyot (Fayard 9). Suite du *Chercheur de pistes*. Présence de Valentin Guillois.
1859 *La Loi du Lynch*, Paris, Amyot (Fayard 10). Suite des *Pirates des prairies*. Présence de Valentin Guillois et de Curumilla.
1859 *L'Éclaireur*, Paris, Amyot (Fayard 17). Première apparition de *Balle Franche*.
1860 *La Grande flibuste*, Paris, Amyot (Fayard 11). Nouvelle apparition de Belhumeur, déjà présent dans *Les Trappeurs de l'Arkansas*.
1860 *La Fièvre d'or*, Paris, Amyot (Fayard 12). Présence de Valentin Guillois.
1860 *Curumilla*, Paris, Amyot. (Fayard 13). Suite de *La fièvre d'or*. Présence de Valentin Guillois.
1861 *Les Rôdeurs de frontières*, Paris, Amyot (Fayard 2). Présence de Tranquille, qui apparaissait dans *Les Trappeurs de l'Arkansas*.
1861 *Les Francs-Tireurs*, Paris, Amyot (Fayard 3). Première apparition du Coeur-Loyal. Suite dans *Le Cœur-Loyal*.
1861 *Le Cœur-Loyal*, Paris, Amyot (Fayard 4).
1861 *Balle-Franche*, Paris, Amyot (Fayard 16). Présence de Balle-Franche.
1862 *Valentin Guillois*, Paris, Amyot (Fayard 14). Contient "Valentin Guillois", "Une Chasse aux bisons" et "Un Mustang". Présence de Valentin Guillois.
1862 *La Main-Ferme*, Paris, Amyot (Fayard 42). Présence de la Main-Ferme.
1863 *Les Aventuriers*, Paris, Amyot (Fayard 32). Première partie des *Rois de l'océan*.
1863 *L'Eau-qui-court*, Paris, Amyot (Fayard 43). Présence des Sandoval.
1864 *Les Chasseurs d'abeilles*, Paris, Amyot (Fayard 20), avec le Coeur-de-Pierre.
1864 *Le Cœur de pierre*, Paris, Amyot (Fayard 21).
1864 *Le Guaranis*, Paris, Amyot (Fayard 22). Première apparition de Zeno Cabral.
1864 *Le Montonero*, Paris, Amyot (Fayard 23). Suite du *Guaranis*.

1864 *Zéno Cabral*, Paris, Amyot (Fayard 24). Suite du *Montonero*.

1864 *Les Nuits mexicaines*, Paris, Amyot (Fayard 44). Suite de *L'eau qui court*. Présence des Sandoval.

1864 *L'Araucan*, Paris, A. Cadot (couverture).

1864 *Les Fils de la tortue* ; scènes de la vie indienne au Chili, Paris, A. Cadot.

1864 *Le Lion du désert*, Paris, A. Cadot. Contient : *"Le lion du désert"*, *"Une Chasse aux abeilles"*, *"La création d'après les Indiens Tehuels"*, *"Une Nuit de Mexico"*, *"Le Passeur de nuit"* et *"La Tour des hiboux"*.

1864 *Les Flibustiers de la Sonore*, pièce écrite avec Amédée Rolland, Paris, Michel Lévy.

1865 *Les Bohêmes de la mer*, Paris, Amyot (Fayard 33). Deuxième partie des *Rois de l'océan*.

1865 *La Castille d'or*, Paris, Amyot (Fayard 34). Troisième partie des *Rois de l'océan*.

1865 *Un Hiver parmi les Indiens Chippewaïs*, Paris, Dentu.

1866 *Les Gambucinos*, Paris, Amyot (Fayard 28). Présence de don Louis Morin.

1866 *Sacramenta*, Paris, Amyot (Fayard 29). Présence de don Louis Morin.

1866 *Une Vendetta mexicaine*, Paris, A. Cadot. Contient *"Une vendetta mexicaine"*, *"Le Chat sauvage"* et *"Un profil de bandit péruvien"*.

1866 *Les Pieds-Fourchus*, avec Jules Berlioz d'Auriac, Paris, Brunet.

1866 *Le Scalpeur des Ottawas*, avec Jules Berlioz d'Auriac, Paris, Brunet.

1866 *Le Mangeur de poudre*, avec Jules Berlioz d'Auriac, Paris, Brunet.

1866 *L'Esprit blanc*, avec Jules Berlioz d'Auriac, Paris, Brunet (publié aussi sous le titre *Une passion indienne*).

1866 *Rayon-de-Soleil*, avec Jules Berlioz d'Auriac, Paris, Brunet (publié aussi sous le titre de *L'Ami des Blancs*).

1867 *La Mas-Horca*, Paris, Amyot (Fayard 30). Cet ouvrage, ainsi que sa suite *Rosas* est un plagiat d'*Amalia* de José Marmol.

1867 *Rosas*, Paris, Amyot (Fayard 31). Suite du *Mas Horca*.

1867 *Les Vaudoux*, Paris, Amyot (Fayard 45).

1867 *Les Chasseurs mexicains*, Paris, Degorce-Cadot.

1867 *Les Invisibles de Paris*, avec Henry Crisafulli, 5 volumes (*Les compagnons de la lune, Passe-Partout, Le comte de Warrens, La cigale, Hermosa*), Paris, Amyot.

1867 *Œil-de-Feu*, avec Jules Berlioz d'Auriac, Paris, Brunet.

1867 *Les Terres d'or*, avec Jules Berlioz d'Auriac, Paris, Brunet.

1867 *La Caravane des sombreros*, avec Jules Berlioz d'Auriac, Paris, Brunet.

1867 *Cœur-de-Panthère*, avec Jules Berlioz d'Auriac, Paris, Brunet (publié aussi sous le titre *L'Héroïne du désert*).

1867 *Les Forestiers du Michigan*, avec Jules Berlioz d'Auriac, Paris, Brunet (publié aussi sous le titre de *Mariami l'Indienne*).

1867 *Jim l'Indien* (voir l'image), avec Jules Berlioz d'Auriac, Paris, Brunet (publié aussi sous le titre de *L'œuvre infernale*). Il s'agit sans doute du piratage de l'oeuvre d'Edward S. Ellis, Indian Jim. Lire les premiers chapitres de cette oeuvre.

1868 *Les Outlaws du Missouri*, Paris, Amyot (Fayard 19). Présence d'Olivier et de Balle-Franche.

1868 *Ourson Tête-de-Fer*, Paris, Amyot (Fayard 39). Dernière partie (chronologiquement) des *Rois de l'océan*.

1869 *Le Forestier*, Paris, Amyot (Fayard 35). Quatrième partie de la série des *Rois de l'océan*.

1869 *Le Roi des placères d'or*, Paris, Amyot (Fayard 46) ; l'édition Fayard est suivie du *Commandant de la campagne*, dans lequel interviennent les Sandoval.

1870 *La Forêt vierge*, 3 volumes (*Fanny Dayton, Le Désert, Le Vautour fauve*), Paris, Dentu (Fayard 18). Evocation des parents de Balle-Franche.

1871 *La Guerre Sainte en Alsace*, Paris, Imprimerie de Dubuisson.

1873 *Les Titans de la mer*, Paris, Amyot (Fayard 36). Cinquième partie de la série des *Rois de l'océan*.

1873 *Aventures de Michel Hartmann*, 2 volumes (*Les Marquards, Le Chien noir*), Paris, Dentu.

1873 *Les Scalpeurs blancs*, 2 volumes (*L'Énigme, Le Sacripant*), Paris, Dentu.

1874 *La Belle rivière*, 2 volumes (*Le Fort Duquesne, Le Serpent de satin*), Paris, Dentu (Fayard 5).

1874 *Cardenio*, Paris, Dentu (Fayard 52). Contient: "*Cardenio*", "*Un profil de bandit mexicain*", "*Frédérique Milher*", "*Un Concert excentrique*", "*Carmen*" et "*Un Angelito*".

1874 *La Guerilla fantôme* (couverture), Paris, Lachaud et Burdin. *Récit de la Revanche*.

1875 *Les Bois-Brûlés*, 3 volumes (*Le Voladero, Le Capitaine Kild, Le Saut de l'élan*) Paris, Dentu (Fayard 15). Présence de Valentin Guillois et de Curumilla, qui s'étaient déjà rencontrés dans *La Fièvre d'or* et *Curumilla*. Présence de Michel Belhumeur.

1876 *Le Chasseur de Rats*, 2 volumes (*L'œil gris, Le commandant Delgrès*), Paris, Dentu (Fayard 40 et 41, sous le titre *Le commandant Delgrès*).

1876 *Les Bisons Blancs*, Paris, Dentu (Fayard 51). Contient: "*Les Bisons Blancs*", "*Le Pêcheur de perles*", "*Marianita*" et "*Le saut du Sabô*"

1877 *Les Rois de l'océan*, 2 volumes (*L'Olonnais, Vent-en-Panne*), Paris, Dentu (Fayard 37 et 38, sous le titre *Vent-en-Panne*). Sixème partie de la série des *Rois de l'océan* (ou 6e et 7e partie, chez Fayard).

1877 *Doña Flor*, Paris, A. Degorce-Cadot.

1878 *Les Vauriens du Pont-Neuf*, 3 volumes (*Le Capitaine d'aventure, La Vie d'estoc et de taille, Diane de Saint-Hyrem*), Paris, Dentu.

1878 *Le Baron Frédérick*, Paris, A. Degorce-Cadot.

1878 *Une Goutte de sang noir*, Paris, Imprimerie Dubuisson.

1878 *L'Aigle noir des Dacotahs*, avec Jules Berlioz d'Auriac, Paris, Degorce-Cadot (publié aussi sous le titre *Un duel au désert*). Lire les premiers chapitres.

1879 *Les Coupeurs de routes*, 2 volumes (*El Platero de Urès, Une vengeance de Peau-Rouge*), Paris, Dentu (Fayard 26 et 27, sous le titre d'Une vengeance de Peau-Rouge). Présence de Sandoval, de Sidi-Muley et de l'Oiseau-de-Nuit.

1879 *Le fils du soleil*, Paris, A. Degorce-Cadot.

1879 *Le Rapt*, Paris, A. Degorce-Cadot.

1879 *Les révoltés*, Paris, A. Degorce-Cadot.

1879 *Par mer et par terre*, 2 volumes (*Le Corsaire, Le Bâtard*), Paris, Ollendorf.

1881 *Le Rancho du pont des lianes*, Paris, Dentu (Fayard 47). Contient: "*Le Rancho du pont des lianes*", "*Les Chasseurs de minuit*" et "*Rosarita la pampera*".

1881 *Les Bandits de l'Arizona*, Paris, Blériot. Présence de Sandoval, de Sidi-Muley et de l'Oiseau-de-Nuit (couvertures).

1882 *Le Souriquet*, 2 volumes (*René de Vitré, Michel Belhumeur*), Paris, Dentu (Fayard 6). Michel Belhumeur apparaît également dans *Les Bois-Brûlés*. Sans-Traces apparaît également dans *L'éclaireur*.

1882 *Cornelio d'Armor*, 2 volumes (*L'étudiant en théologie, L'Homme-tigre*), Paris, Dentu (Fayard 25). Retour de Don Cornelio, qui apparaissait dans *Curumilla* et *La Fièvre d'or*.

1883 *Le Rastreador*, 2 volumes (*Les Plateados, Le doigt de Dieu*), Paris, Dentu (Fayard 48 et 49, sous le titre Le doigt de Dieu). Présence de la Main-Ferme.

1884 *Don Marcos*, Degorce-Cadot (indication d'un internaute). La Bibliothèque Nationale indique comme éditeur Librairie générale de vulgarisation.

1886 *Le Brésil nouveau* (couverture), Paris, Dentu.

1888 *Les Peaux-Rouges de Paris*, 3 volumes, Paris, Dentu (couvertures).

1888 *Le Trouveur de sentiers*, Paris, Dentu (Fayard 50).

1888 *Le Robinson des Alpes*, Paris, Gautier.

1893 *L'Oiseau noir*, Paris, Dentu.

Index

A

Académie Française 129, 268
Achilles I, koning 132
  zie ook: Gustave Achille Laviarde
Afrika 50, 53, 139, 142, 189, 194, 223, 258
Alberta 12, 59, 173, 199, 230
Alcazar 193, 270
Alfonsus VI, keizer 193
Allard, Pierre (opvolger Vidocq) 147
Alva, hertog 203
Alvarez, Gregoria 84, 130, 236
American Airlines 230
American Tales 209
Amiable, Louis 142, 146, 304
Ampère, J. J. 81-82, 304
Amsterdam, eiland 14, 147-148, 156, 163, 232-234, 240, 306
Anbeek, Ton 48, 304
d'Andrade de Sylva, Jose Bonefacio 248
Antillen 161, 186, 188, 191
Antinahuel, toqui 52
Antoine II, koning
  zie ook Cros, Antoine
Antoine III (Jacques Bernard), koning 133
Apache(s) 54-55, 59, 61-62, 66-67, 70, 73, 86, 95-98, 101-102, 108, 110-111, 125, 178-179, 211-212, 220
Araucaanse 52, 130-131
Araucanen 52
Argentijnen 131, 291
Argentinië 109, 128, 130, 248
Arizona 55, 70
Arkansas 44, 49, 64, 75, 92, 101-102, 178, 214, 216-218, 220, 222
Armadillo Droppings 232, 234
Aronco, dorp 58
d'As Cobras, eiland 254
Atlantis 230, 232
Atlantische Oceaan 280
Aucas-Indianen 121
d'Aumale, hertog, Henry d'Orleans 50
Aurélie-Antoine I, koning 127-129
  zie ook: de Tounens, Aurélie
Australië 155
Axuas Gilenos 86
Aymorès 236
Azië 53, 139, 142

B

Baden, Frances Henshaw 208
Bahia 258, 264
Baigent, M. & Richard Leigh 139-140, 142, 304
Barteveldt (Barneveldt) 238
Bart, Jean 22, 25, 160
Bazaine, Achille 211
BBC 129
de Beaulieu, Eduard 169-171, 174, 176
Beekman, E. M. 219, 304
de Bellemare, Howard Carey, generaal 38

Bellet, R. A-F. 212, 304
Beltrami, J.C.A. 85, 170-171, 304
Belzunce, commandant 110
Benedictijn 258
Benoît XIV, paus 258
Bentley's Miscellany 219
Berger, Jaques 166-167, 169
Bernstein, H. 260, 262, 290, 304
Berquin, Arnaud 148
Biblioteca Vaticana 82
Billaud Varenne, Jaques Nicolas 176-177
Blackfeet 12, 169, 171-172, 174-175, 199
Blackfoot 12, 24, 59, 173-174, 198-199
Blanc, Louis 28, 304
Blanco, generaal (broer S. Anna) 79, 235
Blood 12, 24, 59, 173, 198-199
  zie ook: Kanai; zie ook: Kenha; zie ook: Blackfoot
Bloody Grounds 70
Bocage, restaurant 280
Bodard, Lucien 250, 304
Boiry, Philippe, koning (maar noemt zich prins) 128, 129, 130, 132, 133
Bolle, uitgeverij 210-211
Bomans, Godfried 218-219
Borunda 76-77
Bory, Jean Louis 28, 305
Botafogo 240
Botocusos 236
Bourdeleau, Mme. 288
Boxer, C. R. 305
Boyer, Charles 32
Bradley, Michael 190, 232, 234, 305
Brasserie Nationale 252
Brazilië 23, 95, 223, 229-230, 236, 240, 242, 248, 250, 258, 262, 272, 274, 280, 290-292
Brest 165
Brown, Charles 104

Bryant, William Cullen 207
Buenos Aires 23, 84, 108-109, 117, 238
de Bustamante, Horacio Vivanco 181
Bustamante, Pancho 51-52, 124, 181

C

Cabral, Alvarez 23-24, 26, 223-224, 236, 238
Cadix 201, 203
Caens 110
Calcott, Wildrid Hardy 305
Calderon Bridge, Slag van 71
Calgary 12, 173, 229-230, 232, 274, 308
Califaat van Cordova 162
Californië 24, 46, 67, 69, 81, 107, 112, 155-156, 198
Campusano, kolonel 77
Canada 12, 24, 38, 46, 55, 59, 92, 112, 166, 174, 230, 236
Cap Frio 240
Capucijners 262, 290
Carmen de Pategonis 23, 111, 121-122, 124, 126, 130
Carnoviste, chief 99
Casino Fluminens 284
Cass, Lewis (gouverneur van Michigan) 170, 177
Castelo Hill 290
Castroville 50
CERP 129
Champ d'Asile 93
de Chateaubriand, Armand 305
Chatwin, Bruce 128, 305
Chihuahua 54-55, 101
Chilenen 131
Chili 51-52, 64, 66, 116-117, 127-128, 130, 175, 195-196
Chippewa 176
Chirotemon Pentadactylon 46
Chittenden, Hiram Martin 175, 305
Cholula 81-82, 101

Christus Redemptor 239, 252
Chronique de Paris 141
Cibola 86
Clarín 129
van Cleef, Alfred 156
Clinton 167-168
Coan, Titus 121, 305
Cochise 67
Cocóspera 66
de Coigny, Hertogin 26
de Coligny, Casper 238
Columbia-rivier 154
Columbus, Christopher 120, 147, 181, 230, 232
Comanches 24, 39, 47-49, 59, 62-63, 97-99, 102, 166, 171, 178-179, 194, 198, 200, 211-212
Comédie Française 294
Comte, Auguste 250
Conciërgerie 32-33
de Condorcet, Markies Marie, Jean, Antoine, Nicolas de Cartitas 138-143
Cooper, James Fennimore 12, 50, 178-179, 211, 214, 216, 218-220, 222
Corcovada 239, 252
Cordilleras 68, 116, 224
de Coronado, Vasquez 86
Corps des Franc-Tireurs de la Presse 38
Cortez, Ferdinand 86, 181
da Costa 246, 305
Cotuenga, Verdrag van 67
Coulter, Thomas 46
Courier de Brésil 270
Cousin, Victor 31
Cox, Randolph 15, 208, 219, 305
Cremony, John C. 101, 305
Crisofulli, Henri 148, 214
Criss, M. 260, 305
Crockhill, William 187
Cros
    Antoine 128, 131-132, 260, 268
        zie ook Antoine II, koning
    Charles 268
    Jacques Bernard 128
    Laure-Therese 132
Cubillas, kolonel 77

D

Dallas 232
Damoreau, Adèle Lucie 36-37, 122
Daudet, Alphonse 212
Dauriac, J. B. 211
Davis, Bette 32, 92, 103
Day, C. L. 88, 305
Delawaren 179
Delgrès, Louis 185-192
Delille 142
Deloria, Ella 172, 305
Deluzzy, Henriette 30-32, 137
    zie ook: Desportes, Henriette
Denning, Michael 209, 306
Desportes, Henriette 30, 121, 137
    zie ook Deluzzy, Henriette
Diaz de Solis, Juan 109, 121
Diderot, d'Alembert 139
Dolores, priester, Hidalgo 71, 168, 195-197
Don Bosco 130, 132
Druon, M. Maurice 129-132, 268, 306
Duflot de Mofras, M. 69, 154, 306
Duhamel, Georges 131
Duitsland 51, 116, 213, 250
Dumas, Alexandre 214, 219

E

Eco, Umberto 139, 306
Ellis, Edward S. 210-211
d'Escragnolle Taunay
    Affonso 38, 272
    Alfredo 264, 270, 272, 288
Europa 23, 45, 51-53, 63, 120, 131, 137-139, 142, 174, 181, 195-196, 198, 230, 238, 248, 256

Ewers, John C. 169, 175, 306
Expilly, Charles 250
Exquemelin, A. O. 160, 162-163, 306
zie ook: Oexmellin

F

Fanny 26-27, 30-31, 35, 92, 121, 203, 208, 256
zie ook Sébastiani, Alatrice-Rosalba
de Faudoas-Barbazan, Marie Charlotte Félicité 33, 34
Fayolle, Marie Émile 74, 77
Fehrenbach, T. R. 98, 306
Ferez, Pedro 238
Ferry, Gabriel 97, 212, 214, 218, 306
Fidler, Peter 173, 307
Field, Henry Martyn 32, 121, 256, 307
Field, Rachel 32
Figaro 39
de la Fontaine Verwey, H. 307
Fort Mackenzie 13, 173-175
Fouché, J. 34, 50, 176, 307
Franklin, Benjamin 138-143, 145
Frank Starr's American Novels 209
Frazer-rivier 107
Froncal, George 307

G

Gabara 238
zie ook: Buenos Aires
Gallantin, John 101
Gallatin-rivier 173
Galveston 50, 94-95, 103
de Galvez, Bernardo 98
Garakoewaïti, Stad in Chili 119
Garde Mobil 35
Garnier, Jaques 74, 77
Gazetta de Nocias 242
De Gids 218
Gil-Montero, Martha 128, 307

Gloria, wijk in Rio de Janeiro 245, 250, 252, 256, 280, 284, 287, 291
Goeverneur, J.J.A. 84
van Gogh, Vincent 212
de Gomes, Rio Branco-wet 284
Gozlan, Léon 37, 236
Grammont, mevrouw 27
Grand Chacos 236
Grand Orient 141-143
Gregorius VII, paus 258
Greuze, Jean-Baptiste 140, 142-143
Griekenland 116
Griffen, W. N. 54, 101, 307
Grinde Jr., D. A. 307
Groult, Benoîte 27, 307
Guadeloupe 146, 185-186, 188-190, 192

H

von Habsburg, Ferdinand Maximilian 181
Haines School for Girls 32
Haley, James L. 54, 62-63, 98, 307
Hébrard, financier 22, 24, 194
Heimeriks, N. en Willem van Toorn 307
Hemlock Bend 112
Hermosilla 49, 51
Hiaquis-Indianen 65
zie ook Yaqui-Indianen
Hidalgo, Miguel 71-72, 86-87
Hollis, John Porter 93, 307
Hollywood 221
Hovens, Pieter 307
Huard, George 142, 308
Hubbard, Harvey 208
Huckleberry Finn 224
Hu-de Hart, E. 65, 308
Hugo, Victor 28, 30-31, 37, 170, 193, 220, 260, 308
Huron 166
Huron-Bisons 166

I

del Infantado, hertog 86
Ipanema 242
Irving, Washington 308
Itamarca, eiland en stadje in Brazilië 240

J

Jackson, John C. 169, 174, 308
James, Henry 31
Jefferson-rivier 173
Jezuïten 65, 72, 87, 139, 144, 290
Joao VI, koning 248, 266
Johannsen, Albert 210, 222-224, 308
Jones, O. L. 104, 308
Jones, Virgil L. 220-222, 308
Jornal do Commercio 272
Jouhandeau 308

K

Kaap Coquibacoa 161
Kanaal-eilanden 129
Kanai 12, 24, 173, 198
  zie ook: Blood; zie ook: Kenha; zie ook: Blackfoot
Karel de Vijfde 86
Kendall, George W. 82, 101, 308
Kenha
  zie ook: Blood; zie ook: Kanai; zie ook: Blackfoot
Kent 200, 210, 308
Kessel, Carlos 244, 290
Kitchen
  Elsa 68
  Peter 68, 98
Knivel 236
de Koessler, Bertha 130
Kosciusko, Thaddeüs 138, 140, 143

L

de La Chapelle, A. 77
de La Chapelle, Olivier 36, 75, 305
Lafayette, Marie 140, 141
Lake Itasca 171, 224
Lallemand, Henri 93-94
de Lamartine, Alphonse 308
de Lambertie, Charles 67
Lamping, Clemens 50-51, 309
Lamy, Michel 144, 146, 309
La Nacion 130
La Nacion-online 131
Largo de Manchado 17, 279, 284
Lascelles Wraxall, F. C. 220
Lautaro 118
Laviarde, Gustave Achille 128, 132
  zie ook: Achilles I, koning
LeBlanc, Eddie 209
le Forestier, René 141
Le Havre 152, 154, 238
Lehmann, Herman 98-99, 309
Leiden, Jan van 145, 211
Leland Locke, L. 309
Le Monitor Universel 211
Leopold I, koning 266
Letterkundig Museum 219
Liberté 51
Librairie of Congress 159, 166
Linning, Richard 129
Little Rock 200
Lockwood 98, 309
Lodewijk XIV, koning 143
Lodewijk XV, koning 143
Loge de Saint-Jean de la Candeur 140
Loge des Neuf Soeurs 140-143, 145-146, 188
Loomis, Stanley 28, 30-32, 110, 176, 309
Los Angeles 69, 213
Louis Philippe, koning 26, 28, 30, 143, 144
Louverture, Toussaint 187

Lugox, Auguste 22, 24, 194
Lupton, F. M. 207-208
Luxembourg-gevangenis 137
Luxure Luxeuil,
 François 19-20
Luxure, Marie Françoise
 Euphrosine 19-20

M

Mackey, A. 143, 309
Madame de Pompadour 143
Madison-rivier 173
Madrid 20-21, 40,
 192-193, 201-204
Magdalena, stadje in
 Mexico 74-75, 232, 236
Maggelaan 109
Magos 86
Maillard, Stanislas 168-169
Maldonado, Rodrigo 86
Mandans 234
Mapocho-vallei 51
Mapuches 128, 130
Maria da Gloria (Maria
 II), koningin 250
Marie-Thérèse, koningin 170
Marquis, James 104, 309
Marshall, James William 154
Mata-Caballos 252
Matagorda 92
Matanzas, provin-
 cie in Cuba 147
Maurois, André 131
Maximilian, Prince of Wied-
 Neuwied 182, 309
May, Karl 15, 32, 68,
 97, 218-219
McKelvey, Susan 309
Medicine Lodge Treaty 99
Mendes, Léonilla 132
de Mendez, Odorico 131
de Mendoza, Pedro 109
de Menoza, Antonio 86
Mescalero Apaches 98
Mexico 53-55, 57, 60, 64-67,
 69, 71-73, 76, 80-81, 83,
 85-86, 93-95, 101, 104,
 109, 168-169, 179, 182, 201,
 211, 221, 223, 230, 272, 305
Miami 234
Minas Gerais, provincie in
 Brazilië 250, 258, 264
Miramon, Miguel 80, 83
Miséricorde zieken-
 huis 269, 271
Mississippi 13, 46, 92,
 169, 170-171, 176
Mitchell, David 168-169
de Molay, Jacques 139
Montaigne, Michel 193, 199
Moreau de Saint-Méry,
 M. L. 45, 188, 309
Moreau, M. L. 45, 188,
 270, 278, 309
Morelos, José Maria, padre 72
Morgan, Emily 104
Muck, Otto 232
Myers, Gustavus 153, 309

N

Nabuc, oppositieleider 288
Namuncurá, Dona Maria 130
Napoleon 26, 34, 40, 71, 95,
 103, 170, 187, 189, 191,
 193, 196-197, 234, 248
Navaho 85, 98
Neruda, Pablo 118, 187, 310
Neuquén 130
Nieuwland, Kees 15, 211
Nieuw Spanje 86
Notre Dame de la Penâ 280
NRC 129

O

Ocampo, Melchior 81, 310
Oexmellin 160
 zie ook: Exquemelin, A. O.
Oklahoma 62, 97, 308
Oliva, Enrique 129-130, 132
Oosterbaan, J. C. 68, 310
Opatas 86
Opper-Arkansas 101-102, 178
Orde van de Roos 246

P

Palenque, stad in Mexico 52
Pampas-Indianen 111
Pan de Azucar 240
Papago 101
Parahiba 240
Pasteur Vallery-Radot, M. 131
Patagonië 26, 111, 121, 129, 174, 223
Paul III, paus 258
Pedro II, keizer 128, 131-132, 242, 250, 253, 260, 262, 264, 268, 272, 274, 278, 290, 297
Pedro I, keizer 246-248, 250, 258, 264
Peigans 12, 174
  zie ook: Piegans;
  zie ook: Piekans
Pèle 262
Pellico, Silvio 151
Penn, William 120, 153
Pernambuc 250
Perre, juffrouw 21-22
Peru 66, 118, 195
Peterson & Brothers, T. B. 219
Petropolis 264, 272
Peyote 98
Philadelphia 45, 208, 219, 309
Piegans 12
  zie ook: Piekans;
  zie ook: Peigans
Piekans 12, 172-173
  zie ook: Piegans;
  zie ook: Peigans
de Pindray, Charles 66-69, 75, 98
Pinel(l), Philippe 261, 276
Pitic 45
Pius II, paus 258
Pizarro, Francisco González, 1st Marqués de los Atabillos 118
Planchu, commandant 127
Plato 230
Plischke, Hans 213-214
Poafpybitty, William 62
Polonia, Cinira 284

Port-de-Paix 161
Portugal 236, 238, 248, 250
Praslin, Charles-Laure-Hugues-Théobald, hertog van Choiseul 27-28, 30-33, 35, 40, 137, 149
Pratt, Jan 127
Puelchen 122

Q

Qualzalcoatl 82

R

Rank, Otto 215, 310
de Raousset-Boulbon, Gaston 50, 76
Raspail, Jean 129-130
Real des Montè Mining Company 46
Reid, Mayne 212, 216-217, 219
Ribeyrolles, Charles 238, 248, 250, 256, 258
Richepanche, Antoine 188-189, 192
Rink, Paul 71, 310
Rio Colorado 177
Rio de Janeiro 15, 38-39, 228, 231, 234, 240, 242, 272
Rio de la Plata 109
Rio Grande (Rio-Grande) 125, 240
Rio Grande del Norte 107
de Rochambeau, graaf, Jean Baptiste Donatien de Vimeur 138, 141
Roeder, R. 81, 310
Rosvega 20, 197
  zie ook *de Rovigo*
Rotsgebergte 78, 154, 173
de Rovigo 34, 40, 193
  zie ook *Rosvega*; zie ook *de Savary*
Royal Society 140, 145

S

Saint-Dominique, strand 240
de Salaberry(s) 20, 181, 193, 201-204
Salesianen 130
de la Salle, St. John Baptist 92
San Bento de la Conception 252
Sand, George 144-145, 310
Sandhills 199
San-Estevan 86
San Francisco 36, 51, 66-67, 69, 75, 151, 153-155
 zie ook Yerba Bueno
San Lucar 110-111, 153
Santa Anna, Antonio Lopez 76, 79, 103-104, 310
Santa Fé 56
Santiago 51, 118, 127
de Sariac, markiezin 51
Saskatchewan 199
Sassaba 177
Sassis (Sarcee ofwel Tsuu T'Ina) 173
de Savary, Anne Jean Marie René, Hertog de Rovigo 34
Schleiden, Maximilian 66
Schmidel, Ulrich 310
Schoolcraft, Henry R. 170-171, 176-177, 224, 310
Schrama, Simon 141
Scott Elliot, George Francis 118, 127, 310
Scranton 153
Sébastiani, Alatrice-Rosalba
 zie ook Fanny
Sébastiani de la Porta, Horace-François-Bastien 27, 34-35, 40
Seghers, Anna 186-187, 310
Seine 19, 149, 160
Sierra de los Comanches 63
Sieverling, R. 19-20, 24, 26, 36-37, 97, 135, 148, 160, 191, 213-215, 229, 310
Siksika 12, 59, 173
 zie ook Blackfoot
Simons, Menno 145

Sioux 60, 84, 151, 156, 167, 171, 199-200
Slauerhoff, J.N.D. 115, 310
Sleumer, Bernard 15, 130
Smith, Edmond Reuel 118, 310
Smithsonian 218, 308
Sonora 35-36, 50, 54, 70, 72-73, 98, 155, 211, 221
Soriani, M. 212-213
Soulié, Maurice 51, 67-70, 73, 74-76, 79, 311
Stamperius, J. 216-217, 311
Starr's New York Library 209
St. Bernard 95
Stille Zuidzee 45, 69
St. Paul, eiland 156, 250
St. Pierre, eiland 156
Stringer & Townsend 208
Sue, Eugène 28, 135, 140, 143, 311
Sundance 60
de Sutter, John A. 154
Sydney 155

T

Tahi-Mari 117-118, 120
Tammany 153-154, 168
Taunay
 Auguste 264
 Felix 264, 270, 278
 Luiz 259, 272
 Raul 272
Tenerife 234
ten Kate, Herman 217-218, 308
Texas 54, 57, 85, 92, 94, 101, 103-104, 223
The Steel Crown 128
Tijuca 252, 270, 278
de Tobar, Pedro 86
Toledo 162
de Tounens, Aurélie 127-133
 zie ook Aurélie-Antoine I, koning
Tribut 142
Tupis 236

U

Ugarte, generaal 98
Unger, Harlow Giles 139, 311
Upton, Derek, inspecteur 129
Urbanus VIII, paus 258
Uruquay 248
Ute 98

V

Valdivia 51, 117-118
Valparaiso 115, 155
Vaticaan 81
de la Vega, Garcilasso 88
Velasco, Juan 92
Verne, Jules 144, 146, 149, 156, 311
Vestdijk, Simon 12, 15, 65, 109, 163, 238, 311
Vidocq, Eugène François 147
de Villegagnon, Durand 238
Visser, Hans 12-15, 109, 311
Voltaire, François-Marie Arouet 139-140, 142-143, 161, 250
Vrijmetselaar(s) 83, 139, 140-142, 144, 146, 151, 242, 250, 258, 292
   Aimard 146
   Castro Maya 270
   d'Andrade de Sylva 248, 250
   Franklin & de Condorcet 140
   Guadeloupe 146
   Jezuïten 139
   Kipling 128
   Laviarde 128
   rituelen 140
   Sand 145

W

de Waanzinnige, Johanna 86
Washington, George 47, 138-139, 140-141, 143, 223, 311
van Waveren, A. J. 216, 311
White Pine Reservation 98
Winnipeg 112
Wittke, Carl 222, 311
Wren, Christopher 145
Wright, Ernest 185, 188, 311
Wyllys, Rufus K. 50, 54, 66, 67, 70, 73-76, 79, 311

Y

Yankees 221
Yaqui-Indianen 65, 101
   zie ook: Hiaqui-Indianen
Yerba Bueno 67
   zie ook: San Francisco
Yucat(t)an 52

Z

Zulaoga, president van Mexico 80
Zusters van Saint Vincent de Paul 276
De Zwarte Kater, vriendenclub 132
Zwartvoeten 171, 212
   zie ook: Blackfeet;
   zie ook: Blackfoot

www.ingramcontent.com/pod-product-compliance
Lightning Source LLC
Chambersburg PA
CBHW080728300426
44114CB00019B/2517